Cem Bozdağ

# Dersim
## Die Geschichte und Kultur eines sterbenden Volkes

# DERSIM

–

## Die Geschichte und Kultur eines sterbenden Volkes

Cem Bozdağ

Bibliografische Information der Deutschen Nationalbibliothek:
Die Deutsche Nationalbibliothek verzeichnet diese Publikation in der Deutschen Nationalbibliografie; detaillierte bibliografische Daten sind im Internet über http://dnb.ddb.de abrufbar.

ISBN 978-3-86870-903-2



Umschlagillustration:



www.rediroma-verlag.de
15,95 Euro (D)

**Meinen Eltern und unseren Dersimer Vorfahren….**

**Zudem allen Völkern, die Opfer von Massakern, Assimilation und Vertreibung wurden…………**

**„Çı pêrs kena mı ra bıra**
**Wêlatê mı soca süra,**
**Adır vora Dêsim sero,**
**Dar u ber, kêmer u kuc jiva!"**

**(Aus den Erinnerungen eines 1938 in die West-Türkei deportierten Dersimers.)**

„Was fragst du mich Bruder,
Meine Heimat ist ein Glutofen,
Feuer prasselte auf Dêsim nieder,
Wald und Forst, Fels und Stein erzitterten!"

## Vorwort

Wie alles anfing? Ich war in der 6. Klasse in Köln, als ich den Bus bestieg, der uns nach dem Schwimmunterricht zur Schule bringen sollte. Ich nahm zufällig neben meinem Mitschüler Markus Platz. Er las etwas. Ich schaute unbemerkt rüber und musste feststellen, dass er weder Asterix & Obelix-, noch Lucky Luke-Comics las. Das Buch, das er in der Hand hielt, war dick und vergilbt. Eine ziemlich ungewöhnliche Lektüre für einen Sechstklässler. Neugierig fragte ich ihn, was er da las. Er antwortete mit einer Selbstverständlichkeit: „Dies ist das Stammbuch meiner Familie. Es beginnt im Jahre 1450.“ Ich musste schwer schlucken. Sodann ergänzte er: „Damals schlief Amerika noch“.
1450? Ich versuchte mich an meinen Stammbaum zu erinnern. Leider kam ich nicht über den Großvater meines Vaters hinaus. Der Tag war für mich gelaufen. Ich wollte nur nach Hause, um meinen Vater zu fragen, wer unsere Verwandten waren und wo sie herkamen. Für mich stellte sich zum ersten Mal die Frage nach Identität.
Zuhause angekommen, wartete ich gespannt auf meinen Vater. Als er endlich die Tür öffnete, schleuderte ich ihm mehrere Fragen entgegen. Er ignorierte mich. Ich wiederholte. Er ignorierte. Ich bohrte nach. Er konnte noch den Vater seines Großvaters benennen. Danach war Schicht im Schacht. Meine Fragen konnte er nicht beantworten. So begab ich mich auf eine ungewisse Reise, die mich bis heute nicht wirklich in den von mir beabsichtigten Hafen gebracht hat.
Ich kann schon einmal vorwegnehmen, dass auch dieses Buch keine definitive Erleuchtung bringen wird. Dieses Buch ist ein Beitrag, um eine Lücke zu schließen. Es ist ein Ver-

such, das wenig bekannte in deutscher Sprache zu fixieren und das erworbene Wissen mit dem Leser zu teilen. Die wenigen Texte die über Dersim geschrieben wurden, handeln vor allem von der Bevölkerungselite Dersims. Nicht umsonst sagte Pareto, dass die „Geschichte der Friedhof der Eliten" ist.

Um dieses Buch zu schreiben, musste ich einiges an Literatur wälzen. Die besondere Herausforderung für dieses Buch bestand darin, Literatur zu sammeln. Leider ist über Dersim nicht viel geschrieben worden. Türkische Archive, insbesondere über die Ereignisse von 1938 sind größtenteils – immer noch - unter Verschluss. Eine Quellenanalyse des Vorhandenen ist zeitaufwendig und wenn sie auf Türkisch verfasst ist, ist sie einem anderen Denkmuster als dem europäischen verhaftet. Arbeitserleichterung kann man dies nicht nennen. Zudem lassen türkischsprachige Quellen sehr oft einen wissenschaftlichen Ansatz vermissen. Manchmal werden „Fakten" genannt, ohne auch nur eine Quelle zu nennen. Zudem werden z.B. Personen dem einen oder anderen Stamm zugeordnet. Zahlen werden beliebig geändert und Namen sehr oft falsch geschrieben. Die Präzision fehlt! Dennoch habe ich bei den Übersetzungen alles so gelassen, wie es im Original steht. Dasselbe gilt für die Bezeichnungen „Dersim-Kurden" und „Zazas". Ich habe das Wort übernommen, das der Autor des Schriftstücks gewählt hatte. In älteren Texten ist fast ausschließlich von den Dersim-Kurden die Rede. Dass Zazaki und Kurdisch zwei verwandte, aber verschiedene Sprachen sind, wird in älteren Texten – wenn überhaupt - nur am Rande erwähnt. Bei der Transkription der Texte aus dem Zazaki habe ich mich an der Rechtschreibung von C. M. Jacobson, „Rastnustena Zonê Ma", orientiert.

Eine besondere Herausforderung neben der Literaturbeschaffung war die Auswertung und Übersetzung der Quellen. Alle türkisch-, englisch- und Zaza-sprachigen Werke wurden von mir übersetzt. Wer mal einen Text übersetzt hat, der weiß welche Herausforderungen auf ihn warten. Soll man den Text wortwörtlich übersetzen oder die Bedeutung ins Deutsche transferieren? Ich habe mich mal für die eine, mal für die andere Alternative entschieden. Je nachdem, was mehr Sinn machte. Nur um ein Beispiel zu nennen: „Willst Du mich auf den Arm nehmen?". Wortwörtlich übersetzt müsste man schreiben: „Beni koluna mı almak istiyorsun?". Kein Türke versteht das. Schreibe ich aber stattdessen, „Benimlen alay mı ediyorsun?", versteht mich jeder Türke. Allerdings mit dem Ergebnis, dass fast kein Wort aus dem Original in der Übersetzung wiederzufinden ist.

Zu Recht kritisiert *S. Akgül*, dass viele Autoren die über Dersim schreiben, für historische Ereignisse, die sehr lange zurück liegen, keine Quellenangaben machen. Dies wäre ein Verstoß gegen wissenschaftliches Arbeiten. Damit meint er allerdings nur Dersimer Autoren. Türkische Autoren, die ebenfalls ohne Nennung von Quellen arbeiten, erwähnt er ausdrücklich nicht[1]. Zwar hat Herr *Akgül* Recht, aber Ironie des Schicksals: Obwohl er mit englischen Quellen arbeitet, ist die türkische Übersetzung an einigen Stellen mangelhaft (mehr dazu unten). Insbesondere nennt er selber keine Quellen, wenn es zum Beispiel um die Aussage geht, dass der Armenier Antranik, der Dersim bereiste russischer General war[2]. Hier verwechselt Herr *Akgül Antranik Jerizijan* mit *Andranik Toros Ozanian*, der in der Tat russischer General war. Der entsprechende Eintrag bei Wikipedia sei empfoh-

[1] S. Akgül, Amerikan ve Ingiliz Raporları Işığında Dersim, S. 7.
[2] Vgl. S. Akgül, Amerikan ve Ingiliz Raporları Işığında Dersim, S. 8.

len. Man muss Herrn *Akgül* zugutehalten, dass er nach eigener Aussage kein englisch spricht. In der Tat ist es wichtig, bei historischen Abhandlungen Quellen zu nennen, da die Ereignisse weit in der Vergangenheit liegen und Menschen die erst nach diesen Ereignissen geboren wurden, sich an die Vorgänge nicht erinnern können. Allerdings haben wir es insbesondere bei Völkern, die keine eigene Schrift kennen, mit einem außerordentlichen Umstand zu tun. Hier kann man nicht einfach wissenschaftliche Arbeitsmethoden verlangen. Gerade bei nicht Schriftvölkern muss es eine Ausnahme geben. Dies wird auch vom senegalesischen Autor *T. N´Diaye* gefordert, der ein Buch über den arabo-muslimischen Sklavenhandel[3] schrieb. Seine Kritiker warfen ihm vor, seine Aussagen nicht genug mit Zitaten untermauert zu haben. *T. N´Diaye* entgegnete:

> „In der Ursachenforschung über diese Tragödie stoßen die Wissenschaftler seit jeher auf eine Art Einheitsdenken bzw. „Zweckwahrheit", der zufolge „alle für wesentlich erachteten Errungenschaften der Menschheit lediglich in schriftlich dokumentierter Form Gültigkeit" hätten. Nach ihrem Verständnis beginnt die Geschichte des Schwarzen Kontinents erst mit der Entstehung der Schrift;(...) Die Afrikaner kennen ihre Geschichte sehr genau, doch im Gegensatz zum Abendland wird sie vor allem mündlich überliefert. In der Philosophie vieler afrikanischer Völker entstand die orale Tradition vor der Schrift, weil am Anfang das Wort stand[4]."

---

[3] T. N´Diaye, Der verschleierte Völkermord – Die Geschichte des muslimischen Sklavenhandels.

[4] T. N´Diaye, Der verschleierte Völkermord, S. 26.

Dennoch habe ich mich gegen mündliche Quellen entschieden. Nur da, wo die Schließung einer Lücke dies erforderte bzw. populäre Volkslieder dies gestattete, habe ich mich auf mündliche Quellen bezogen (siehe unten).
Insbesondere bei türkischen Autoren fällt auf, dass sie die Neutralität und Sachkunde fremder Autoren bemängeln. Da darf man fragen, warum es nicht vergleichbare Aufsätze türkischer Autoren aus der Zeit gibt, die ähnlich den englischsprachigen Quellen das Leben in Dersim wiedergeben? Leider sieht man an dieser Stelle auch, wie sehr einige Dersimer Autoren diesem Gedanken – unbewusst? – zugeneigt sind.
Wenn es um die Berichte ausländischer Personen über Dersim geht, wird von türkischer Seite oft behauptet, dass es sich um Agenten-Berichte handelt, die wenig zuverlässig sind. Ganz unbegründet ist die türkische Ansicht in der Tat nicht. Denn vor Ausbruch des I. Weltkriegs waren die Entente-Mächte Frankreich und Großbritannien besorgt über die Tatsache, dass sich die Türken dem Deutschen Reich annäherten und somit die Interessen der Entente-Mächte gefährdeten. Vor allem die britische Regierung war über die türkische Annäherung an Deutschland besorgt. So beschloss man in London eilig, Agenten in das Innere des Osmanischen Reiches zu schicken, um den britischen Nachrichtendienst mit Informationen zu versorgen. In der Regel waren die Agenten als Abenteuerlustige getarnt, um dem Misstrauen der Türken zu entgehen. Die Briten fürchteten nicht nur Deutschland, sondern auch den Vorstoß Russlands nach Anatolien. Noch bis kurz vor Ausbruch des I. Weltkriegs war Anatolien *terra incognita* für die Entente-

Mächte[5]. Egal welche Hintergedanken die Briten oder andere Ausländer hatten, ihre gesammelten Informationen sind unentbehrliche Zeitzeugnisse. Etwas Vergleichbares aus jener Zeit gibt es nicht.

In einigen Quellen sprechen auch Dersimer Autoren von englischen Spionen und imperialistischen Mächten wie England und Frankreich, vergessen aber zu erwähnen, dass auch das Osmanische Reich eine imperialistische Großmacht war, die auf drei Kontinenten Völker unterdrückte und ausbeutete. Letztendlich unterlag das Osmanische Reich im Konzert der imperialistischen Mächte und wurde selber zum Spielball dieser, weil es nicht schaffte sich zu modernisieren. Stattdessen suchten die Osmanen die Schuld für ihr eigenes Versagen bei den Minderheiten im Osmanischen Reich. Der perfekte Sündenbock war geboren. Später waren alle Minderheiten Anatoliens eine Gefahr in den Augen der Türken, wenn sie sich nicht selbst leugneten. Dies galt nicht nur für Aleviten oder Dersimer, sondern für alle Minderheiten Anatoliens, die ihre Kultur und Sprache nur noch im Geheimen pflegen konnten. Der tscherkessisch-stämmige deutsche Abgeordnete *Cem Özdemir* gibt eine Erfahrung aus seiner Jugendzeit wieder:

> „Da war ich 18. Wir haben unterwegs tscherkessische Kassetten gehört. Als wir uns der türkischen Grenze näherten, haben wir sie vorsichtshalber versteckt, für den Fall, dass es eine Kontrolle geben sollte. Dabei war es nicht einmal kurdisch, eine Sprache die hoch politisiert war[6]".

---

[5] G. Milton, Paradise Lost, S. 30.

[6] C. Özdemir in M. Quiring, Der vergessene Völkermord, S. 130.

Der besseren Leserlichkeit ist die Tatsache geschuldet, dass ich einige türkische Namen der deutschen Orthographie entsprechend niedergeschrieben habe. So wurde z.B. aus „Hacı Bektaşı Veli" der „Hadschi Bektaschi Veli".
Dieses Buch soll keine Abrechnung mit irgendeinem Volk sein. Wenn hier die Rede von Türken ist, dann ist nicht die Rede vom türkischen Volk, sondern von den offiziellen staatlichen Strukturen und den Schreibtischtätern dahinter, die den Tod unschuldiger Menschen zu verantworten hatten. Man kann Geschichte nicht ungeschehen machen, aber man muss sich erinnern und gedenken. Und vorwärts gehen!

Cem Bozdağ
Bonn, Oktober 2015

## Danksagung

Zunächst einmal möchte ich den verstorbenen Linguisten Oskar Mann und Karl Hadank danken, die mit ihrer wissenschaftlichen Arbeit „Mundarten der Zaza“ den Meilenstein für die Anerkennung des Zazaki als eigenständige Sprache zum Durchbruch verholfen haben. In ihrem Werk sind auch viele wertvolle Hinweise auf die Abstammung der Zaza-Sprecher aus Dersim enthalten.

Des Weiteren möchte ich dem ebenfalls verstorbenen *Dr. Vet. Baytar Nuri Dersimi* für sein Werk „Kürdistan Tarihinde Dersim“ danken. Dieses Buch beschreibt den Zustand Dersims vor den katastrophalen Ereignissen von 1938. 1938 ist für viele Dersimer ein Schlüsseljahr. Sowie den weiteren zahlreichen Personen, die über Dersim schrieben und das Thema publik machten.

Des Weiteren danke ich dem armenischen Reisenden Antranik, der als erster die Dailam-Theorie aufstellte und Dersim endete des 19. Jahrhunderts bereiste und den Zustand der Dersimer Gesellschaft beobachte.

Ich danke auch dem ehemaligen Abgeordneten für Dersim, Herrn Hüseyin Aygün, für den Hinweis und die Zusendung des Kommissionsberichts zur Dorfentvölkerung.

Zum Schluss darf ich natürlich nicht meinen langjährigen Freund Asmêno Bêwayir vergessen, der mir viele Bücher zur Verfügung stellte. Heq raji vo, wes u war vê, pir u khal vê!

Zudem danke ich Frau Rechtsanwältin Aynur Bozdağ für wertvolle Hinweise und das Korrekturlesen.

## I. Einleitung

Das vorliegende Buch handelt von der Geschichte der Menschen aus Dersim. Dersim heißt seit 1935 Tunceli und ist eine Provinz der Republik Türkei. Nach der richtigen Einschätzung *Kahraman Gündüzkanats*, kann die Darstellung der Geschichte „Dersims" nur eine fragmentarische sein, weil diese ausschließlich mündlich überliefert ist[7]. *Naşit Hakkı Uluğ* äußerte sich ebenfalls zu Dersim[8]. Laut *Uluğ* soll selbst das verschlossene Tibet besser erforscht sein als Dersim, das außer einigen Beamten und Soldaten keiner auch nur aus der Vogelperspektive gesehen habe. Und dies obwohl Dersim seit 470 Jahren Teil der Türkei sei[9].

Dersim war seit jeher ein Rückzugsgebiet für die Konfession der Aleviten, die sich von der Mehrheitsreligion der Sunniten stark unterscheidet. Aufgrund dieser Unterschiede waren die Dersimer bis zum Ende des Osmanischen Reiches starken Verfolgungen und Massakern ausgeliefert. Mit Gründung der Türkischen Republik entspannte sich ihre Lage keineswegs.

Denn jetzt waren die Dersimer nicht mehr nur „Häretiker", die man mit Blut und Feuer von ihrem „Irrweg" abbringen musste, sondern auch eine ethnische Minderheit, die nach Überzeugung der jungen Republik keinen Platz in einem türkischen Nationalstaat hatte. So verwunderte es nicht, dass gerade die Türkische Republik, die angetreten war das alte, morsche osmanische System, das auf Religion basier-

---

[7] K. Gündüzkanat, Demokratisierungsprozess in der Türkei, S. 43. Gündüzkanat spricht hier von der Geschichte der *Dımıli*, die als Teil der Sprache der Dersimer sinngemäß auch für die Region gilt.

[8] N. H. Uluğ schreibt selber im Vorwort, dass seine Schrift „Derebeyi ve Dersim" keine Untersuchung ist, sondern seine persönliche Sicht wiedergibt. Vieles was man bei Uluğ liest, findet man später bei N. Sevgen ausführlicher wieder.

[9] N. H. Uluğ, Derebeyi ve Dersim, S. 20.

te, abzuschaffen, im Namen der Zivilisierung der Dersimer die größten Massaker an Mensch, Natur, Kultur und Sprache verübte. Interessant an der Aussage der Türken ist, dass sie den unzivilisierten Dersimern die Vorzüge der überlegenen türkischen Zivilisation näher bringen wollten. Ironie der Geschichte: auch die Griechen wollten nach dem Ende des I. Weltkrieges ihre *Megali Idea*, also die Wiederauferstehung des untergegangenen Byzantinischen Reiches auf türkischem Boden damit begründen, dass sie den „barbarischen Türken“ die Vorzüge der hellenistischen Kultur schmackhaft machen wollten. Die Griechen waren der Überzeugung, dass die Türken außerstande wären, sich fortzuentwickeln. Der griechische König Konstantin war der Meinung, dass die Türken um 1920 noch lebten wie um 1500. Daher würde die griechische Armee einen großen Dienst erweisen, indem sie den Türken auf dem Schlachtfeld eine Niederlage verpassen würde.

Doch wer sind die Dersimer, um die es in diesem Buch geht? Da die Dersimer kein Schriftvolk waren, liegt ihre Vergangenheit und damit ihre Abstammung im Dunkeln und führt bis in die Gegenwart zu kontroversen Diskussionen. Praktisch alle Nachbarvölker wie Armenier, Kurden und Türken behaupten, die Dersimer seien Teil ihres Volkes.

Da es keine Dokumente vor dem 18. Jahrhundert gibt, kann im Grunde alles behauptet werden. Es gibt jedoch ein Kriterium, dass jeder Behauptung ziemlich schnell den Wind aus den Segeln nimmt: die Sprache der Dersimer.

Gerade diese Sprache ist es, die vermuten lässt, wo die Dersimer herkamen bzw. ihre Wurzeln liegen könnten. In Zentral- und Nord-Dersim wird die iranische Sprache *Kırmancıki*, das auch als Zazaki bekannt ist, gesprochen. Diese Sprache ist eng verwandt mit den heute noch gesprochenen nord-iranischen Sprachen Gilaki und Mazendarani. Der Linguist Dr. Jost Gippert weist darauf hin, dass die Sprache der Dersimer große Gemeinsamkeiten mit der Sprache der Parther, einem iranischen Volk, das ein Großreich in Persien errichtete, hat. Folglich könnten die Dersimer ihre Wurzeln im alten Perser Reich haben. Somit lässt sich die Abstammung der Dersimer bei den Parthern vermuten. Die im Laufe der Geschichte geschehene Stammesvermischung mit den umliegenden Völkern hat die Bewahrung einer sprachlichen Identität der Dersimer nicht verhindert.

Es war der Armenier *Antranik Jerizijan*, der Dersim Ende des 19. Jahrhunderts bereiste und als erster die These aufwarf, das die Dersimer die Nachfahren der Dailamiten sind, die im Iran am Kaspischen Meer siedelten. Im 10. Jahrhundert errichteten sie dort ein Reich. Sie wiedersetzten sich lange erfolgreich der arabo-muslimischen Eroberung. Schließlich zerfiel ihr Reich im 11. Jahrhundert mit der Ankunft der türkischen Seldschuken.

Vielleicht war dies ein Grund, warum die Dailamiten ihre Heimat verließen und in Anatolien einzogen. Wahrscheinlicher ist, dass die Vorfahren der Dersimer vor dem großen Mongolensturm im 13. Jahrhundert nach Anatolien flohen. Erst später zogen die Dersimer weiter nach Süd-Dersim. Denn 1514 startete der osmanische Sultan *Yavuz Selim*, seinen Feldzug gegen die schiitischen Safawiden in Persien. Da die Dersimer als Aleviten mit den Safawiden sympathisierten und keinen Hehl mit ihrer Bewunderung für den Feind der Osmanen machten, mussten sie um ihr nacktes Überleben kämpfen. Denn *Selim* wollte alle mit den Safawiden paktierenden töten, was er auch auf dem Weg Richtung Persien tat. Seine Truppen hinterließen eine Spur der Verwüstung. Wie vielleicht schon bemerkt, waren die Dersimer zu diesem Zeitpunkt bereits Aleviten. Wie sie diesen Glauben annahmen und unter welchen Umständen, ist nicht bekannt.

Es ist aus dem 17. Jahrhundert durch den türkischen Reisenden *Evliya Çelebi* überliefert, dass die Vorfahren der Dersimer Dersim erreicht hatten und dort siedelten. *Antranik* schreibt, dass die Dersimer erst nur den Süden Dersims besiedelten und dann, als der Druck der Osmanen größer wurde, sich allmählich in die unzugänglichen Berge Inner-Dersims zurückzogen. Denn die Dersimer waren als Abtrünnige in den Augen der Osmanen ein innerer Feind, der bekämpft werden musste. Dies taten die Osmanen dann auch ohne Unterlass.

Offiziell begründeten die Osmanen die Feldzüge, die in regelmäßigen Abständen vielen Dersimern das Leben kosteten, mit Maßnahmen zur Wiederherstellung der öffentlichen Sicherheit und Ordnung. Denn um Überleben zu können, mussten die Dersimer auf Raubzüge gehen. Doch die Dersimer raubten nicht aus Bequemlichkeit, sondern weil die sunnitischen Osmanen ein Handels- und Lebensmittelembargo gegen die Dersimer verhängt hatten, um die Dersimer zur Aufgabe zu zwingen. Denn für die Osmanen waren die Dersimer Häretiker, die zum sunnitischen Islam bekehrt werden mussten. Den Dersimern kam in dieser Zeit immer die schroffe Natur mit ihren unüberwindbaren, steilen und kaum passierbaren Bergen zu Hilfe. Denn die Türken schafften es bis 1938 nicht alle Teile Dersims zu erobern. Die Natur war ein Freund Dersims, die sie vor einer militärischen Unterwerfung schützte. Dies ist vielleicht der Grund, warum die Dersimer die Natur so verehren.

Doch als die Dersimer sich ins Innere Dersims zurückzogen, war das Gebiet nicht unbewohnt, sondern es siedelten

schon armenische Gemeinden dort. Zumindest haben sie früher als die Dersimer ihre Monumente hinterlassen. Eines ihrer Klöster, dass *Surp Garabed*, wurde etwa im 13. Jahrhundert erbaut. Also waren die Armenier vor den Dersimern da. Mit der Zeit vermischten sich die Armenier mit den zugewanderten Dersimern. Manche assimilierten sich auch aus Angst vor den Dersimern. Das Verhältnis zwischen den autochthonen Armeniern und den eingewanderten Dersimern war nicht immer von Harmonie geprägt. Während *Antranik* noch kurz vor dem 19. Jahrhundert vom armenischen Mirakjan-Stamm Dersims berichtet, verschwanden diese auch bedingt durch den Völkermord an den Armeniern 1915, aus dem kollektiven Gedächtnis Dersims.
Der I. Weltkrieg zeigte, welch ambivalentes Verhältnis die Dersimer gegenüber ihren osmanischen Peinigern hatten. Um den Vormarsch der Russen zu stoppen, verteilten die Osmanen Waffen an die Dersimer. Um ihre Heimat gegen die russischen Eindringlinge zu schützen, nahmen die Dersimer die Waffen und griffen die Russen an. Gleichzeitig versäumten sie es nicht, auch mindestens 15.000 Armenier der rettenden russischen Hand zu übergeben.
Den I. Weltkrieg überlebte das Osmanische Reich nicht. Ironie des Schicksals: Während das Osmanische Reich stets versuchte Dersim auf den Kehrrichthaufen der Geschichte zu fegen, existierte Dersim länger als sein osmanischer Feind.
Doch Ruhe kehrte in Dersim nicht ein. Denn ein Feind war verschwunden, aber ein neuer, noch entschlossenerer Gegner tauchte auf, der die Feindschaft zu den Dersimern weiter aufrechterhalten sollte: die 1923 neugegründete Türkische Republik. Sie ging aus den Ruinen des Osmanischen Reiches hervor und definierte sich als Nationalstaat allein der

ethnischen Türken. Wer kein Türke und laizistischer Sunnit war, der sollte in diesem Staat keine Zukunft haben. Die Losung für die nicht-türkischen Minderheiten lautete: Entweder Vernichtung oder Assimilierung.
Während Dersim unter den Osmanen nur als Häretiker verfolgt wurde, wurde es in der Türkischen Republik auch noch als nicht-türkische Minderheit verfolgt. Somit stand auch schon ihr Schicksal von Anfang an fest. Es sollte möglichst früh gegen Dersim losgehen. Allerdings kam mit dem Scheich Said Aufstand 1925 eine Revolte auf, die die junge Republik erschütterte. Dersim musste noch bis 1937 warten, bis die dunklen Wolken aufzogen.
Am 21. März 1937 brannten ein paar junge Dersimer eine von Dersimern gebaute Holzhängebrücke über den *Harçik-Fluss* ab, weil sie es nicht mehr mit ansehen wollten, wie die Türken die Brücke nutzten, um sie zu unterdrücken. Bereits die Osmanen hatten es ab 1850 geschafft, einige Militärstützpunkte und Verwaltungsgebäude in Dersim zu errichten. Allerdings blieben die Türken außerhalb ihrer Mauern relativ machtlos.
Die türkische Führung in Ankara, allem voran Atatürk, der schon vorher gesagt hatte, dass Dersim ein Geschwür sei und er für die Entfernung dieses Geschwürs die Verantwortung übernehme, nahm die Vorfälle vom 21. März 1937 als willkommenen Anlass, um gegen Dersim vorzugehen. Doch der Feldzug wurde offiziell, wie schon unter den Osmanen geschehen, als Maßnahme zur Widerherstellung der öffentlichen Sicherheit und Ordnung getarnt.
Man wollte die wilden Dersimer zivilisieren, indem man sie der türkischen Zivilisation einverleiben wollte. In Wahrheit ging es darum, die nicht-türkische Kultur und Geschichte Dersims zu vernichten. Der Vernichtungsfeldzug gegen Der-

sim hielt bis 1938/1939 an. Das Ergebnis waren Massaker an wehrlosen Zivilisten, Zerstörung von Dörfern und die Deportation der Überlebenden in die West-Türkei. Große Teile Dersims wurden zu sogenannten verbotenen Zonen, in die die Übriggebliebenen nicht hinein durften. 1938 brachte eine Zäsur in der Geschichte Dersims mit sich. Das alte Dersim war nun Geschichte. Es konnte nie geklärt werden, wie viele Menschen ihr Leben bei den Massakern verloren. Die Zahlen schwanken zwischen 13.000 und 200.000 Personen.

Doch die Türken hatten schon einmal für die Propaganda vorgesorgt. Dersim sei ein Banditen-Aufstand gewesen, den man nur noch mit militärischen Mitteln lösen konnte. Was hätte man auch tun können? Auf den Aufstandszug sprangen auch viele kurdische Autoren auf. Es klang für die Geschichtsbücher adrett, wenn man der jüngeren Generation verklickern konnte, dass die „Kurden" sich nicht dem Unrecht der Türken einfach gebeugt hätten, dem Schicksal brav ergeben, sondern man mit Würde und Anstand den Untergang gewählt habe. So wird bis heute vom „Dersim-Aufstand" gesprochen, den es in Wahrheit nie gab. Das einzige, das es 1938 gab, war ein Genozid an den Dersimern. Denn die Dersimer mussten bereits 1936 ihre Waffen abgeben, was sie auch brav taten. Nur zwei bis drei Stämme von über 50 weigerten sich die Waffen abzugeben. Womit hätten sich die Dersimer 1938 erheben können?

Nach 1938 fristete Dersim ein Schattendasein. Die von den Türken angekündigte Zivilisation ließ auf sich warten. Man konnte ihre Umrisse noch nicht einmal am Horizont erkennen. Die Türken hatten aber anstatt Zivilisation, Repression im Gepäck. Die Sprachen Dersims (Kurdisch und Zazaki) waren von nun an verboten. Erst als 1948 die Vertriebenen

zurückkehren durften, kam etwas Leben in den 1950er Jahren auf und Dersim schien sich zu normalisieren.
Doch 1960 wurden immer mehr junge Dersimer von marxistischen oder anderen Linken Ideologien angezogen. Viele zogen aus den kargen Bergen Dersims zum studieren nach Ankara, Istanbul oder Izmir. Ideologisiert kehrten sie nach Dersim zurück. Es bildeten sich radikale Zellen, die bis in die 80er Jahre aktiv waren.
Ende der 70er Jahre tauchte ein neuer politischer Akteur auf: die PKK. Sie wollte den bewaffneten Kampf gegen die türkischen Besatzer aufnehmen und sie zumindest in der Ost-Türkei in die Knie zwingen, um das kurdische Volk vom Joch der Unterdrückung und Assimilierung zu befreien.
Auftrieb erhielt die PKK durch den Militärputsch unter *Kenan Evren* 1980, der alle Hoffnungen auf politische Liberalisierung und der Sehnsucht der kurdischen Minderheit nach mehr kulturellen Rechten, wie Aufhebung des Sprachverbots, ein jähes Ende bereitete. *Evren* verstärkte die Repressalien gegen die Menschen im Osten der Türkei. In Dersim wehte ein rauer Wind. Willkür und Repressalien waren an der Tagesordnung. Die PKK kam nun zu dem Ergebnis, dass sie für die Rechte der Kurden nicht mehr mit friedlichen Mitteln beikommen könne. Daher nahm sie 1984 den bewaffneten Kampf auf. Auch Dersim gehörte zum Operationsgebiet der PKK. Die Türken hatten Angst, die Kontrolle über den Osten zu verlieren. Sie beschlossen mit der Methode „Das Meer austrocknen um den Fisch zu fangen“, dem Kurden-Problem ein gewaltsames Ende zu setzen. Das Ergebnis für die Menschen vor Ort war katastrophal. Dörfer wurden niedergebrannt und die Bewohner vertrieben. Oft durften sie ihr Hab und Gut nicht mitnehmen. So wurden ganze Landstriche in Dersim für immer verwüstet. Dersim

wurde 1994 quasi entvölkert und für ewig seiner Identität beraubt.
Von diesen historischen Ereignissen handelt dieses Buch. Viel Spaß beim Lesen!

## 1. Die Herkunft der Dersimer

Über die Herkunft der Dersimer gibt es verschiedene Theorien. Da es keine schriftlichen, zuverlässigen Aussagen über die Herkunft der Dersimer gibt, ist man dazu – ja fast – genötigt, verschiedene Theorien aufzugreifen. Die Analyse wird zusätzlich erschwert, da Dersim das Durchzugsgebiet mehrerer Völker und auch noch armenisches Kernsiedlungsgebiet war.

Aus verschiedenen Gründen möchte ich hier einer Theorie über die Herkunft der Dersimer wenig Aufmerksamkeit widmen. Nämlich, dass sie das authentische Volk der Region Dersim sind. Also seit Menschengedenken die Region Dersim besiedelten. Hierfür fehlen einerseits eindeutige Beweise, andererseits zeigt die Besiedlungshistorie, dass die Region der Zankapfel verschiedener Großmächte der damaligen Zeit war. Ein Hinweis auf das authentische Volk in diesen Quellen fehlt gänzlich. Dass die Dersimer erst später kamen, wird auch von *Hesen Aliyê Sey Kemali* angenommen. Demnach hätten andere Völker, danach die Armenier und zuletzt die Dersimer Dersim besiedelt[10].

Es gibt im Wesentlichen folgende Erklärungsansätze für die Herkunft der Dersimer[11]: Sie seien

- Türken
- Kurden
- Zazas
- Aleviten
- Armenier

---

[10] C. Taş, Roê Kırmanciyê, S. 10.

[11] M. Kalman, Dersim Direnişleri, S. 14.

## 1.1. Türke, Kurde, Zaza? Oder doch nur Alevite und Armenier?

Welcher Ethnizität die Dersimer angehören, mag für den einen oder anderen von vornherein geklärt sein. Doch gerade in jüngster Zeit gibt es heftige Diskussionen bezüglich der Volkszugehörigkeit. Sie entzündet sich entlang der Sprachgrenze zwischen Kurmanji und Zazaki. Vor allem in der Diaspora ist seitdem, gestützt auf wissenschaftliche Einordnungen des Zazaki als eigenständige Sprache, eine Debatte entbrannt, die vergeblich einen Abschluss sucht. Historisch gesehen war Sprache im Osmanischen Reich nicht der bestimmende Faktor für Ethnizität. Vielmehr verliefen die Grenzen zwischen Religionen und Konfessionen. So fühlten sich sunnitische Kurden und Türken als ein monolithischer Block. Der sunnitische Islam war identitätsstiftend. Kurmanji und Zazaki sprechende Aleviten sahen sich primär als eine Einheit. Der Gedanke des Nationalen war wesensfremd. Erst der aufkommende Nationalismus verhalf der ethnischen Abspaltung, basierend auf Sprache zum Durchbruch.

Während früher in Dersim, neben Kurmanji, Zazaki und Türkisch, auch Armenisch gesprochen wurde, ist das Armenische bedingt durch den Völkermord an den Armeniern fast vollständig verschwunden[12]. In jüngster Zeit jedoch, haben aus Dersim stammende Armenier, die nach Wiederentdeckung ihrer armenischen Wurzeln versucht, die Sprache ihrer Ahnen zu erlernen. Während früher Kurmanji und Zazaki in Dersim dominierende Sprachen waren, wurde ihnen der Rang durch die türkische Assimilationspolitik abgelaufen. Beide Sprachen sind vom Aussterben bedroht. Die

[12] M. Kalman, Dersim Direnişleri, S. 32.

jüngste Wiederbelebung der Sprachen ist ein erfreulicher Schritt, der hoffentlich alsbald Früchte trägt.

**Türke**

Dass die Dersimer Türken sind, ist eine Erfindung der Neuzeit. Sie wird ausschließlich in türkisch-kemalistischen Kreisen und einigen pro-türkischen Kreisen in Dersim vertreten. Während im Osmanischen Reich solche absurden Theorien allenfalls belächelt wurden, wurden sie nach Gründung der Türkischen Republik regelrecht zum Staatsdogma erhoben. Diese Leugnungspolitik der Türkischen Republik, die bis heute anhält ist ein Überbleibsel der Jungtürken des Osmanischen Reiches. Um dem Zerfall des Osmanischen Reiches Einhalt zu gebieten, erklärten türkische Apparatschiks ganze Völker zu ethnischen Türken. Je kleiner das Volk war und je weniger Kulturgeschichte das Volk vorweisen konnte, desto leichteres Spiel hatten die türkischen Geschichtsverdreher[13]. So wurde die Herkunft der Zazas auf die historische Region Horasan im Iran zurückgeführt und ihre Abstammung dem Turkstamm der Zaziks zugerechnet. Nach neuesten Erkenntnissen der Geschichtsforschung war Horasan, gelegen am Kaspischen Meer eine Region, die eine Vielzahl von Völkern beherbergte. Wieso die Zazas oder Dersimer allein auf einen Turkstamm zurückzuführen sind und nicht auf alle Völker der Region, bleibt die türkische Geschichtsschreibung, genauer gesagt der Erfinder der Horasan-Theorie, Hasan Reşit Tankut, schuldig[14].

Des Weiteren wird für die Türken-Theorie die Hülle und Fülle an türkischen Lehnwörtern angeführt. Zweifelsohne ist die

---

[13] Vgl. stellvertretend für diese Theorie: N. Sevgen, Zazalar ve Kızılbaşlar, S. 33 ff/ H. R. Tankut, Zazalar Üzerine Sosyolojik Tetkikler, S. 22.

[14] M. Kalman, Dersim Direnişleri, S. 15.

Ansammlung an türkischen Wörtern im Zazaki und Kurmanji reich, allerdings ist dies ein normaler linguistischer Prozess. Wenn eine dominante Schriftsprache auf eine Nicht-Schriftsprache trifft, so ist die Wortwanderung in der Regel eine Einbahnstraße. Umgekehrt verfügt gerade die türkische Sprache zahllose Entlehnungen aus dem Arabischen. Kein Mensch würde auf die groteske Idee kommen, die ural-altaische Sprache als einen Dialekt des Arabischen (semitische Sprache) zu betrachten und die Türken zu Arabern erklären. Sowohl Kurmanji, als auch Zazaki sind iranische Sprachen. Allein die Sprache der Dersimer versperrt die Annahme, dass es sich bei den Dersimern um Türken handelt.

Als weiteres Indiz der Türken-Theorie wird das Wort Zaza und ihr alevitischer Glaube angeführt. Der Glaube der Dersimer verehrt heilige Steine, hohe Bäume und die Sonne. Tankut erwähnt, dass die Alttürken Steine und Felsen „sak“ nannten, durch eine Verdoppelung von „sak“, wäre „sasak“ (unter Wegfall der „K“´s), also Zaza entstanden. Dies wäre der Beweis für die Türkischstämmigkeit der Dersimer. Denn vor dem Erscheinen der Türken in Anatolien, sei das Wort Zaza gänzlich unbekannt gewesen[15].

Sowohl Kurmanji-, als auch Zazaki-Sprecher bezeichnen in ihren eigenen Sprachen Türken als Nicht-Angehörige ihres Volkes. Allerdings sollte nicht unerwähnt bleiben, dass es auch ethnische Türken in Dersim gibt. Glaubt man der Aussage einiger Angehöriger der Stämme der Sarı Saltık und Pir Sultan Abdal, so ist ihre Muttersprache türkisch. Sie beherrschen aber auch das Zazaki und Kurmanji[16]. Zudem sol-

[15] H. R. Tankut, Zazalar Üzerine Sosyolojik Tetkikler, S. 29; N. Sevgen, Zazalar ve Kızılbaşlar, S. 35.

[16] E. Gezik, Munzur, Nr. 37, S. 11 und Fußnote 23 auf Seite 11.

len Teile der Bahtiyaran ebenfalls türkisch als Muttersprache sprechen[17].

Die Vertreter der Ansicht, dass alle Dersimer Türken sind, führen als Hauptargument die These an, dass die Vorfahren der Dersimer aus Horasan kamen und auf der Flucht vor dem Mongolensturm sich nach Dersim retteten. Ihre jetzige Sprache Zazaki würden sie erst seitdem sprechen. Von wem die Zugewanderten aus Horasan diese Sprache erlernt haben könnten, dazu äußert sich z.B *S. Akgül* nicht[18]. Welcher Mongolensturm die Vorfahren der Dersimer nach Dersim vertrieb, schreibt *S. Akgül* auch nicht. Zumindest für das Jahr 1502 schreibt *S. Akgül*, dass die Dersimer unter dem Einfluss des iranischen *Schachs Ismail* standen und dies die Herrschaft der Osmanen gefährdete. Daher entschloss sich der osmanische Sultan *Selim* zu einem Feldzug gegen den Schach. Der Feldzug endete erfolgreich für die Osmanen und die Verbündeten des Schachs konnten ihr Leben nur retten, indem sie sich nach Dersim zurückzogen. Seitdem sei Dersim eine Brutstätte für Instabilität und habe die Zentralgewalt mehrmals ernsthaft gefährdet[19].

Auch der britische Hauptmann *Molyneux-Seel* will nicht ganz ausschließen, woher der Einfluss der Türken auf die Dersimer kommt. So führt er einige Stammesnamen auf, die zumindest teilweise einen türkischen Ursprung haben (*Bal Usağı, Areli* etc.). Er kann sich diesen Einfluss nicht erklären, da die Dersimer bis vor kurzem keinen regen Verkehr mit den Türken gehabt hätten[20]. So führt er die Areyiz als „Areli“ auf und glaubt, dass dies ein türkischer Name ist.

[17] A. Kaya, Dersim Tarihi, S. 111.
[18] Akgül, Amerikan ve Ingiliz Raporları Işığında Dersim, S. 14.
[19] Akgül, Amerikan ve Ingiliz Raporları Işığında Dersim, S. 17.
[20] Molyneux-Seel, A Journey in Dersim, S. 68.

Dass dieser Stamm sich selber „Areyiz“ nennt, kann er nicht wissen, da er kein Zazaki spricht. Würde er es tun, so hätte er Areyiz vielleicht auch auf Zazaki „arey“ (=Mühle) zurückgeführt. Also „Areyiz“ = Müller.

Laut *Uluğ* sind die Vorfahren der heutigen Dersimer vor 1200 dem Mystiker *Ahmet Yesevi* folgend aus dem persischen *Horasan* nach Malatya gezogen. Von dort seien 2 Söhne *Ahmet Yesevis* in die hohen Weiden Dersims gezogen und hätten sich dort vermehrt[21]. Wann die Söhne nach Dersim auswanderten schreibt *Uluğ* nicht.

*Nazmi Sevgen* führt als Beweis für das Türkentum der Dersimer auf, dass viele Ortsnamen in Dersim türkischen Ursprungs seien. So führt er den Namen *„Iksor“* auf Türkisch *„Ikisur“* (=Zwei Stadtmauern) zurück[22]. Mit so viel Phantasie kann man aus jedem Ortsnamen einen türkischen machen. In *Iksor* standen aber nie Stadtmauern. Dass der Ort auch auf Armenisch *„Ekitzor“*[23] zurückgehen könnte, verschweigt er.

Zu den weiteren „Beweisen“, warum die Dersimer ethnische Türken seien, führt Nazmi Sevgen an, dass sie eine uralte Tradition der Ural-Türken, nämlich das Forelle-Essen (!) beibehalten hätten[24].

Unerträglich wird es, als Nazmi Sevgen versucht durch Schädelkunde das Türkentum der Dersimer zu beweisen. So seien die *Khureschan* auf keinen Fall arabischer Abstammung, sondern ihre Schädelform wäre dieselbe wie in der West-Türkei. Zudem bezieht er sich auf zwei Deutsche,

---

[21] N. H. Uluğ, Derebeyi ve Dersim, S. 22 f.

[22] N. Sevgen, Zazalar ve Kızılbaşlar, S. 22.

[23] Antranik, Seyahatname, S. 186. Welche Bedeutung hinter Ekitzor steht, wird leider nicht geschrieben.

[24] N. Sevgen, Zazalar ve Kızılbaşlar, S. 24.

um seine Aussage „wissenschaftlich“ abzusichern. Die Namen der sogenannten Anthropologen nennt er nicht[25]. Mit ähnlich absurden Thesen versuchten die Nazis den arischen Herrenmenschen nachzuweisen. Wissenschaftliche „Beweise“ wurden einfach zusammengedichtet.
Einer der „renommiertesten“ Dersim und Zaza-Kenner unter den Türken ist *Nazmi Sevgen*. In seinem Buch *„Zazalar ve Kızılbaşlar“* schreibt er über Sprache, Kultur, Religion und Gebräuche der Dersimer und Zazas. Interessant ist, dass das Buch erst 1945 veröffentlicht wurde. *Nazmi Sevgen* hat schon vor 1938 Abhandlungen bzw. mehrere Schriften zu Dersim publiziert, die als Vorbereitung für die Militäroperation dienten. Allerdings ist das 1945 erschienene Werk, sein Hauptwerk, dass die Operation von 1938 aus türkischer Sicht rechtfertigen soll, sprich beweisen soll, dass die Dersimer ungebildete Räuber und ein ständiger Unruheherd waren. Zudem sollte bewiesen werden, dass die Dersimer Türken sind. Der geistige Vater von *Nazmi Sevgen* war der Pseudo-Zazaist *Hasan Reşit Tankut*. Sein Werk ist parteiisch und erwähnt an keiner Stelle Massaker an der Dersimer Zivilbevölkerung. Zudem ist seine Schrift von Vorurteilen geprägt. Interessant ist an *Nazmi Sevgen*, dass er zum Beispiel aus Mann/Hadank komplett abschreibt und sogar den Armenier *Antranik* erwähnt, aber sich gar nicht mit ihren Thesen oder Erfahrungen auseinandersetzt[26].
*Nazmi Sevgen* schreibt, dass die Vorfahren der Dersimer aus *Malatya* stammten. Warum sie nach Dersim auswander-

[25] N. Sevgen, Zazalar ve Kızılbaşlar, S. 27 f.

[26] Vgl. N. Sevgen, Zazalar ve Kızılbaşlar, S. 9-11. Hier schreibt er komplett - wenn auch verkürzt - von Mann/Hadank ab, erwähnt aber kein einziges Mal, auf welche Quelle er sich bezieht. Nur am Ende ist ein Hinweis auf Mann/Hadank (Vgl. O. Mann/K. Hadank, Mundarten der Zaza, S. 9 – 14).

ten schreibt er nicht[27]. Gerade kurdische Aleviten aus Malatya geben eher an, dass ihre Vorfahren aus Dersim kamen. Für *Doğan Doğan* sind die Dersimer Aleviten und dies schon Beweis genug für ihr Türkentum[28]. Mittlerweile distanziert sich selbst der türkische Staat von solchen Aussagen. Durch eine Kurdisierung habe z.B. der Stamm *Lolan* seine Muttersprache, das Türkische aufgegeben und habe das Zazaki übernommen[29]. Warum aber die Dersimer durch die Kurdisierung nicht gleich das Kurdische als Idiom übernahmen, sagt uns der Autor nicht. Denn das hätte man ja erwarten können. Man stelle sich vor, ich werde von Franzosen assimiliert, spreche fortan aber nur noch Englisch.
*Doğan Doğan* setzt noch einen drauf, als er schreibt, dass Dersim das Produkt von aus *Horasan* ausgewanderten Türken sei. Als Beweis führt er türkische Spuren in der Religion der Dersimer an[30]. Nach demselben Argument wären die Türken Araber. Ohnehin behauptet *Doğan Doğan* wie eine tibetanische Gebetsmühle immer wieder, dass die Dersimer Türken seien. Beweise bleibt er stets schuldig bzw. bringt nur lächerliche Argumente[31].
Nach *Cemal Şener* sind alle kurdisch sprecheden Aleviten zu 99-Prozent turkmenischer Abstammung. Sie wurden mit der Zeit kurdisiert und vergaßen deshalb ihre Muttersprache[32]. Nachdem die turkmenischen Aleviten eine Niederlage gegen *Yavuz Sultan Selim* erlitten, sahen sich viele Stämme

---

[27] N. Sevgen, Zazalar ve Kızılbaşlar, S. 23.
[28] D. Doğan, Dersim Olayı, S. 38.
[29] D. Doğan, Dersim Olayı, S. 45. Doğan Doğan bezieht sich hierbei auf Mehmet Şerif Fırat, der in seinem Buch „Dogu Illeri ve Varto Tarihi“ diese These aufstellte. Vgl. auch S. 79.
[30] D. Doğan, Dersim Olayı, S. 71 f.
[31] D. Doğan, Dersim Olayı, S. 128.
[32] Vgl. H. Ağuiçenoğlu, Herkesin Bildiği Sır, S. 123.

gezwungen, sich in den Bergen Dersims niederzulassen. Mit der Zeit vergaßen diese Turkmenen türkisch und ihr Türkentum, klammerten sich aber desto mehr an ihr Alevitentum[33]. Interessant ist an der Ansicht der Autoren wie *Cemal Şener*, dass die Dersimer dies genau umgekehrt sehen. Die Dersimer nehmen eher an, dass die jetzt türkisch-sprechenden *Aleviten* ursprünglich *Kırmanc* waren, die ihre eigentliche Muttersprache, das *Kırmancıki (Zazaki)* vergaßen[34].
Der Grund, warum die Dersimer weder kurdisierte Turkmenen bzw. Armenier sein können, ist ihre Sprache Zazaki. Wieso sollten die Turkmenen anstatt *Kurmanji*, Zazaki gelernt haben, das weit einflussreicher war? Von den sunnitischen Zazas können sie diese Sprache auch nicht übernommen haben, da es keinen Austausch zwischen diesen gab. Die Dersimer können auch keine Armenier sein. Von wem hätten die Armenier diese Sprache übernehmen können, wenn es noch keine Dersimer gab[35]?

### Kurden

Zweifelsohne gibt es Kurden in Dersim. Ihre Sprache ist das Kurmanji. Es gibt auch einige Stämme, die sowohl Kurmanji, als auch Zazaki sprechen. Einige Stämme haben auch ihre Sprache gegen Kurmanji oder Zazaki getauscht. Ob die Zaza-Sprecher auch Kurden sind, wird in letzter Zeit heftig diskutiert.
An dieser Stelle ist der Streit höchstens zweitrangig. Denn sowohl Kurmanji, als auch Zazaki aus Dersim sind vom Aussterben bedroht. Sie sind bereits moribunde Sprachen. Wichtiger ist es den Fokus auf den Erhalt oder zumindest

---

33 C. Şener, Osmanlı Belgelerinde Dersim Tarihi, S. 5.
34 G. Fırat, Herkesin Bildiği Sır, S.148.
35 Vgl. M. Yıldız, Dersim´in Etno-Kültürel Kimliği, S. 107.

die Konservierung der Sprache zu legen, anstatt sich in ausweglose Diskussionen zu wagen. Ohnehin sind viele Zaza-Aktivisten in Reihen der Kurmanji-Avantgarde politisch sozialisiert worden. Ihre Wurzeln sind gemeinsam.

Neben der nicht anzuzweifelnden Tatsache, dass Kurmanji-Sprecher Kurden sind, stellt sich die Frage, ob auch die Zazaki-Sprecher hierzu gehören. Auch einige Zazas, die sich in Dersim selber *„Kırmanc"* nennen und ihre Sprache *„Kırmancıki"*, teilen die Auffassung, dass sie Kurden sind. Dieses Weltbild geriet in jüngster Zeit jedoch ins Wanken. Denn durch die sprachliche Unterscheidung, kam auch der Gedanke auf, dass die Zazas ein eigenes Volk sind. Auslöser für diese Annahme ist hauptsächlich, dass es sich bei Zazaki und Kurmanji um zwei Sprachen handelt und folglich die Zazas ein selbständiges Volk sind. Die Vertreter der Kurden-Theorie degradieren die Zaza-Sprache zu einem kurdischen Dialekt. Da beide dieselbe Sprache sprächen, seien auch die Zazaki-Sprecher Kurden[36].

Dass man basierend auf Sprache nicht eine definitive Grenzziehung in Dersim vornehmen kann, beweist die Sprachzugehörigkeit der Stämme. Während die Stämme *Khureschan*, *Derwisch Dschemal* und *Scheich Hasan* mehrheitlich Zazaki sprechen, sprechen die *Baba Mansur*, *Derwisch Gewr*, *Sarı Saltık*, *Scheich Ahmet* und *Dschelal Abbas* mehrheitlich Kurmanji, haben aber auch Angehörige die Zazaki sprechen. Es gibt aber auch den umgekehrten Fall. Zum Beispiel sprechen die *Khureschan* in Inner-Dersim nur Zazaki, aber ihr Flügel im Raum Ovacık-Hozat, der die *Rutan* betreut, spricht Kurmanji. Die *Khureschan* in *Adıyaman* sprechen ausschließlich Kurmanji[37].

---

[36] M. Kalman, Dersim Direnişleri, S. 17 f.

[37] E. Gezik, Munzur, Nr. 37, S. 11.

Die Herkunft der Kurden ist laut offizieller kurdischer Geschichtsschreibung abschließend geklärt. Allerdings ist diese Darstellung mit Vorsicht zu genießen. Denn die Kurden führen ihre Abstammung und ihre Sprache auf die Meder zurück[38]. Die Meder eroberten das assyrische Großreich. Oft ist es bei kleineren Völkern so, dass sie sich in der Geschichte heroische Vorfahren suchen, um sich aufzuwerten. Ob dies auf einen historischen Minderwertigkeitskomplex zurückführen ist, mag dahingestellt bleiben. Denn über die Meder ist wenig bekannt. Von ihrer Sprache ist bis auf ein paar Ortsnamen keine schriftliche Kenntnis vorhanden. Westliche Historiker nehmen eher an, dass die Meder einen Vielvölkerstaat regierten, als das sie ein homogenes Volk waren[39].

Des Weiteren führen die Kurden ihre Vorfahren auf die *Karduchen* zurück, die der griechische Geschichtsschreiber *Xenophon* in seinem Reisebericht erwähnt. Ob es einen Zusammenhang zwischen den heutigen Kurden und den Karduchen gibt, kann nicht endgültig beantwortet werden.

Die Kurden (Kurmanji-Sprecher) leben hauptsächlich im Süden Dersims, vor allem in der Gegend um Mazgirt, Pertek und Çemişgezek. Sie sprechen die gleiche Sprache wie die Kurden der Umgebung, allerdings trennt sie ihr alevitischer Glaube von ihren Sprachbrüdern. Höchstwahrscheinlich handelt es sich bei den Kurden in Dersim um alevitisierte kurdische Stämme. Denn viele Kurden-Stämme Dersims sind auch in anderen Regionen Kurdistans beheimatet (ich

---

38 N. Dersimi, Kürdistan Tarihinde Dersim, S. 21.

39 M. Kalman, Dersim Direnişleri, S. 18 f.

spreche hier nicht nur von einer Namensverwandtschaft), sind aber fast nur Sunniten[40].

Ein Teil der Kurmanji-, wie Zaza-Sprecher (*Ağuçan* und *Derwisch Gewr*) gibt an, dass in Anatolien ihr erstes Siedlungsgebiet Dersim war. Die *Derwisch Dschema*l geben an, dass sie zuerst in Malatya siedelten und erst später nach Dersim zogen[41].

Die Kurden selber, führen die Meder als ihre ersten historischen Vorfahren auf. Die Meder gründeten im 7. Jahrhundert vor Christus ein Reich, dass 612 vor Christus das Assyrische Großreich vernichtete. Dadurch kontrollierten die Meder einen Großteil des heutigen Iran und Zentralanatoliens[42]. Ob die Meder wirklich die Vorfahren der Kurden sind, ist eher zweifelhaft. Diese Ansicht wird von vielen Iranisten vorgetragen. Die Meder-Theorie warf zuerst Vladimir Minorski auf, der die Kurden mit den Medern in Verbindung brachte, weil er gerade eine Sprachverwandtschaft sah. Iranisten halten dem entgegen, dass die Meder kein Schriftvolk waren und folglich wenig über ihre Sprache bekannt ist, um eine Sprachverwandschaft anzunehmen. Zudem wird darauf hingewiesen, dass die Meder eine Konföderation mehrerer Völker waren[43].

Eher ist anzunehmen, dass die Herkunft der Kurden unbekannt ist. Hans Wagner schreibt im Eurasischen Magazin unter Bezugnahme auf andere Quellen, dass nach grober Schätzung die Geschichte der Kurden irgendwann am Ende des zweiten Jahrtausends vor Christus mit der Einwande-

---

[40] Vgl. die Übersicht bei: N. Dersimi, Kürdistan Tarihinde Dersim, S. 47, 50 und 55.

[41] E. Gezik, Munzur, Nr. 37, S. 7.

[42] http://www.institutkurde.org/en/institute/who_are_the_kurds.php (34).

[43] H. Haarmann, Kurden, S. 202 (zitiert aus: books.google.de).

rung indogermanischer Arier in den Iran begann. Sie zogen erst in die Nähe des heutigen Isfahan und wanderten dann weiter Richtung Urmija-See. Dann zogen sie weiter Richtung Westen und Süden. In dem von Martin Strohmeier und Lale Yalin-Heckmann im Jahr 2000 herausgegebenen Buch über die Geschichte der Kurden heißt es[44]:

> „Die iranische Hochebene war seit alters her ein wichtiger Schnittpunkt zwischen dem Vorderen Orient und Zentralasien bzw. dem indischen Subkontinent sowie Schauplatz von Wanderungsbewegungen von Völkern, die aus dem Osten kamen. Vermutlich sind die Vorfahren der Kurden um die Wende vom zweiten zum ersten Jahrtausend v. Chr. im Zuge von Einwanderungswellen indogermanischer Arier nach West-Iran gekommen und haben sich mit der ansässigen Bevölkerung vermischt. Diese Region war Teil der altorientalischen Reiche der Sumerer, Assyrer, Urartäer und Meder."

Erinnerungen an graue Vorzeiten halten die Kurden mit einer Art National-Legende aufrecht. Held ist ein Schmied, der den Tyrannen Zaehak erschlug, dem täglich zwei Kinder geopfert werden mussten. Ohne dass es dafür historische Nachweise gäbe, datiert man in der kurdischen Nationalliteratur dieses Ereignis auf den 21. März 612 vor Christus. Das Datum hat allerdings größte geschichtliche Bedeutung. An jenem Tag nämlich wurde die assyrische Hauptstadt Ninive von den Medern erobert, als deren Nachfahren sich viele Kurden verstehen, und die assyrische Geschichte damit be-

---

[44] http://www.eurasischesmagazin.de/artikel/Kurden-sind-eines-der-aeltesten-Kulturvoelker-Geschichte-und-Hintergruende/21103 (35).

endet. Am 21. März entzünden die Kurden Feuer, um an diesen Schmied zu erinnern. Günther Deschner vermutet, dass genau wie die Frühlings- und Osterfeuer im skandinavischen, deutschen und teils auch osteuropäischen Raum, die ebenfalls auf den 21. März fallen, dass diese auf indogermanische Einflüsse zurückgehen[45].
Die Kurden wurden ebenfalls mit der Ankunft der Araber in Anatolien islamisiert (8./9. Jahrhundert). Danach waren sie lange Zeit auf Seiten der persischen Safawiden, bis mit *Yavuz Sultan Selim* eine Abkehr von diesem erfolgte (16. Jahrhundert). Fortan schlossen sie sich den sunnitischen Osmanen an und stellten lange Zeit Generäle und Statthalter der Osmanen. Ihre Geschichte war von nun an Teil der osmanischen Geschichte.

**Zazas**

Eine Anmerkung vorweg: Wie bereits oben bemerkt, nennen sich die Zazaki-Sprecher aus Dersim nicht Zazas und folglich ihre Sprache nicht Zazaki. Unter Zazas und Zazaki verstehen die Zazaki-Sprecher aus Dersim einen Sunniten der diese Sprache spricht. Daher wird diese Terminologie nur auf die südlichen Nachbarn beschränkt. Der Zazaki-Sprecher aus Dersim bezeichnet sich als *„Kırmanc“* und seine Sprache als *„Kırmancıki“*[46]. Wenn ich Zazaki spreche, frage ich mein gegenüber, ob er des *„Kırmancıki“* mächtig ist oder ob er unsere Sprache spricht („Zonê ma zonena?“). Dennoch möchte ich hier den Begriff Zazaki beibehalten, da

---

45 http://www.eurasischesmagazin.de/artikel/Kurden-sind-eines-der-aeltesten-Kulturvoelker-Geschichte-und-Hintergruende/21103 (35).

46 Vgl. K. Gündüzkanat, Demokratisierungsprozess in der Türkei, S. 61. Das Dersim-Gebiet wird übrigens *Kırmanciye* genannt; C. Taş, Roê Kırmanciyê, S. 9.

sich dieser Ausdruck in der internationalen Publikation durchgesetzt hat. In Dersim versteht man unter *Kırmanc* auch nicht nur die Zaza-Sprecher als die ihren, sondern auch die Kurmanji-Sprechenden[47].

Genauso wie Dersim, lässt sich die genaue Herkunft des Wortes Zaza nicht abschließend klären. Das Wort taucht im Nahen Osten in verschiedenen Konstellationen auf. So als Vorname oder Ortsname. In Bezug auf die Zazas wird auch oft der Begriff *„Dımıli"* herangezogen. Der russische Orientalist und Kurdologe *Basil Nikitin* bezieht sich bei Dımıli auf eine Burg namens „Dunbul" in der Nähe Diyarbakırs. Da auch Zazas in der Nähe der Burg leben, wird oft angenommen, dass die Burg Namensgeber war[48].

In jüngster Zeit wird heftig diskutiert, ob die Zazas ein eigenes Volk sind oder nicht. Während kurdische Patrioten den Abfall von der offiziellen kurdischen Ideologie, nämlich dass die Zazas Teil des kurdischen Volkes sind als Hochverrat ansehen, verweist ein Teil der Zazas auf linguistische Erkenntnisse, dass das Zazaki eine eigenständige Sprache und folglich die Zazas keine Kurden sind[49]. Da ich diesem Thema ein eigenes Kapitel widmen werde, mag der Streit dahingestellt bleiben.

Die Verwendung des Wortes *Kırmanc* ist auf Dersim beschränkt. Während die alevitischen Zaza-Sprecher aus Dersim sich als *Kırmanc* definieren, wird dieser Begriff von alevitischen Zazas aus Varto (in der Provinz Muş) abgelehnt. Sie betrachten sich als „Aleviten" oder bezeichnen sich als „sarê ma" (= unsere Leute). Alevitische Zaza-Sprecher aus

---

47 Vgl. M. Yıldız, Dersim'in Etno-Kültürel Kimliği, S. 97.

48 M. Kalman, Dersim Direnişleri, S. 21

49 Für die Übersicht bzgl. der Theorie „Eigene Sprache", vgl. die Übersicht bei A. Kaya, Dersim Tarihi, S. 49.

Sivas wiederum bezeichnen sich als Zazas. Der Zaza-Sprecher aus Dersim bezeichnet Kurdisch als *Kırdaşki* und den Sprecher dieser Sprache als *Khurr*.
Eine andere Erklärung für Zaza führt auf eine soziologische Klassifizierung zurück. Man würde in Kurdistan generell zwischen *„Kırmanc/Kurmanj"* und *„Kırd/Kurd"* unterscheiden. Dabei sei ein *Kurd* ein Viehzüchter, während *Kırmanc* auf die Abstammung als Ackerbauer deuten würde. Wiedergegeben werden diese Worte von Martin van Bruinessen und dem ehemaligen General der türkischen Armee und Anführer des Kurdenaufstandes von Ağrı, *Ihsan Nuri Pascha*. Bemerkenswert ist an *Ihsan Nuri Pascha*, der den Kurdenaufstand von Ağrı befehligte, dass er die Zaza-Sprecher nicht als Kurden, sondern als eigenständiges iranisches Volk sah[50].
Der armenische Reisende *Antranik* schreibt, dass man nicht wisse, welcher Rasse und Nation und somit welcher Abstammung die Zazaki sprechenden Dersimer gehören. Einige würden beharrlich behaupten, dass die Dersimer Abkömmlinge der alten Perser seien. Also die Kinder der Sonne seien. Sie seien Feuer- oder Sonnenanbeter. Ihre Religion würde unwissentlich Elemente des Zoroastrismus enthalten. Die Zazas hätten ihre Heimat verlassen und sich in Dersim niedergelassen. Bisher hätten sie von ihrer Außenwelt isoliert gelebt und ihr Idiom hätte nach und nach ihren ursprünglichen Klang verloren[51].
Antranik schreibt, dass die Frage nach dem Ursprung der Dersimer heikel ist. Eine konkrete Aussage sei nicht machbar, da in Dersim mehr als 25 Stämme lebten. Man könne nur zu dem Ergebnis kommen, dass die Dersimer weder

[50] M. Kalman. Dersim Direnişleri, S. 27.
[51] Antranik, Seyahatname, S. 118 f.

Osmanen, noch Perser, Kurden, Armenier, Parther oder Meder seien[52]. Antranik schreibt, dass die Dersimer eventuell, wie ihre Sprache und Religion, ein Mischmasch dieser Völkerschaften seien. Er vermutet auch, dass die Dersimer das Beispiel des Stammes Alan nennend, nicht das autochthone Volk Dersims seien. Sie hätten ihre ursprüngliche Heimat verlassen und sich an den Gipfeln der Dersimer Berge niedergelassen. Wann sie ihre Heimat verließen und wo diese lag, wisse man nicht. Auch kenne man nicht den Grund, warum sie ihre Heimat verließen[53].

Nach *Ali Kaya* geht aus der Untersuchung wissenschaftlicher Texte hervor, dass die Vorfahren der Dersimer zwischen dem 9. und dem 12. Jahrhundert aus dem südlichen Kaspischen Meer in der Gegend um Gilan-Dailam und Horasan aufbrachen, um sich in Dersim niederzulassen[54]. Laut *Aytaç* kommen die Vorfahren der Dersimer aus *Horasan*. Deshalb zeigten die Gräber der Dersimer aus der Anfangszeit gen *Horasan* anstatt nach *Mekka*[55]. Hingegen ist für den Iranisten *David N. MacKenzie* unklar, wann sich die Dersimer dort niederließen[56].

Laut türkischer Definition sind die Zazas „Bergtürken" oder „Bergmenschen". In den hohen Bergen findet man sie; je weiter man absteigt, desto seltener trifft man sie an[57]. Dass sie unter anderem in die Berge geflüchtet sind, um sich besser verteidigen und der Verfolgung zu entkommen, schreibt *Nazmi Sevgen* nicht.

---

52 Antranik, Seyahatname, S. 119.
53 Antranik, Seyahatname, S. 120.
54 A. Kaya, Dersim Tarihi, S. 54.
55 K. Aytaç, Halk Anlatımlarına Göre Dersim, S. 20.
56 A. Kaya, Dersim Tarihi, S. 63.
57 N. Sevgen, Zazalar ve Kızılbaşlar, S. 85 f.

**Aleviten**

Die Einwohner Dersims sind fast ausschließlich alevitischer Konfession. Es gibt allerdings auch einige sunnitische Einwohner[58]. Diese sind mit einem besonderen Makel behaftet. Denn Dersim gilt als ausschließlich alevitisch. Wer sich als Sunnite outet, der wird doppelt geschmäht. Einerseits wird er von seiner Umgebung als Dersimer gebrandmarkt, andererseits gehört er dann in Dersim einer Minderheit an. Zu dieser Problematik ist das Buch *„Tunceli´de Sünni olmak“* erschienen. Ich werde es hier, wie die Tatsache, dass es auch Christen gibt bewusst vernachlässigen. Wer sich für das Thema interessiert, sei auf die Quellen verwiesen.

Nun zum eigentlichen Thema: Die moderne und mit ihr die modernen Massenkommunikationsmittel haben vielen Menschen die Möglichkeit gegeben, ihre Ansichten einem breiten Publikum zugänglich zu machen. Zu diesen Ansichten gehört auch die Annahme, dass die Dersimer der Ethnie der Aleviten angehören. Einige sehen das Alevitentum als Teil des Islam, während einige es auch als selbständige Religion betrachten. So z.B. *Nazmi Sevgen*, für den das Alevitentum eine eigene Religion und keine Strömung des Islam ist[59]. Für *Sevgen* ist das Alevitentum aus dem Schamanismus der Turkvölker entstanden[60]. Die Turkvölker hätten stets zwischen weltlichen (säkularen) und politischen Belangen unterschieden. Daher hätten bei der Konversion der Turkvölker zum Islam die Schamanen Elemente ihrer alten Religion in den islamischen Glauben inkludiert[61]. Die Annahme,

---

[58] K. Gökalp, PKK´nın Dersim Sorunu, S. 71. Sunniten leben vor allem in Pertek und Çemişgezek.

[59] N. Sevgen, Zazalar ve Kızılbaşlar, S. 165 und 187.

[60] N. Sevgen, Zazalar ve Kızılbaşlar, S. 165.

[61] N. Sevgen, Zazalar ve Kızılbaşlar, S. 167 und 187.

dass die Aleviten ein selbständiges Volk sind, treibt so bizarre Blüten, dass einige ein unabhängiges Alevitistan fordern. Wer von Alevitistan spricht, lässt natürlich auch nicht lange mit territorialen Ansprüchen auf sich warten[62].

Diese Ansicht scheint etwas antiquiert zu sein. Vor Entstehung des modernen Nationenbegriffs, haben sich die Menschen nach ihrer religiösen Identität zugehörig gefühlt. Dem Sunniten war der Sunnit am Nächsten. Dem Christen der Christ. Mit der Entstehung von Nationen ist diese Form der Zugehörigkeit *ad acta* gelegt worden. Die Ethnie nach Religion zu definieren, hat auch etwas Basisdemokratisches an sich, entbehrt bei Weitem aber der Realität. Sie missachtet Sprache als gemeinsames Medium der historischen Entwicklung. So haben alevitische Kurden und Zazas auch viele Gemeinsamkeiten mit den Sunniten, auch wenn die Religion sie auseinander getrieben hat.

Es ist aber auch kritisch anzumerken, dass der Begriff von Nation nicht abschließend geklärt ist. So definieren Franzosen und Deutsche die Begriffe unterschiedlich. Während die Franzosen einen demokratischen Ansatz verfolgen und sagen: „Wir sind eine Nation, wenn wir der Meinung sind, wir sind eine!", ist dieser Ansatz in Deutschland gänzlich anders. Die Deutschen setzen für Nation voraus: Staatsgebiet, Staatsvolk und Staatsgewalt[63]. Beide Länder definieren den Begriff nach ihrer historischen Entwicklung. Frankreich ist ein Vielvölkerstaat. Bei Gründung sprachen nur ein Viertel der Einwohner Französisch, besser gesagt den Dialekt der Île de Paris als Muttersprache. Erst eine stärkere Sprachassimilation, wie Sprachverbote, hat das heutige Französisch

---

62 Vgl. M. Kalman, Dersim Direnişleri, S. 34 ff.

63 K. Doehring, Allgemeine Staatslehre, S. 25, 29 u. 37; E. Stein, Staatsrecht, S. 13.

durchgesetzt. In Deutschland sah es anders aus. Man hat eine Sprache gesprochen und einen Raum besiedelt, war aber nicht der Meinung, dass man eine Nation ist. Daher gab es in Deutschland Jahrhunderte lang eine Kleinstaaterei. Folglich bog man sich den Begriff von Nation zurecht.
Aber nach beiden Definitionen kann man von keiner alevitischen Nation sprechen. Denn weder ist man der Meinung, dass man eine Nation ist, noch das man ein Staatsvolk ist. Um es kurz zu fassen: Man kann Kurde, Türke oder Zaza sein und gleichzeitig Alevite.
Die Anhänger dieser Theorie lehnen die Zugehörigkeit zu Kurden, Türken und Zazas ab, weil sie eben Aleviten sind[64]. Das Alevitentum war über Jahrhunderte identitätsstiftendes Merkmal in Dersim. Kurz gesagt: Dass, was Dersim ausgemacht und von seinen Nachbarn stark unterschieden hat, war das Alevitentum. Nicht Sprache und Kultur waren ausschlaggebend, sondern die alevitische Konfession[65].

**Armenier**

Dass außer den ehemaligen armenischen Bewohnern, alle Dersimer armenischer Abstammung sind, ist eine These, die ausschließlich in armenischen Kreisen vertreten wird. Auch unter den Armeniern hat sich eine nationalistische Welle gebildet, die ganz Kleinasien zu armenischem Besitz erklärt. Viele Orte und Traditionen werden mit Armenien und Armeniern in Zusammenhang gesetzt. Zwar gibt es viele Orte die tatsächlich armenische Namen tragen, allerdings ist dem Versuch armenischer Nationalisten der Beigeschmack des armenischen Chauvinismus deutlich anzumerken. So

[64] M. Kalman, Dersim Direnişleri, S. 36 f.
[65] Vgl. Dersim – Kültür ve Etnografya Dergisi, S. 43.

schrieb schon *Antranik* vor ca. 150 Jahren, dass er in jedem Dersimer-Dorf Armenier antraf[66].
So wird in manchen armenischen Quellen angenommen, dass die Zazas zu Unrecht den Kurden zugerechnet werden. Sie seien vielmehr islamisierte Armenier. Als Beispiel wird die große Anzahl an armenischen Fremdwörtern aufgeführt. Diese gibt es in der Tat. Des Weiteren wird erwähnt, dass ihre Bräuche und Traditionen armenisch seien. Auch hieran ist vieles wahr. In der Tat gibt es einige armenische Feste wie *Khalo Gağan*, die auch von Zazas gefeiert werden. Des Weiteren sind auch einige Sagen im Zazaki vorhanden, die auch bei den Armeniern weit verbreitet sind. Völker die nebeneinander gelebt haben, pflegten einen regen kulturellen Austausch.
Aufgrund dieser Ähnlichkeiten nahm der armenische Bischof von *Kiğı*, der eine Langzeitstudie über die Dersim-Kurden betrieb, an, dass sie reinrassige Armenier sind. Während der etwa zwei monatigen Reise Molyneux-Seels in Dersim gab es einige Anhaltspunkte für diese Theorie, während andere Fakten und Traditionen eine andere Schlussfolgerung zuließen[67].
Die Armenier selber, nennen sich Hay und ihr Land Hayastan. Dieser Name leitet sich von zwei Stämmen, nämlich Hay und Arman ab. Mit dem letztgenannten Wort ist auch die Herkunft der Bezeichnung Armenier (=Arman) geklärt[68].
Die Einordnung aller Dersimer als Armenier hält einer wissenschaftlichen Analyse nicht Stand. Denn weder die Linguistik, noch historische Vorkommnisse deuten auf die Armenier Theorie. Auch westliche Quellen machen keine Andeu-

---

66 Vgl. Antranik, Seyahatname, S. 66 f.
67 Molyneux-Seel, A Journey in Dersim, S. 49.
68 M. Kalman, Dersim Direnişleri, S. 32.

tung in diese Richtung. Auch die Dersimer vertreten keine Ansicht, die im Leisesten darauf hindeuten würde, dass sie armenischer Abstammung sind[69].

Tatsache ist aber, dass es Dersimer gibt, deren Vorfahren zum sunnitischen Islam beziehungsweise Alevitentum konvertiert sind. Eine Allgemeingültigkeit für alle Dersimer hat diese Annahme nicht. Es gibt in *Hemşin* (Provinz *Rize*) muslimische Armenier, deren Vorfahren konvertiert sind. Trotz ihrer Konversion pflegen die *Hemşiner* weiterhin armenisch als Muttersprache. Warum es in Dersim trotz Konversion eine Sprachverschiebung gab oder gegeben haben soll, bleibt ein armenisches Geheimnis. Was am meisten gegen die Armenier-Theorie spricht ist die Frage, warum die Armenier um der Verfolgung zu entkommen, sich einer weiteren, noch stärker unterdrückten Minderheit angeschlossen haben sollten[70]?

Über die untergegangene Welt der Armenier in Dersim, gibt noch der armenische Reisende *Antranik* Auskunft. Ihm gelang es ein Bild der armenischen Gemeinde aufzuzeichnen, bevor die Katastrophe des Völkermordes über die Armenier hereinbrach. Das Buch[71] wurde im Jahre 1900 in der georgischen Hauptstadt Tiflis gedruckt und gibt neben der armenischen Welt in Dersim auch tiefe Einblicke in die Glaubens- und Vorstellungswelt der Dersimer.

---

[69] M. Kalman, Dersim Direnişleri, S. 33.

[70] Vgl. M. Kalman, Dersim Direnişleri, S. 34.

[71] Die in diesem Buch verwendete Version des Buches von Antranik ist eine Übersetzung des armenischen Originals ins Türkische. Übersetzt wurde das Buch durch Payline Tomasyan. Der Originaltitel lautet: Dersim: Canabarhortutyun yev Degakrutyun (=Dersim: Reisebericht und Topographie).

*Antranik* bereiste Dersim zwei Mal. Der Reisende hieß mit vollständigem Namen *Antranik Jerizijan*[72] und bereiste Dersim in den Jahren 1888 und 1895. *Antranik* gibt eine sehr einfache, aber auch sehr klare Sicht Dersims wieder. Man merkt ihm an, dass er eine armenische Sicht über Dersim hat. Wie wahr oder unwahr seine Schilderungen sind, lässt sich im Nachhinein nicht mehr ermitteln.

*Antranik* zeichnet manchmal ein harmonisches Bild, manchmal auch von Konflikten geprägtes Zusammenleben der Armenier mit den Dersimer Aleviten. Bei den Auseinandersetzungen zwischen Dersimern und Armeniern geht es im Wesentlichen um Besitzansprüche. So verklagt im Jahre 1888 ein Dorfpriester die Dersimer bei der osmanischen Zentralgewalt. Viele Dersimer-Stämme haben zu diesem Zeitpunkt die osmanische Hegemonie über Dersim akzeptiert. Gegenstand der Klage der Armenier von *Altun-Hüseyin* ist Belästigung, Raub und Landraub durch die Dersimer. Der Priester appelliert an die Türken mit dem dringenden Aufruf, dass akute Gefahr für Leib und Leben besteht und daher schnell gehandelt werden müsse[73].

Dennoch schreibt *Antranik* mit Beginn seiner zweiten Reise am 3. Oktober 1895 von blühenden armenischen Gemeinden. Alle Armenier in Dersim sollen dem Stamm *Mirakjan* angehört haben und armenisch gesprochen haben. *Antranik* geht noch einen Schritt weiter und erklärt selbst die nicht armenisch sprechenden Dersimer zu Armeniern, obwohl er Zweifel hat, welcher Ethnie die Dersimer angehören. So würden zwar nicht alle, aber eine große Mehrheit der Dersi-

---

[72] Im Original wird der Name Antranik Yeritsyan geschrieben. Um den Lesefluss beizubehalten, wurde die deutsche Aussprache und damit verbunden die deutsche Orthographie gewählt.

[73] Antranik, Seyahatname, S. 10.

mer behaupten, dass sie armenischer Abstammung seien. Dies hätte ihm auch ein Dersimer Seyit, also ein religiöser Würdenträger bestätigt. Der Seyit habe gesagt, dass einer seiner Vorfahren der Vorsteher des Klosters *Havlor Surp Garabed* gewesen sei. Als Beweis habe der Seyit einige vergilbte und zerfetzte Schriftstücke hervorgekramt, unter denen auch eine Bibel war. *Antranik* habe alles in seiner Macht gelegene getan, um die Bibel zu erwerben, aber der Seyit habe sich hartnäckig geweigert[74].

*Antranik* schreibt, dass in Dersim insbesondere um den *Dujık-Berg* herum etwa 7.000 Armenier lebten, die von allen Zwängen befreit waren. Sie konnten eine 3.000 Mann starke Einheit aufstellen, um sich gegen den Feind zu wehren[75]. Diese Armenier hätte man als die *Mirakjans* gekannt. Die *Mirakjans* hätten sich überwiegend um *Der-Ovan*, *Zokhur*, *Ekiz*, *Havlor* und *Torud*[76] niedergelassen bzw. hätten direkt in den Dörfern der Kurden gelebt bzw. als Einsiedler. Ihre kurdischen Nachbarn hätten den *Mirakjans* und insbesondere ihren Kriegern großen Respekt gezollt. Selbst die Türken hätten es nicht gewagt, die *Mirakjans* zu entwaffnen[77]. *Antranik* schreibt sogar, dass die Armenier durch ihre Tapferkeit und ihren Heldenmut, sowie ihr kaufmännisches Talent und Geschick, den Kurden überlegen waren. Zahlenmäßig hätten die Armenier nur 4% ausgemacht, aber ihr spiritueller Einfluss wäre sehr groß gewesen[78].

---

[74] Antranik, Seyahatname, S. 120 f.

[75] Antranik, Seyahatname, S. 131.

[76] Der-Ovan (= Derova bei Nazımıye), Zokhur (= Çukur bei Tunceli Merkez), Ekiz (= Hakis bei Nazımıye), Havlor (= Halvori/Karşılar bei Tunceli-Zentrum).

[77] So zumindest Antranik, Seyahatname, S. 131.

[78] Antranik, Seyahatname, S. 131.

Die Kleidung der *Mirakjans* hätte sich nicht im Wesentlichen von der ihrer Nachbarn unterschieden[79]. Wie ihre Dersimer Nachbarn, hätten sich auch die Mirakjans aus ihrer Haupteinnahmequelle, der Viehzucht, ernährt. Die Milchprodukte hätten die *Mirakjans* in den Städten *Harput*, *Palu*, *Kığı* etc. verkauft und ihrerseits Güter erworben, über die sie nicht verfügten. Zudem hätten die *Mirakjans* als Kaufleute auch das Innere Dersims mit Gütern versorgt[80]. Somit kann in der Tat gesagt werden, dass die Armenier in Dersim gute Geschäftsleute waren, die auch die anderen Dersimer mit lebensnotwendigen Gütern versorgten. Warum die Dersimer nicht selbst Handel trieben, um ihr Überleben zu sichern, soll weiter unten erörtert werden. Auch der Tabakanbau war den Armeniern von Dersim bekannt und sie perfektionierten diesen[81].

Bildungstechnisch standen die *Mirakjans* den anderen Dersimern in nichts nach. Auch unter ihnen grassierte das Analphabetentum. *Antranik* schreibt, dass bestenfalls drei bis vier *Mirakjans* das Niveau der Grundschule erreicht hätten. Daher seien die *Mirakjans* auch von der reichen armenischen Literatur abgeschnitten gewesen[82].

Die *Mirakjans* hatten weder eine Kirche, noch einen Bischof, der die Gemeinde führte. Für besondere religiöse Anlässe wie Weihnachten oder Ostern, kam ein christlicher Würdenträger aus *Mazgirt* oder *Harput*[83].

Die *Mirakjans* teilten des Weiteren nicht nur den Boden Dersims mit ihren Nachbarn, sondern auch ihr konservatives

---

[79] Antranik, Seyahatname, S. 132.
[80] Antranik, Seyahatname, S. 134.
[81] Antranik, Seyahatname, S. 135.
[82] Antranik, Seyahatname, S. 135.
[83] Antranik, Seyahatname, S. 137.

Weltbild von Anstand und Ehre. So unterlagen auch ihre Frauen dem Schweigegelübde, das 25-30 Jahre dauerte. Draußen durften sie nicht unverschleiert herumlaufen und wurden recht früh verheiratet. Immerhin setzte sich bei den *Mirakjans* die Erkenntnis durch, dass dies für die im Kindesalter verheirateten Mädchen nicht vorteilhaft war. Daher begann man den Mädchen und Frauen mehr Freiheiten zu gewähren[84].

*Antranik* geht auch auf die Beziehungen zwischen Dersimern und Armeniern ein. Obwohl zwischen den Dersimern und ihren armenischen Nachbarn keine Blutsverwandtschaft bestand, war die dersimisch-armenische Freundschaft eng. Die Kurden hätten demnach nicht nur ihre armenischen Nachbarn, sondern alle Armenier respektiert und sie als ihre Brüder betrachtet. Die Dersimer besuchten die Armenier zuhause und erbrachten Opfergaben in ihren Kirchen. Die meisten Kurden hätten armenisch gesprochen. Erst recht wenn sie Armenier antrafen. Genau so hätten sich auch die Armenier über die Kurden geäußert und verhalten[85].

Obwohl die Kurden in der Mehrheit waren, war der geistige Einfluss der Armenier dominant. Armenier und Kurden machten keine Unterschiede bezüglich Abstammung. Sie waren wie Brüder. Im Gegensatz zum Verhalten der Osmanen gegenüber diesen Völkern. Die *Kizilbaschen*[86] waren in den Augen der Osmanen Häretiker, sprich Ungläubige. Die Osmanen waren in den Augen der Dersimer verfaulende

---

[84] Antranik, Seyahatname, S. 143.

[85] Antranik, Seyahatname, S. 148; G. Asatrian (A. Mkrtchian), The Delmiks, S. 410.

[86] Also der Dersimer Alevit.

Muslime oder wie es die Kurden nannten: *Horomiden* – Abkömmlinge der Griechen[87].

Kurden und Armenier verband eine tiefe Waffenbruderschaft. Sobald der äußere Feind Dersim angriff, leisteten sowohl die Dersimer als auch die Armenier, sich gegenseitig militärischen Beistand. Dabei nahmen Armenier und Dersimer billigend in Kauf, dass der Feind sie komplett aufreiben konnte. Dennoch kämpften sie wie Helden. Die Kurden waren sehr auf die Hilfe der Armenier angewiesen. Insbesondere wenn es um Verhandlungen mit den Osmanen ging. Laut *Antranik* waren die Beziehungen zwischen Dersimern und Armeniern so vertieft, dass die Dersimer in ihren religiösen Andachten einem armenischen Priester für die Rettung *Imam Hüseyins* dankten. Dieser Priester soll nach Überlieferung Antraniks sieben seiner Söhne geopfert haben, um *Imam Hüseyin* vor seinen Häschern zu schützen (mehr dazu unten)[88].

Die Armenier besiedelten ihre historische Heimat, dass armenische Hochland und Anatolien lange vor Ankunft der Kurden oder Türken. Bereits im 6. Jahrhundert vor Christus errichteten sie ein Königreich, das vom heutigen Armenien bis in den Norden des Libanon reichte. Danach wechselten sich mehrere armenische Königreiche ab. Mit der islamischen Expansion gelangten die Armenier zuerst unter arabischen, dann ab 1071 unter türkische Kontrolle. Später wurde ihr Land zwischen Osmanen und Persern aufgeteilt[89].

---

[87] Antranik, Seyahatname, S. 148. Die Übersetzung für Horomiden könnte auch griechische Bastarde lauten. Im türkischen ist die Rede von „Rum Dölleri".

[88] Antranik, Seyahatname, S. 149; vgl. S. 98 in diesem Buch.

[89] Vgl. http://penelope.uchicago.edu/Thayer/E/Gazetteer/Places/Asia/Armenia/_Texts/KURARM/home.html (33).

Vor der Christianisierung waren die Armenier Anhänger eines heidnisch-zoroastrischen Kultes. Als sie christianisiert wurden, übernahmen sie viele Bräuche aus diesem Kult und machten sie zum Bestandteil ihrer neuen Religion. Dies erklärt auch, warum es viele Gemeinsamkeiten zwischen den Aleviten und den Armeniern in Dersim gab. Denn auch die Religion der Aleviten Dersims war vor dem Islam der Zoroastrismus, wie im gesamten Perser Reich[90].

Hranouch Kharatian schreibt, dass noch zu Beginn des 19. Jahrhunderts jeder dritte Einwohner Dersims Armenier war. Eine Quelle hierzu wird nicht genannt. Die Armenier machte neben ihrem Christentum, die armenische Sprache und Kultur aus. Die Armenier waren kultivierter als ihre alevitischen Nachbarn. Sie verfügten über ein Netzwerk, dass von Istanbul bis zu verschiedenen Diozösen *Harputs* und *Erzincans* reichte[91].

Laut Hranouch Kharatian setzte die erste Welle armenischer Massenkonversionen mindestens im 17. Jahrhundert ein. So kam es vor, dass manche konvertierten Familien sowohl armenische als auch alevitische Mitglieder hatten. Die Konvertiten pflegten heimlich ihre alte Religion, indem sie heilige Klöster in Dersim aufsuchten. Zwar sollen nicht alle Dersimer armenische Vorfahren haben, aber bei manchen sei dies nicht zu übersehen. Daher sei es nicht verwunderlich, dass viele armenische Bräuche und Riten Eingang in die

---

90 Vgl. http://penelope.uchicago.edu/Thayer/E/Gazetteer/Places/Asia/Armenia/_Texts/KURARM/home.html (33).

91 http://repairfuture.net/index.php/tr/kimligi-ermenistan-dan-bak-s/dersim-de-kimlik-arastirmasi-ikinci-boelum-dersim-in-alevi-olmus-ermenileri#_ftnref1 (29).

Glaubenswelt Dersims fanden[92]. Dass Armenier vom Christentum zum Alevitentum übertraten kam nicht nur in Dersim vor, sondern auch in den restlichen Kurdengebieten. Dort traten sie zum sunnitischen Islam über und assimilierten sich mit der Zeit vollständig[93].

Die übriggebliebenen Armenier waren Außenseiter in Dersim. Das Eigentum der Armenier konnte mit Leichtigkeit geraubt werden und die räuberischen Dersimer hatten nichts zu befürchten. Den Lebensstil der Dersimer, der aus Raubzügen Bestand, pflegten die Armenier nicht. Sie beteiligten sich auch nicht an bewaffneten Scharmützeln gegen die osmanische Zentralgewalt. All dies unterschied sie von ihren alevitischen Nachbarn. Zwar wurden die Armenier zu Treffen der Stammesoberhäupter eingeladen, doch die Teilnehmerzahl auf armenischer Seite hielt sich in Grenzen[94]. In diesen Punkten widerspricht Kharatian deutlich Antranik, der das Gegenteil behauptet.

Im 19. Jahrhundert konvertierten viele Armenier zur alevitischen Konfession, bzw die, die es nicht taten, verließen Dersim. Die Konversion erfolgte nicht durch Einzelpersonen. Oft konvertierten ganze armenische Dörfer auf einen Schlag. Manchmal wurde auch bewaffnet Zwang ausgeübt. Dies führte dazu, dass die armenische Bevölkerungszahl stetig

---

92 http://repairfuture.net/index.php/tr/kimligi-ermenistan-dan-bak-s/dersim-de-kimlik-arastirmasi-ikinci-boelum-dersim-in-alevi-olmus-ermenileri#_ftnref1 (29).

93 http://www.faz.net/aktuell/politik/der-erste-weltkrieg/historisches-e-paper/frankfurter-zeitung-11-04-1915-der-kurdistan-report-13467499.html (27).

94 http://repairfuture.net/index.php/tr/kimligi-ermenistan-dan-bak-s/dersim-de-kimlik-arastirmasi-ikinci-boelum-dersim-in-alevi-olmus-ermenileri#_ftnref1 (29).

sank[95]. Quellen werden hierfür nicht genannt. Auch der türkische Historiker *Yusuf Halaçoğlu* nimmt an, dass die kurdisch sprechenden *Aleviten* armenische Konvertiten sind[96]. Auch der britische Hauptman Molyneux-Seel nimmt an, dass die Dersimer konvertierte Armenier sind. Er gibt an, dass „bestimmte armenische Bischöfe und Priester, die Verbindungen zu den *Kizilbaschen* hatten, in der Absicht sie zum Christentum zu bekehren, behaupteten, dass die ersten Bewohner der Berge von Dersim Armenier waren, die vor Verfolgung durch den assyrischen König *Belos* dorthin flüchteten und das die heutigen Kurden dort ihre Nachfahren seien". Folgt man dieser Theorie, so muss angenommen werden, dass nach der Christianisierung eine große Zahl dieser Leute zur schiitischen Sekte des Islams konvertiert waren. Vielleicht durch den Zustrom an schiitisch-türkischen Personen, die vor Verfolgung durch *Sultan Selim I.* zu Beginn des 16. Jahrhunderts flohen[97].

*Molyneux-Seel* ist der Überzeugung, dass die Vorfahren der Dersimer islamisierte Armenier sind. Dafür spräche die Tatsache, dass die Dersimer christliche Elemente in ihrer Religion hätten, wie die Gleichsetzung der *Zwölf Imame* mit den Zwölf Aposteln oder die Gleichsetzung *Alis* mit Jesus. Zudem spräche für diese Theorie, dass das Kloster *Halvori Vank* aus der Gründungszeit des Osmanischen Reiches stamme und dieses Kloster sich im Kernland Dersims befinde. Dies deute darauf hin, dass die Armenier lange vor den

---

95 http://repairfuture.net/index.php/tr/kimligi-ermenistan-dan-bak-s/dersim-de-kimlik-arastirmasi-ikinci-boelum-dersim-in-alevi-olmus-ermenileri#_ftnref1 (29).

96 Vgl. H. Ağuiçenoğlu, Herkesin Bildiği Sır, S. 123.

97 Molyneux-Seel, A Journey in Dersim, S. 67; ebenso G. Asatrian (A. Mkrtchian), The Delmiks, S. 410, der auch auf die anthropologischen Eigenschaften (!) der Dersimer eingeht, die armenisch wären.

Dersimern da waren. Warum auch sonst hätten sie, wenn Dersim nicht armenisch dominiert war, ein Heiligtum wie Halvori Vank mitten im Kernland Dersims errichtet? Zudem hätten sehr viele Dörfer in Dersim einen alten armenischen Namen, welcher zwar abgewandelt sei, aber ihren armenischen Ursprung leicht wiedererkennen ließe[98].

*Molyneux-Seels* Theorie birgt einen wahren Anteil an Fakten, aber die Kernaussage, dass die Dersimer eigentlich Armenier seien, hält einer genaueren Betrachtung nicht stand. Unbestritten ist, dass die Armenier vor den Dersimern in Dersim waren. In der Tat spricht die Errichtung des Klosters Halvori Vank, die armenischen Namen der Dörfer und die Tatsache, dass es eine Vermischung zwischen Dersimern und Armeniern gab für diese Theorie. Aber warum sollten die Armenier einer im osmanischen Reich stark verfolgten Minderheit - vor allem während der Vernichtungsfeldzüge unter *Sultan Selim I.* – angeschlossen haben? Dadurch hätten sie sich aus einem recht bequemen Leben verabschiedet und sich der Gefahr der Vernichtung ausgesetzt (einmal von der Kopfsteuer abgesehen, die Christen entrichten mussten). Das hätte keiner ernsthaft in Erwägung gezogen, geschweige denn erträumt.

Einen wichtigen Aspekt, nämlich die Sprache der Dersimer hat *Molyneux-Seel* nicht untersucht und aufgeschrieben. Denn Sprache ist hier der Schlüssel zur Abstammung. *Molyneux-Seel* hätte die Erkenntnisse zur Erforschung der Zaza-Sprache, die auch zu seiner Zeit publiziert wurden, nicht außer Acht lassen dürfen. Denn Linguisten wie *F. Müller*, *Oskar Mann* etc[99]. befassten sich bereits mit der Sprache und woher mit ihnen die Sprecher kamen. Obwohl *Moly-*

---

[98] Molyneux-Seel, A Journey in Dersim, S. 67.

[99] Vgl. die Übersicht bei Z. Selcan, Grammatik der Zaza-Sprache, S. 13 ff.

*neux-Seel* 19 Seiten über Dersim geschrieben hat, äußert er sich nur ganz zum Schluss auf noch nicht einmal zwei Seiten bezüglich der Sprache der Dersimer. Nach *Molyneux-Seel* muss eine mohammedanische Horde, die Zaza sprach, die Berge Dersims überrannt haben und der dort ansässigen armenischen Bevölkerung ihre Sprache aufgezwungen haben[100]. Woher diese Leute kamen und warum sie den Armeniern ihre Sprache aufzwangen, bleibt ein Rätsel der Geschichte. Denn um ihre Sprache den Armeniern aufzuzwingen, hätte diese Horde mehrere Jahrhunderte bleiben müssen. Doch wie kann es sein, dass sie Jahrhunderte blieben, aber keiner von ihnen Notiz nahm?
Zum Schluss seines Berichts über Dersim, macht *Molyneux-Seel* eine erschreckende Erkenntnis. Nämlich die finale Auswanderung der Armenier aus den Bergen in die unter türkischem Schutz stehenden Städte. Dabei gaben die Armenier ihre Ländereien, Häuser, Kirchen und Klöster, die allesamt an die *Kizilbaschen* fielen, auf. Dies soll in den Jahren 1880 bis 1890 geschehen sein. Auslöser war laut *Molyneux-Seel* eine heftige Verfolgung der Armenier durch *Kizilbaschen*, die wiederum durch *Sultan Hamid* angestachelt wurde. Der Sultan war durch die Ambitionen des Armenischen Patriachats alarmiert, da Dersim einen Teil Armeniens bilden sollte[101]. Wenn sich die Geschichte in der Tat so zugetragen hat, dann ist der Verbleib der Armenier einfach zu erklären. Sie wurden entweder gewaltsam vertrieben, getötet oder assimilierten sich mit den Dersimern durch Mischehen. Nicht selten dürfte dabei reine Gewaltandrohung oder Gewaltanwendung eine Rolle gespielt haben. Somit erlosch die armenische Kultur für immer.

---

[100] Molyneux-Seel, A Journey in Dersim, S. 67.
[101] Molyneux-Seel, A Journey in Dersim, S. 68.

*Molyneux-Seel* bereiste Dersim 1911. Seine Angabe über die Vertreibung der Armenier im Zeitraum 1880 bis 1890 deckt sich nicht mit den Angaben *Antraniks*, der während dieser Zeit noch das quicklebendige Stammesleben der *Mirakjan* bezeugte. Daher muss die Vertreibung der Armenier später erfolgt sein. Vielleicht nach *Antraniks* Zeit, also ab 1895[102]. Egal wann die Armenier verschwanden, viel wichtiger ist, dass sie von den Dersimern, ihren einstigen Nachbarn vertrieben wurden. Ob es zu schweren Massakern kam, ist nicht überliefert. Auszuschließen ist das auf keinen Fall. Die politischen Hintergründe sind auch eindeutig. Die Dersimer fungierten als langer Arm der türkischen Zentralgewalt und vollstreckten das Todesurteil über die armenische Gemeinde. Ironie der Geschichte: ein ähnliches Schicksal wiederfuhr den Dersimern Jahrzehnte später.
Molyneux-Seel erhielt seine Informationen über die Dersimer nur von armenischen Informanten, die vorhatten, die Dersimer zum Christentum zu bekehren. Deshalb wird ersichtlich, dass die Armenier die *Aleviten* Dersims als Teil des christlich-armenischen Volkes zeigen wollten. *Baha Said* schrieb über diese Versuche, dass er beobachtet habe, wie christliche Minderheiten versucht hätten, *alevitische* Gemeinden als ursprünglich „christliche Auswüchse" darzustellen[103]. Hinter diesem Versuch der christlichen Gruppen standen wohl einfache machtpolitische Interessen. Je größer der Anteil der Christen, auch der *„pervertierten Christen"*, desto eher haben sie Anspruch auf die weltliche Macht.

[102] Vgl. Antranik, Seyahatname.
[103] Vgl. H. Ağuiçenoğlu, Herkesin Bildiği Sır, Fn 9, S. 125.

## 1.2. Etymologie des Ortsnamens Dersim

Die Dersimer nennen die heutige Provinz Tunceli Dersim. Das heutzutage als Tunceli-Zentrum bekannte Gebilde hieß früher Mamekiye. Der Name geht auf das Dorf Mameki zurück, das zuvor an dieser Stelle stand.

Gesicherte Erkenntnisse für die Namensherkunft Dersim liegen nicht vor. Fest steht, dass Dersim ein *Sandjak* des Osmanischen Reiches war. Soviel ist offiziell. Allerdings erstreckte sich das *Sandjak Dersim* über die uns bekannte Provinz *Tunceli* hinaus. Heutzutage wird Dersim synonym für *Tunceli* gebraucht, ohne auf die in *Erzincan* und *Elazığ* liegenden Ortschaften einzugehen. Nach *Nuri Dersimi* liegen sogar Orte in *Sivas* und *Malatya* in *Dersim*[104].

1935 wurde Dersim in *Tunceli* umbenannt und fortan sprach man von der *Provinz Tunceli*, die geographisch nur einen Bruchteil ihrer ursprünglichen Ausdehnung einnahm. Nach 1935 wurde seitens der türkischen Staatlichkeit versucht, den Namen Dersim aus dem kollektiven Gedächtnis zu streichen. Da es in jüngster Zeit Versuche gibt, *Tunceli* in Dersim umzubenennen, scheint dieser Versuch vergebens gewesen zu sein.

Bezüglich der Aussprache gibt es einige Unterschiede. Während historisch und etymologisch der Name „Dersim“ richtig ist, sprach der Volksmund in Teilen Dersims von „Dêsim“, also ohne das „r“. In der Regel wird Dersim auf Persisch und nicht wie in kurdischen Quellen behauptet, auf Kurdisch *„sim“* (Silber) zurückgeführt. Dersim wird oft mit „Silbertor“ übersetzt, was nicht richtig ist[105].

---

[104] Vgl. N. Dersimi, Kürdistan Tarihinde Dersim, S. 2 f.

[105] A. Kaya, Dersim Tarihi, S. 19.

Die Assoziation des Namens Dersim mit *Kurmanji* und ihrer gleichzeitigen Gleichsetzung mit Tor nach Kurdistan, ja sogar Kurdistan an sich, dürfte dem schöpferischen Talent *Nuri Dersimis* geschuldet sein. Dieser erwähnt in seinem Werk *„Kürdistan Tarihinde Dersim"*, dass die griechischen Geschichtsschreiber und Kartographen die Gegend *„Daranis"* genannt hätten. Eine Quelle nennt er nicht[106].

Bei dem kurdischen Geschichtsschreiber *Scherefhan Bitlisi* sucht man wiederum vergebens nach dem Namen Dersim. Er erwähnt lediglich die Ortschaft *Çemişgezek* in seinem Werk *„Şerefname"*, das unter patriotischen Kurden Kultstatus genießt. Warum *Scherefhan* Dersim nicht erwähnt, dürfte eher darin begründet sein, dass er die Zazas nicht als Teil der Kurden sah, sondern sie als eigenständiges iranisches Volk betrachtete.

Der britische Konsul in Erzurum bereiste Dersim im Jahre 1886 und hat für die Namensherkunft eine andere Erklärung. Nach ihm ist Dersim nach einem armenischen Prinzen mit dem Namen *„Sim"* benannt. Derselbe Konsul führt aus, dass der Flussname *Munzur* (Zazaki „Muzur") auf Armenisch „Mendzoor", also „geweihtes Wasser" bzw. „großes Wasser" zurückgeht[107]. Der Ortsname Dersim ginge demnach auf den armenischen Mönch Ter Simon (ar. = Sankt Simon) zurück. Dieser Mönch sei im 17. Jahrhundert zum Alevitentum konvertiert und habe seinen Namen Dersim gegeben[108].

---

106 N. Dersimi, Kürdistan Tarihinde Dersim, S. 1.

107 M. Kalman, Dersim Direnişleri, S. 13.

108 http://repairfuture.net/index.php/tr/kimligi-ermenistan-dan-bak-s/dersim-de-kimlik-arastirmasi-ikinci-boelum-dersim-in-alevi-olmus-ermenileri#_ftnref1 (29).

## 1.3. Die Sprachen Dersims

### Armenisch

In Dersim wurde einst auch verbreitet armenisch gesprochen. Durch den Völkermord an den Armeniern, ist die Sprache quasi ausgestorben. In jüngster Zeit versuchen armenischstämmige Dersimer sich auf ihre Wurzeln rück zu besinnen. Sie erlernen ihre Sprache. Allerdings ist dies ein Prozess, der fast nur in der europäischen Diaspora geführt wird[109]. Gerade das Zazaki verfügt noch über eine Vielzahl von armenischen Lehnwörtern. Die Wörter für Eltern der Brautleute *(„xınami“)*, rund *(„gılor“)* und Schwein *(„xoz“)* sind nur ein Bruchteil der vielen Fremdwörter.

Die armenische Sprache ist ein Zweig der indogermanischen Sprachen. Sie unterteilt sich in Ost- und West-Armenisch. West-Armenisch ist die offizielle Staatssprache der Kaukasus-Republik Armenien. Ost-Armenisch ist die Sprache der ehemaligen anatolischen Armenier. Ost- und West-Armenisch unterscheiden sich nur unwesentlich. Es gibt zum Beispiel einen „b – p“ oder „g – k“-Unterschied. Die armenische Sprache gehört zur indoeuropäischen Sprachfamilie. Armenisch hat im Wortschatz Ähnlichkeiten mit dem Griechischen. Daher wird auch eine engere Verwandtschaft beider Sprachen vermutet. Armenisch hat viele Lehnwörter aus persischen Sprachen übernommen und hat dazu beigetragen, dass in Dersim die beiden persischen Sprachen Kurmanji und Zazaki über das Armenische persische Lehenswörter aufgenommen haben[110]. Seit 405 nach Christi Geburt wird armenisch nach dem Alphabet des Mesrob

---

[109] http://armenianweekly.com/2015/03/04/dersim-embrace-roots/ (40).

[110] Vgl. in Encyclopaedia Britannica: http://www.britannica.com/EBchecked/topic/35305/Armenian-language (32).

Maschtotz geschrieben. Das Alphabet besteht aus 36 Buchstaben.

## Türkisch

In diesem Abschnitt muss man erst einmal mit einem Vorurteil aufräumen. In Dersim ist Türkisch nicht erst seit dem Genozid von 1938 auf dem Vormarsch. Schon Oskar Mann schrieb in seinem Werk „Mundarten der Zaza, hauptsächlich aus Siwerek und Kor“, dass das Zazaki in Dersim vom Aussterben bedroht ist. Als Beispiel führte er an, dass anstatt Zazaki *„xapıto“* für betrügen/schwindeln, das türkische *„kandırılmış biyo“* verwendet wurde[111].

Zweifelsohne hat aber die Phase nach 1938, erst recht durch die Etablierung des türkischen Bildungssystems, zu einer zunehmenden Sprachverschiebung zugunsten des Türkischen geführt. Wenn es so weiter geht, dann wird nicht mehr viel von den anderen Sprachen übrig bleiben. Zwar wurde in jüngster Zeit eine Universität gegründet, aber der Erfolg ist noch nicht abzusehen[112].

Erwähnenswert ist auch, dass im Süden Dersims eine autochthone türkische Gemeinde besteht *(Çemişgezek/Pertek)*, die schon immer türkisch gesprochen hat. Somit ist auch Türkisch ein Bestandteil Dersims.

## Kurmanji

Das Kurmanji gehört dem nordwestiranischen Zweig der iranischen Sprachfamilie an. Man nimmt an, das Kurmanji

---

[111] Vgl. für das Beispiel *„toplê kerd“* O. Mann/K. Hadank, Mundarten der Zaza, S. 34.

[112] Man soll mich an dieser Stelle nicht falsch verstehen. Ich bin nicht gegen den Einfluss des Türkischen. Ich bin aber entschiedener Gegner der Verdrängung anderer Sprachen zugunsten des Türkischen. Vielsprachigkeit sollte üblich sein und nicht die Ausnahme.

sich in den ersten Jahrhunderten nach Christi Geburt vom zentraliranischen abspaltete. Das Kurmanji tauchte ab dem Mittelalter als selbständige Sprache der nordwestiranischen Sprachfamilie auf[113]. Heutzutage wird Kurmanji von einer Vielzahl von Muttersprachlern gesprochen. Kurmanji wird vor allem in der Türkei, Irak, Iran, Syrien und Armenien gesprochen. Daneben gibt es eine Diaspora im Libanon und Zentralasien. Durch die Emigration von Kurmanji Sprechern, ist das Kurmanji in vielen Gegenden der Erde verbreitet. Manche Kurmanji-Sprecher beherrschen auch Zazaki[114].

**Zazaki**

Antranik schreibt, dass die Zaza-Sprecher eine Sprache sprechen würden, die neben einem Drei-Viertel Wortschatz an Zaza-Wörtern, viele entlehnte Wörter aus dem Persischen, Kurmanji-Kurdischen, Türkischen, Arabischen und Armenischen enthalten würde. Zudem seien Spuren vorhanden, die aus der Sprache der Völker übrig geblieben seien, die Armenien beherrscht hätten. Neben Zazaki verwendet Antranik das Wort *Dımıli* für die Sprache der Dersimer. Jeder Stamm hätte seinen eigenen Dialekt. Sie würden sich untereinander in dieser Sprache verständigen können. Falls es doch mal nicht klappen würde, so würden sie sich des *Kurmanji* als Verständigungsmittel bedienen. Kurmanji hätte als Verkehrssprache gedient[115]. Dies ist so nicht richtig, da auch das Kurmanji zu jener Zeit von den wenigsten Zaza-Sprechern beherrscht wurde.

Das *Kırmancıki* (Zazaki) stammt wahrscheinlich aus dem Norden Irans. Die heute noch dort gesprochenen Sprachen

---

[113] http://www.iranicaonline.org/articles/kurdish-language-i (31).

[114] N. Dersimi, Kürdistan Tarihinde Dersim, S. 21.

[115] Antranik, Seyahatname, S. 180.

wie *Sangsari*, *Mazendarani* etc. sind dem Zazaki in grammatischer Hinsicht näher als dem Kurmanji-Kurdischen. Aufgrund der Annahme, dass das Zazaki aus dem Nord-Iran stammt, wird einerseits vermutet, dass die Vorfahren der Dersimer aus Dailam stammten, andere wiederum vermuten, dass die Vorfahren der Dersimer bis auf die Parther zurückzuführen seien, da auch die Parther (3. Jahrhundert vor bis 3. Jahrhundert nach Christus) eine Sprache sprachen, die dem Zazaki verwandt war[116].

Sehr oft wurden aufgrund der lockeren Klassifizierung der Türken, ganze Minderheiten einer ethnischen Gruppe oder einem Idiom zugeordnet, ohne dies wissenschaftlich näher zu begründen. In manchen kurdischen Kreisen wird bewusst das Zazaki als kurdischer Dialekt unterschlagen, ohne hierfür linguistische Beweise zu erbringen[117]. Auch der britische Hauptmann *Molyneux-Seel* merkt an, dass der Zaza-Dialekt vom *Kurmanji* so weit abweicht, dass Zazaki für einen Kurmanji-Sprecher unverständlich ist. Er schreibt: „(Zazaki) enthält persische, arabische und türkische Wörter und wird als kurdischer Dialekt betrachtet, obwohl ich unwissend bin, ob dies auf philologische Gründe oder eher auf die laxe Klassifizierung der Türken zurückgeht.[118]"

Bereits im 20. Jahrhundert wiesen die deutschen Linguisten Oskar Mann und Karl Hadank in ihrem Buch „Mundarten der Zaza" nach, dass das Zazaki irrtümlich von anderen Linguisten als kurdischer Dialekt gerechnet wurde[119]. Oskar Mann war der erste deutsche Sprachforscher, der für eine

---

[116] M. Keskin, Zonê Ma Zanena?, Vorwort VI. Vgl. auch Dr. Z. Selcan, Grammatik der Zaza-Sprache, S. 44.

[117] Z. Selcan, Grammatik der Zaza-Sprache, S. 64 f; M. Keskin, Zonê Ma Zanena?, Vorwort VII.

[118] Molyneux-Seel, A Journey in Dersim, S. 68.

[119] O. Mann/K. Hadank, Mundarten der Zaza, S. 9.

Trennung des Zazaki vom Kurmanji-Kurdischen eintrat, da das Zazaki kein kurdischer Dialekt sei. Als Beweis verglich er die Grammatik und den Wortschatz beider Sprachen. Er kam zu folgendem Ergebnis:

> „Die Unterscheidung des grammatischen Geschlechts ist im Zaza sehr stark ausgeprägt, dagegen im Westkurdischen nur noch in Resten zu finden.
> Eigentümliche Substantivbildungen des Zaza auf –na bzw. nê sucht man im Westkurdischen vergebens.
> Die Präsensbildung des Zaza ist von der Westkurdischen ganz verschieden. Das Zaza hat kein Präsenspräfix [.....], sondern verwendet die Stammerweiterung [...], die ihrerseits dem Westkurdischen fremd sind.
> Die gleiche Verbalwurzel ist bei Zaza „ez yännan" (=ich komme) und Westkurdisch „tem" kaum wiederzuerkennen[120]."

Die Iranistik stellt unter anderem seit den Erkenntnissen von O. Mann, dass Zazaki nicht mehr als Dialekt des Kurmanji dar, sondern behandelt es als selbständige Sprache[121]. Zuletzt bestätigte der Iranist Ludwig Paul in einem Beitrag für die Encyclopaedia Iranica, dass Zazaki kein kurdisch ist. Er führt an, dass viele phonetische, phrasologische und syntak-

---

[120] O. Mann/K. Hadank, Mundarten der Zaza, S. 21 f. Für einen weitergehenden Sprachvergleich zwischen Zazaki und Kurmanji und zum Stand der Erforschung des Zazaki sei auf Z. Selcan, Grammatik der Zaza-Sprache verwiesen. Wer den Nord-Dialekt des Zazaki lernen möchte, dem sei M. Keskins, Zonê Ma Zanena? empfohlen. Beide Werke sind auf Deutsch.

[121] Vgl. stellvertretend D. N. MacKenzie und L. Paul in Z. Selcan, Grammatik der Zaza-Sprache, S. 29 und 44, sowie L. Paul, Kurdisch - Wort für Wort, S. 123.

tische Diffrenzen eine Einordnung des Zazaki als kurdisch im Weg stehen[122].

Da die südlichen Sprecher des Zazaki ihre Sprache Dımılı nennen, nimmt Karl Hadank an, dass die Herleitung des Wortes Dımılı von Dailemi unter Annahme der Umstellung von „l“ und „m“ für sehr wahrscheinlich zu halten ist. Somit vertritt er wie der Armenier *Antranik* die Ansicht, dass die Zazaki sprechenden Dersimer aus Dailam sind[123].

In einer Fußnote erwähnt Antranik, dass die Vorfahren der Dersimer die *Telmigen* oder *Tımılı* oder auch *Dımılı* seien, die nach einer Niederlage gegen die Armenier im 9.-10. Jahrhundert, sich in Dersim und Umgebung niedergelassen hätten. Die Dersimer würden die Sprache der *Dımılı* sprechen[124]. Historische Beweise aus anderen Quellen hierfür gibt es nicht. Etwas deutlicher wird ein anderer Armenier, der ebenfalls Dersim besuchte: A. Mkrtchian. Seinen Bericht übersetzte Garnik Asatrian ins Englische. Die *Dımılı* wurden demnach als Invasoren Süd-Armeniens von akrunidischen Truppen vertrieben, blieben aber noch in ihrer historischen Heimat. Erst die Invasion der Truppen *Tughril*s hätte sie in die jetzt bekannte Region verschlagen (also zwischen 990 und 1063 nach Christus)[125].

Die Dailamer schafften es ab dem 9. Jahrhundert nach Christus weite Teile des heutigen Irak und West-Irans zu beherrschen. Dies soll auch in etwa der Zeitpunkt gewesen sein, als die Dailamer ihre historische Heimat um das südli-

---

122 http://www.iranicaonline.org/articles/kurdish-language-i (31).

123 O. Mann/K. Hadank, Mundarten der Zaza, S. 4.

124 Antranik, Seyahatname, S. 181; Vgl. auch A. Kaya, Dersim Tarihi, S. 22.

125 G. Asatrian (A. Mkrtchian), The Delmiks, S. 409.

che Kaspische Meer verließen und sich im Westen des heutigen Iran im Zagros Gebirge niederließen[126].
Als die Vorfahren der heutigen Kurden aus dem Süden Irans gen Norden zogen und das Zagros Gebirge erreichten, löste dies eine Wanderungswelle der Zazas aus. Die Zazas zogen weiter gen Westen und erreichten Anatolien. Die Zazas sollen sich daraufhin im Großraum Hakkari niedergelassen haben, aber fanden dort auch keine Ruhe, da sie die Kurden weiter Richtung Nord-Westen abdrängten. Angeblich soll die Wanderung der Zazas darauf zurück zu führen sein, dass die mit den Osmanen verbündeten Kurden dies betrieben. So mussten die Zazas ihr Siedlungsgebiet den Kurden überlassen[127]. Historische bzw. archäologische Beweise für diese Aussage bestehen aber nicht. Zudem widerspricht diese Sicht der Besiedlungsgeschichte der Region Hakkari, die immer ein Bollwerk der assyrischen Christen war[128]. Ähnlich wie Dersim für die Aleviten.
Zu den kurdischen Autoren, die das Zazaki und ihre Sprecher als nicht-kurdisch bezeichnen, gehört der Anführer des kurdischen Aufstands von *Ağrı*, *Ihsan Nuri Pascha*. Nach *Ihsan Nuri* sind die Zaza und damit das Zazaki keine Kurden[129], da sie Iraner sind. Aber es gibt auch einige Dersimer Autoren, die das Zazaki als Dialekt des kurdischen betrachten. So z.B. *Süleyman Ceviz*[130].
Eine seltsame Blüte treibt *Nazmi Sevgen*, wenn es darum geht, die Zaza-Sprache darzustellen. Zazaki sei kein Kurdisch. Zudem läge trotz Erforschung durch deutsche Wis-

---

126 http://sahipkiran.org/2013/02/25/turkiyenin-bir-rengi-zazalar/ (30).
127 http://sahipkiran.org/2013/02/25/turkiyenin-bir-rengi-zazalar/ (30).
128 P. Scholl-Latour, Allahs Schatten über Atatürk, S. 122. So zumindest die Aussage eines Chaldäers aus Diyarbakır.
129 Vgl. A. Kaya, Dersim Tarihi, S. 64.
130 Vgl. S. Ceviz, Kurdische Bevölkerungsgeographie, S. 79, 83 u. 84.

senschaftler[131] kein vollständiges und ausgereiftes Ergebnis der Sprache vor. Um dies zu beweisen führt er nach Lust und Laune die Passagen aus Mann/Hadank „Mundarten der Zaza“ auf, insbesondere wenn es darum geht, dass Zazaki als nicht Kurdisch darzustellen[132]. Ansonsten zitiert er aus Mann/Hadank nach Lust und Laune, so wie es ihm passt und nimmt es auch mit der Wahrheit nicht so genau. Für *Nazmi Sevgen* ist weder das Zazaki, noch das Kurdische eine eigene Sprache. Vielmehr sind beide Ethnien Türken und diese Idiome türkische Dialekte. Um dies zu beweisen führt er absurde Beweise aus Fernost auf[133]. Aus wissenschaftlicher Sicht macht es keinen Sinn auf so haltlose Behauptungen einzugehen. Für *Nazmi Sevgen* ist Zazaki keine Sprache, sondern ein Flickenteppich an Wörtern. Ohnehin sei unter den Zazas türkisch weit verbreitet. Für *Nazmi Sevgen* sei das Zazaki um etwa 1900 (!) entstanden, weswegen ältere Zazas türkisch gesprochen hätten, aber die Jüngeren es nur noch verstanden hätten[134].

Eine besondere Gabe hatte *Nazmi Sevgen* allerdings schon. Er erkannte bereits 1945, dass das „Zazaki im Türkischen aufgehen würde, da das Türkische einen starken Einfluss habe“[135]. Durch die Assimilierungspoltik der Türken könnte es bald in der Tat soweit sein.

---

[131] Gemeint sind wohl Oskar Mann und Karl Hadank.

[132] N. Sevgen, Zazalar ve Kızılbaşlar, S. 149.

[133] N. Sevgen, Zazalar ve Kızılbaşlar, S. 152.

[134] N. Sevgen, Zazalar ve Kızılbaşlar, S. 153.

[135] N. Sevgen, Zazalar ve Kızılbaşlar, S. 164.

## 2. Die historische Besiedlung der Dersim-Region

### 2.1. Die Entwicklung vor Christi Geburt

Die Region Dersim war schon in der Zeit vor Christi Geburt der Zankapfel von Großreichen. Dabei ging es weniger um die Ressourcen Dersims oder der Kontrolle seiner Bevölkerung. Denn Dersim hat kaum Ressourcen und die Gegend war schon immer dünn besiedelt. Vielmehr ging es den erobernden Imperien um die Kontrolle Kleinasiens als strategisch wichtige Landbrücke zwischen Ost und West. Es ging also – vereinfacht gesagt - um Geostrategie.

Zwar ist der Name Kleinasiens[136] bereits in sumerischen und akkadischen Quellen erwähnt, jedoch waren diese Völker nicht direkt in Dersim. Die ersten Herrscher über Dersim waren laut Historikern die Hatti (2.000 vor Christi Geburt). Danach kommt Kleinasien unter die Herrschaft der Hethiter (circa 1600 - 1190 v. Chr.) und somit auch Dersim[137].

In der Folgezeit tauchten immer wieder neue Völker in Kleinasien auf, allerdings ist nicht gesichert, ob sie auch Dersim unter ihre Kontrolle brachten. Um 546 vor Christus eroberten die Perser die griechischen Städte an der Westküste Kleinasien. Vor dieser Zeit muss auch Dersim unter die Kontrolle der Perser geraten sein. Um 400 vor Christus, gelang Kleinasien unter die Kontrolle von Alexander dem Großen. Ab 60 vor Christus breiteten sich die Römer in Kleinasien aus und kontrollierten Dersim. Die Nachfolger der Römer werden die Byzantiner[138].

---

[136] Das Wort Kleinasien geht auf die römische Provinz „Asia minor" (=Kleinasien) zurück.

[137] M. Kalman, Dersim Direnişleri, S. 45.

[138] M. Kalman, Dersim Direnişleri, S. 46.

## 2.2. Die Entwicklung bis in die Gegenwart

Zeugnisse früherer Königreiche ließen sich laut dem armenischen Reisenden *Antranik* an einigen Stellen Dersims finden. So schreibt er, dass im Osten des Dorfes *Turêşmegê*[139] am Rande des Munzur, die Ruinen eines alten Hamams oder einer Burgruine aus den Zeiten des armenischen Königreichs lagen. Leider liefert *Antranik* keine Daten für seine Aussage. Sollte die Ruine aus den Zeiten des armenischen Königreichs sein, so deutet dies darauf hin, dass Dersim etwa ab 200 nach Christi Geburt durch die Armenier besiedelt war[140]. *Antranik* gibt an, dass bis auf 4-5 Hütten, das ganze Dorf *Turêşmegê* in der Hand der *Mirakjan-Armenier* war[141].

Dersim blieb bis ins Jahr 1071 in byzantinischer Hand, bis die *Seldschuken* die Byzantiner in der Schlacht von *Manzikert*[142] vernichtend schlugen. Zwischen 1228 und 1243 sollen die *Seldschuken* Dersim kontrolliert haben. Seitdem ist Dersim unter türkischem Einfluss. Allein der Einfall der Mongolen unterbricht diesen Zeitraum. Die *Seldschuken* errichteten eine Burgfestung in Çemişgezek, um die Gegend besser kontrollieren zu können. Denn die verschiedenen *Seldschuken-Stämme* bekämpften sich zu jener Zeit. Territoriale Ausdehnungen gingen zulasten anderer Stämme[143].

Inwieweit Inner-Dersim kontrolliert wurde ist nicht bekannt. Dersim wurde in den Eroberungszügen zwischen den *Seldschuken* und den Persern, auf das Dreieck *Çemişgezek-*

---

[139] Turêşmegê gehört heute zu Tunceli-Zentrum.
[140] Antranik, Seyahatname, S. 58.
[141] Antranik, Seyahatname, S. 59.
[142] Türkisch: Malazgirt.
[143] M. Kalman, Dersim Direnişleri, S. 46.

*Pertek-Sağman* reduziert. Wenn in der Zeit vor dem 17. Jahrhundert Dersim gemeint war, ging es fast ausschließlich nur um dieses Dreieck[144]. Der türkische Reisende *Evliya Çelebi*[145] gibt die Entstehung des namens *Çemişgezek* mit folgender Anekdote wieder: „Ein Mann des Perserfürsten *Cemşit* floh in die Berge Dersims und gelangte zu Reichtum. Aus Furcht vor *Cemşit* erbaute er eine Bergfestung und nannte sie *Cemşitabat (Çemişgezek)*“[146].

Der englische Konsul in Erzurum, *John George Taylor* bereiste *Çemişgezek* im Jahre 1866. Ginge es nach ihm, so leitet sich der Name *Çemişgezek* vom byzantinischen Kaiser *Tchimish* ab. *Çemişgezek* würde folglich *„Geburtsort des Tchimish“* bedeuten.

Einige andere Quellen (türkische und armenische) geben an, dass Çemişgezek aus ihren Sprachen entstanden sei. Diese Quellen vermögen aber nicht nachzuweisen, dass *Çemişgezek* einem Wortstamm aus ihrer Sprache entspringt[147].

Ein weiterer Ort Dersims, der in frühen Quellen schriftlichen Eingang fand, ist *Pertek*. Nach *Evliya Çelebi* ist der Name Pertek auf Mongolisch zurückzuführen und bedeute „Schwarzer Vogel“. Angeblich soll die Pertek-Burg eine Vogel-Statue besessen haben, die nach der islamischen Er-

---

[144] C. Demir, Dersim, S. 11.

[145] Evliya Çelebi war ein türkischer Reisender, der im 17. Jahrhundert Anatolien und andere Regionen des Osmanischen Reiches besuchte. In der Wissenschaft sind seine Werke umstritten, da er nicht als Historiker, sondern als Anekdotenerzähler auftritt. Evliya Çelebi wird teilweise als osmanischer Baron Münchhausen gesehen. Dennoch liefern seine Berichte interessante Einblicke in die besuchten Gesellschaften.

[146] M. Kalman, Dersim Direnişleri, S. 49 f.

[147] M. Kalman, Dersim Direnişleri, S. 50.

oberung zerstört wurde, da sie an ein Götzenbild erinnerte[148].

Woher der Name *Sağman* stammt ist nicht gesichert. In osmanischer Zeit wurde Sağman anfangs von *Diyarbakır* aus verwaltet[149].

Die ersten Belege über die Existenz der Dersimer in der Region stammen aus osmanischen Quellen. So wird erstmals aus dem Jahr 1705 berichtet, dass die Dersimer auf Raubzügen die öffentliche Ordnung und Sicherheit gestört hätten. Die Sicherheit des Staates und der Bevölkerung solle wieder hergestellt werden[150].

Nach Aussage *Suat Akgüls* terrorisierten die Dersimer durch Raubzüge ihre Nachbarn. Die Türken konnten die Dersimer auch mit militärischen Mitteln nicht wirklich stoppen. Die Türken entschlossen sich letztendlich dazu, die Dersimer durch die Vergabe von Verwaltungsposten zur Kooperation zu bewegen. Während Dersim in den Anfangsjahren zum Verwaltungsbezirk Erzurum gehörte, änderte sich dies 1848, als Dersim von Hozat aus verwaltet wurde. Dennoch war die türkische Zentralgewalt schwach. Ab 1860 wurden *Schach Hüseyin*, *Gülabi*, *Mansur* und *Scheich Süleyman* aufeinanderfolgend Landrat von Dersim[151].

1860 und 1877 werden in Hozat bzw. Mazgirt zum ersten Mal Kasernen gebaut. Zum ersten Mal schafften es die Türken permanent Fuß zu fassen[152].

---

148 N. Sevgen, Zazalar ve Kızılbaşlar, S. 60.

149 M. Kalman, Dersim Direnişleri, S. 56 f.

150 S. Akgül, Amerikan ve Ingiliz Raporları Işığında Dersim, S. 20 f. In *Evliya Çelebis „Seyahatname“* ist lediglich von der Existenz der Zaza-Sprache die Rede.

151 Akgül, Amerikan ve Ingiliz Raporları Işığında Dersim, S. 26.

152 Akgül, Amerikan ve Ingiliz Raporları Işığında Dersim, S. 26 f.

1907 wurde gegen die Dersimer ein Weizen-Embargo verhängt, da die Dersimer erneut illoyal gegenüber den Türken waren. Doch das Embargo verfehlte sein Ziel, nämlich die Loyalität der Dersimer herzustellen. Durch das Lebensmittelembargo sahen sich die Dersimer genötigt, weiterhin ihren Raubzügen nachzugehen, um überleben zu können[153]. Seit der zweiten Hälfte des 19. Jahrhundert bis 1938 wurde der Hunger bewusst als Waffe gegen Dersim eingesetzt[154].

Nicht nur durch Raubzüge sollen die Dersimer ihre Illoyalität den Osmanen gegenüber zum Ausdruck gebracht haben, sondern auch durch direkte Bündnisse mit den Feinden der Osmanen. Als Beispiel führt *Akgül* auf, dass die Dersimer im Russisch-Osmanischen Krieg von 1877-1888 den Russen offene militärische Unterstützung durch Bereitstellung von Truppen angeboten hätten[155]. Alarmiert durch diese Entwicklungen sahen die türkischen Chefstrategen wenig Aussicht auf Rekrutierung von Dersimern für die nach russischem Vorbild der Kosaken entstandenen *Hamidiye-Brigaden*[156]. In einem Bericht des amerikanischen Konsulats vom 10. Februar 1908 wird dies bestätigt. In dem Bericht heißt es: „Die Rekrutierung der Dersimer Stämme für die *Hamidiye-Brigaden* stieß auf Granit. Sie wurde schlicht verweigert.[157]"

[153] Akgül, Amerikan ve Ingiliz Raporları Işığında Dersim, S. 30.

[154] Vgl. M. Yıldız, Dersim'in Etno-Kültürel Kimliği, S. 56.

[155] Akgül, Amerikan ve Ingiliz Raporları Işığında Dersim, S. 26 f. Wie war diese Aussage Akgüls ist, lässt sich nicht bestätigen. Vielmehr spiegelt die Aussage Akgüls die offizielle Lesart des türkischen Staates wieder: „Minderheiten sind illoyal". Diese Annahme rechtfertigte später die Tötung und Deportation der Minderheiten in Anatolien.

[156] Akgül, Amerikan ve Ingiliz Raporları Işığında Dersim, S. 27 f.

[157] Aus Akgül, Amerikan ve Ingiliz Raporları Işığında Dersim, S. 34.

Wieso sich die Dersimer nicht den Türken anschlossen oder wie man sie hätte überzeugen können, steht in sehr wenigen türkischen Quellen. Einer der Wenigen, die sich mit der Loyalitätskrise der Dersimer befasste, war angeblich ein türkischer Pascha namens *Mustafa Kemal*, der später als *Atatürk* in die Geschichte eingehen sollte. Angeblich wurde *Atatürk* 1916 damit beauftragt, einen Aufstand der Dersimer nieder zu werfen. Er konstatierte nüchtern: „Um das Dersim-Problem zu lösen, solle eine „[Dersimer]-Miliz gegründet werden, die monatlichen Sold erhalten soll[158]“. Diese Aussage findet man nur in türkischen Quellen wieder. Warum sich Atatürk auf dem Höhepunkt des I. Weltkriegs sich um das Randproblem Dersim kümmern sollte, scheint nicht ganz plausibel zu sein.

Laut türkischen Quellen gab es 1917 einen Pakt zwischen Armeniern und Dersimern, um gemeinsame Sache gegen die Türken zu machen. Gemeinsam überfielen sie türkische Truppen an der Front und plünderten mehrerer Städte – darunter *Çemişgezek*. Diesen Dienst hätten die Dersimer im Namen der Russen erbracht[159]. Das Bündnis zerfiel schnell, da mit dem Abzug der russischen Truppen, ausgelöst durch die Oktober-Revolution unter Lenin in Russland, die Ziele der Russen in Anatolien obsolet wurden. Bereits Ende 1917 setzten die Dersimer den sich zurückziehenden russischen Truppen gemeinsam mit den Türken schwere Verluste zu[160]. Der angebliche Pakt, von dem *Akgül* schreibt, kann aber nicht bestanden haben, da bereits 1915 die Armenier getötet wurden. *Akgül* versucht, auf Teufel komm raus, den Dersimern Illoyalität vorzuwerfen.

[158] Aus Akgül, Amerikan ve Ingiliz Raporları Işığında Dersim, S. 42.
[159] Akgül, Amerikan ve Ingiliz Raporları Işığında Dersim, S. 46 f.
[160] Akgül, Amerikan ve Ingiliz Raporları Işığında Dersim, S. 47.

## 3. Die Soziökonomie Dersims vor 1938 und in der Gegenwart

Da die Region Dersim sehr gebirgig ist, war sie nie ein bedeutendes Siedlungszentrum der Menschheitsgeschichte. Es waren kaum Wissenschaftler in Dersim, die die Gegend untersuchten. Die Berge Dersims boten einen idealen Zufluchtsort für Verfolgte. Dennoch haben viele Völker in Dersim ihre Spuren hinterlassen. Aufgrund der Geomorphologie war der Ackerbau begrenzt und die Menschen betrieben überwiegend Viehzucht. Die Viehzucht wurde hauptsächlich zum Zwecke der Subsistenzwirtschaft betrieben. Bedeutende Industriezweige sind in Dersim nie entstanden[161].

Da nur die Gebiete um *Çemişgezek* und *Pertek* halbwegs eben sind, waren diese Gebiete in Dersim besiedelt. Gerade in dieser Gegend findet man auch ethnische Türken wieder, die zu diversen Zwecken, wie Landnahme und Ausdehnung des politischen Einflusses angesiedelt wurden. So verwundert es nicht, dass viele Beamte in der Provinz Tunceli ethnische Türken aus *Çemişgezek* und *Pertek* waren. Die Türken in Dersim gehören keinem Stamm an[162].

Hingegen lebten viele Dersimer in den Bergen, um sich dem direkten Einfluss der Türken zu entziehen. In den Bergen wohnten die Dersimer meist in zweistöckigen Steinhäusern, die mit Lehm verputzt waren. Die flachen Dächer waren mit einfacher Erde bedeckt. Im Erdgeschoss waren die Tierherden untergebracht[163], während oben die  Dersimer in Zweiraumwohnungen wohnten. Manche wohnten sogar mit ihren Tieren zusammen.

---

[161] M. Kalman, Dersim Direnişleri, S. 207.

[162] M. Kalman, Dersim Direnişleri, S. 169.

[163] Zazaki „Gome“ genannt.

Im Sommer zogen die Dersimer in hochgelegene Sommerlager, um der Hitze zu entkommen. In der Zeit vor 1938 heirateten die Dersimer ausschließlich untereinander. Ehen außerhalb Dersims waren unbekannt. Zwar gab es Eheschließungen innerhalb der verschiedenen Stämme Dersims, aber nicht mit Stämmen außerhalb Dersims. Die medizinische Versorgung war erbärmlich. Daher suchte man sein Heil in der Allmacht Gottes, indem ihre Stellvertreter auf Erden (Pirs, Dedes, etc.) bzw. Pilgerstätten aufgesucht wurden. An den Pilgerstätten wurden Tieropfer erbracht und Gebete rezitiert und Gott um baldige Genesung angerufen[164].

Die bekanntesten Wallfahrtsorte sind: *Duzgın Bava*, *Koê Bagirê*, *Gola Buyarê*, *Koê Sılvusi*, *Moro Sur*, *Koê Jêle*, *Hewsê Tosniyê*, *Chimê Muzıri*, *Sarı Saltık*, *Sultan Bava*, *Dewa Khuresu*, *Scheich Sabun*, *Dêsê Muxundiyê*, *Ewliyayê Pilvanki* und *Gola Xızıri*[165], *sowie Ağbaba.*

Bei Hochzeiten wurden *Davul* und *Zurna* gespielt und dazu *Govend* getanzt. Der Bräutigam entsendete eine Entourage (genannt *berviyê*), um die Braut abzuholen. Diese Entourage eskortierte die Braut zur Hochzeitsfeier. Während die Entsandten zu Fuß unterwegs waren, hatte die Braut die Ehre hoch zu Ross zu reiten. Nach der Hochzeit durfte sich der Bräutigam 1 Woche lang nicht bei seinen Eltern blicken lassen. Erst nach 1 Woche durfte er auftauchen, um das Gespräch zu suchen. Das Gespräch dauerte Stunden. Der Bräutigam durfte sich ohne Erlaubnis nicht setzen[166].

*Nuri Dersimi* schreibt, dass die Polygamie in Dersim erlaubt war. Männer konnten zwei oder 3 Frauen nehmen. Zwar

---

164 N. Dersimi, Kürdistan Tarihinde Dersim, S. 30.

165 M. Çem, Dersim – Kültür ve Etnografya Dergisi, S. 80.

166 N. Dersimi, Kürdistan Tarihinde Dersim, S. 37.

kam dies selten vor, war aber per se nicht verboten, sondern erlaubt[167]. Frauen war es laut *Kalman* erlaubt, die Nachfolge des Stammesführers zu übernehmen. So soll der *Ferhatan-Stamm* fast 30 Jahre lang von *Ana Hatun* geführt worden sein. Dennoch muss man erwähnen, dass die Stellung der Frau alles andere als ideal war. Sie war nicht nur Gebährmaschine, sondern auch die Arbeitskraft schlechthin. Während bei Eheschließung der Bräutigam ein Auslösegeld zahlen musste[168], musste die Brautfamilie eine Aussteuer entrichten. Frauen hatten kein Recht auf Scheidung. Wohl aber der Mann. Der Mann hatte das Sagen und die Frau musste sich seinem Wort unterwerfen. Ehebruch wurde mit dem Tode bestraft[169].

In Sachen typische Trachten unterschied sich der Dersimer nicht wesentlich von seinen Nachbarn. Als Kopfbedeckung trug er ein *„Khulik"*, ein rundliches Teil aus Wolle, dass er mit einem weißen oder schwarzen Tuch um den Kopf befestigte. Daneben trug er ein Hemd, darüber eine Weste und eine Pluderhose, die ebenfalls mit einem Tuch befestigt wurde. Im Winter trug man Latschen aus Ochsenleder[170].

Die Frauen Dersims trugen ein buntes Kopftuch, das aus mehreren Tüchern bestand. Darunter ein langes Nachthemd. Über dem Nachthemd eine Art Pullover und einen zusätzlichen langen Rock. Vor 1938 zeigte eine Dersimer Frau ihr Gesicht keinem fremden Mann. Sie musste ihr Gesicht komplett verschleiern[171].

---

[167] N. Dersimi, Kürdistan Tarihinde Dersim, S. 37.
[168] Zazaki „Qolınd" genannt.
[169] G. Asatrian (A. Mkrtchian), The Delmiks, S. 411.
[170] N. Dersimi, Kürdistan Tarihinde Dersim, S. 35.
[171] N. Dersimi, Kürdistan Tarihinde Dersim, S. 35.

Das Schönheitsideal der Dersimer war ein anderes als das ihrer Nachbarn. Ein rundes Gesicht war schön. Deshalb zurrte man schon kleinen Babys den Kopf fest, damit der Kopf eine runde Form annahm.
Ein weiterer wichtiger Bestandteil der Kultur Dersims war das sogenannte *„Bêxt“*, das Verfolgten Asyl gewährte. Dieses Rechtsinstitut ist dem Alevitentum geschuldet, das es als menschliche Pflicht sieht Notleidenden Unterschlupf zu gewähren. Es ist wahrscheinlich dem Umstand geschuldet, dass nach 1514 viele Aleviten flohen und für jeden Unterschlupf der ihnen geboten wurde dankbar waren[172].
Zu den Leckereien der Dersimer Region gehören *Zarrêvêt*[173], *Şirê Kurt* und geröstetes Fleisch. Bei *Zarrêvêt* und *Şirê Kurt* handelt es sich um Teigspezialitäten. Bei *Zarrêvêt* wird quasi ein rundliches Brot gebacken. Dann werden die obere Kruste und das Innere entfernt. Der Boden wird mit Buttermilch aufgeweicht. Danach die kleingeschnittenen Brotstücke auf den Boden gelegt. Anschließend kommt nochmals Buttermilch mit reichlich Knoblauch drüber und zuguterletzt sehr viel geschmolzene Butter. *Şirê Kurt* ist fast dasselbe, nur das das Brot flach ist. Das Brot wird zusammengerollt und in Stücke geschnitten und sodann rund aufgestellt.
Wie man schon an diesen Speisen merkt, ist die traditionelle Küche Dersims einfach gestrickt. Dies hat im Wesentlichen damit zu tun, dass die Dersimer nur Zutaten verwenden konnten, die in ihrer unmittelbaren Umgebung zu finden waren.

[172] H. Aygün, Resmiyet ve Hakikat, S. 70.
[173] Auch *Babko* genannt.

## 3.1. Die Stammesgesellschaft und ihre Lebensweise

Die Dersimer waren in Stämmen organisiert. Die Berge boten ihnen diese Freiheit. Zwar boten die Berge das Privileg der Freiheit, allerdings zum Preis der Unorganisiertheit. So war es kein Wunder, dass Stammesführer das Sagen hatten. Durch Erbschaft wurde das Amt des Stammesführers vom Vater auf den Sohn übertragen. Haupteinnahmequelle dieser Anführer waren die wenigen Erträge, die die Dörfler erwirtschafteten. Folglich waren auch die Stammesführer nicht besonders wohlhabend. Dennoch darf das Feudalsystem in Dersim nicht mit dem im restlichen Anatolien gleichgesetzt werden. Denn die Stammesfürsten waren weniger einflussreich und aufgrund ihres alevitischen Glaubens selber Verfolgte. Der Stammesfürst in Dersim war aber in seinem Stamm und im Umgang mit Dritten der Tonangeber schlechthin. Über sein Wort durfte man sich nicht hinwegsetzen. Eine Zuwiderhandlung konnte tödliche Folgen haben. So konnte er mit Leichtigkeit über Krieg oder Frieden entscheiden. Von seinem Wort hing das Wohl und Wehe ganzer Gemeinden ab[174].

Heutzutage gibt es keine Stammesführer mehr. Sie wurden teilweise Opfer ihrer eigenen Überheblichkeit, teilweise wurden sie durch die Türken massakriert und die Überlebenden deportiert. Den letzten Todesstoß versetzte die Moderne. Durch die ökonomischen Umwälzungen wanderten viele Menschen in die Städte ab und die Stammesführer wurden zu Herrschern ohne Volk.

Ein weiterer Pfeiler der Stammesgesellschaft waren die alevitischen Geistlichen. Sie nannten sich *Dede*, *Pir*, *Rayvêr*,

[174] N. Dersimi, Kürdistan Tarihinde Dersim, S. 33 und 34.

*Seyit*. Auch diese Ämter wurden vom Vater an den Sohn vererbt. Die Geistlichen verdingten sich durch die Gaben der *Talips* (also der Nicht-Geistlichen Bevölkerung). Um ihre Herrschaft zu legitimieren, beriefen sich viele Geistliche darauf, Nachfahren des Propheten Muhammad zu sein[175].

Die Dersimer Stämme lebten in Anarchie. Das einzige Gesetz das es gab, war das Faustrecht. Der Stärkere setzte sich durch. Ein Menschenleben zählte in diesem System nichts. Selbst Frauen und Kinder wurden nicht verschont. Die einzigen Stimmen der „Vernunft" waren dann bei Stammesfehden die Geistlichen und/oder die Anführer. Nicht unerwähnt bleiben sollte, dass selbst innerhalb eines Stammes oft bürgerkriegsähnliche Zustände herrschten. Streitpunkt waren oft Vermögensverhältnisse oder Familienstreitigkeiten. Stammesfehden brachen auch aus, weil Territorialansprüche oder Frauenraub mit Gegenmaßnahmen vergolten wurden. Wenn es bei Stammesfehden größere Probleme gab oder sogar Tote zu beklagen waren, so wurde ein neutraler Stamm konsultiert, der einen Kompromissvorschlag unterbreitete. Um das Geschehene wett zu machen, wurde für die Getöteten ein Geldbetrag entrichtet und um zukünftigen Konflikten vorzubeugen wurden Blutbündnisse zwischen den verfeindeten Stämmen geschlossen. So entstanden *Kirves* und *Musahips*[176].

In Dersim herrschte alles andere als innerer Friede. Neben den Stammeskonflikten lauerten überall Wegelagerer und Banditen. Ein Umherreisen ohne sich der Gefahr eines Überfalls auszusetzen war gleich Null. Mit anderen Worten herrschte in Dersim Anarchie[177]. Die Gesetzlosigkeit machte

---

[175] Vgl. N. Dersimi, Kürdistan Tarihinde Dersim, S. 29.

[176] Vgl. N. Dersimi, Kürdistan Tarihinde Dersim, S. 32.

[177] Antranik, Seyahatname, S. 29.

das Leben der Dersimer nicht einfach. Weshalb die Dersimer zu Gewalt und Raubüberfällen neigten ist nicht ganz einfach zu erklären. Einerseits trieb die wirtschaftliche Not die Dersimer zu Raubüberfällen, andererseits sollen die Raubzüge aus Bequemlichkeit erfolgt sein (so *Antranik*). Denn so kam man ohne viel Aufwand zu Besitz. Anders hingegen waren die Armenier Dersims, die schon damals mit ihren muslimischen Nachbarn innerhalb und außerhalb Dersims Handel trieben[178]. Dass die Dersimer dies nicht taten, liegt eventuell auch darin begründet, dass die sunnitischen Nachbarn den Dersimern nichts abkauften. Die Sunniten erließen sogenannte *Fatwas* (religiöse Gutachten), in denen die Aleviten zu Ungläubigen erklärt wurden. Handel mit Ungläubigen war eine Todsünde und verboten.
Der Dersimer lebte also nach *Antranik* vom Raubzug. In diesem Punkt widerspricht ein anderer armenischer Reisender *Antranik. A. Mkrtchian* schreibt, dass die *Dımıli* im Gegensatz zu den Kurden nicht von Raub, Diebstahl, Plünderung und Massakrierung lebten, sondern sich ihren Unterhalt durch harte Arbeit garantierten[179]. Dazu muss aber gesagt werden, dass sich *Mkrtchian* primär über die Region *Varto/Hınıs* äußerte. Ob dies auch für Dersim galt, ist ungewiss.
Die Stämme betrieben zur Eigenversorgung überwiegend Viehzucht. Ihre Dörfer waren in engen Schluchten und undurchdringlichen Wäldern. Ihre Häuser waren alleinstehende Hütten. Wenn man *Antranik* glaubt, so waren die Dersimer vor 1900 eher wilde Primitivlinge als zivilisierte Menschen. Demnach sei ihr Leben einfach, ihre Nahrung knapp und die Kleidung banal gewesen. Dafür verfügte der Dersimer-Stamm über ein üppiges Waffenarsenal. Jede Familie besaß

[178] Antranik, Seyahatname, S. 134.
[179] G. Asatrian (A. Mkrtchian), The Delmiks, S. 410.

vor ihrer Hütte eine Parzelle, die sie nur 1-2 Wochen im Sommer bestellte. Die Ernte wurde in große Säcke gepackt und dann gelagert. Den Rest der Zeit verbrachten die Stämme mit Jagen und Viehzucht[180]. Glaubt man *Antranik*, so kannte der Dersimer kein Mitleid. Für den Weinenden hatte er nur Hohn und Spott übrig[181]. Die Dersimer Stämme bekämpften sich auch untereinander sehr oft. Dabei mischten sich die armenischen Stämme nicht in die inneren Konflikte ein. Die Armenier leisteten nur militärischen Beistand, wenn der äußere Feind, die Türken angriffen[182].

Die häufigen Stammesfehden entstanden nach *Antranik* wegen der Undisziplinierheit der Stämme.

So führten Konflikte zwischen zwei Personen die verschiedenen Stämmen angehörten erst zu Auseinandersetzungen zwischen diesen Personen, konnte dieser Streit nicht geschlichtet werden, so kam es zu offenen Kämpfen zwischen den Stämmen. Viel Blut floss bei diesen Kämpfen[183]. Glaubt man *Nazmi Sevgen*, so war dies auf den niederen Charakter der Zazas zurückzuführen. Der Zaza lüge viel und sei feige. Zwar sei er intelligent, aber wie ein Kind leicht zu beeinflussen. Er sei habgierig. Zwar flehe er um Gnade, kenne aber selber keine. Von Natur aus sei er dem Tabak- und Alkoholkonsum verfallen. Dasselbe gelte für die Zaza-Frau, die durch Tabak- und Alkoholkonsum mit fortschreitendem Alter vermännliche und dann ihren festen Platz an der Seite der Männer habe[184].

---

[180] Antranik, Seyahatname, S. 147; Molyneux-Seel, A Journey in Dersim, S. 52.
[181] Antranik, Seyahatname, S. 148.
[182] Antranik, Seyahatname, S. 148.
[183] Antranik, Seyahatname, S. 151.
[184] N. Sevgen, Zazalar ve Kızılbaşlar, S. 87.

Die Dersimer Stämme kannten kein Eigentumsrecht wie in modernen Gesellschaften. So war die Landschaft in Dersim ungepflegt und von dicht bewachsenen Wäldern umgeben. Dennoch führte schon das Durchstreifen dieser Wälder durch fremde Stammesangehörige zu schweren bewaffneten Konflikten. Wer sich bei diesen Konflikten mit Waffengewalt durchsetzte, auf dessen Seite befand sich das Recht. Laut *Antranik* wurden die meisten kriegerischen Auseinandersetzungen zwischen den Stämmen aus Rachelust geführt[185]. Es herrschte also Faustrecht, um dem Unterlegenen einen Denkzettel zu verpassen!
Welchen Ursprung die Stammesnamen haben, ist nicht abschließend geklärt. Angeblich werden die Stämme nach dem historischen Ort benannt, aus dem sie ausgewandert sind. Manche Stämme wurden auch nach ihren Stammesfürsten benannt. Der Stamm *Khureschan* leitet seine Herkunft direkt vom Stamm des Propheten *Muhammad* ab. *Muhammad* gehörte dem Stamm *Kureisch* in Mekka an. Manche Stämme wuchsen derart stark an, dass sie sich in Unterstämme gliederten.
Ohne Angabe von Gründen werden die Dersimer-Stämme in *Scheich Hasanan* und Dersimer untergliedert. Nach Aussage von *Ali Kemali*, der ein Buch über die Geschichte Erzincans schrieb, soll ein *Seyit* namens *Kal Mansur* (ein Enkel des *Imam Hasan*), sein angestammtes Territorium verlassen haben, um sich in *Malatya* niederzulassen. In *Malatya* angekommen, konnte er die Ungerechtigkeiten nicht aushalten und ließ sich in der Nähe des Dorfes *Kalman*[186] nieder. *Kal Mansur* hatte einen Diener namens *Scheich Hasan*. Dieser Diener erbrachte große Dienste für *Kal Mansur*, worauf die-

---

185 Antranik, Seyahatname, S. 151.
186 Gemeint dürfte wohl „*Khal Mêm*“ sein.

ser beschloss, seine Tochter mit ihm zu vermählen. Das Paar kam zu sagenhaftem Reichtum und ihre Herden passten nicht mehr auf die Weiden. Sie beschlossen in das Dorf *Lertik* bei *Ovacık* umzuziehen. Fortan wurden die Nachfahren *Scheich Hasans*, *Hasaniden*, die *Kal Mansurs*, Dersimer genannt[187]. Nach dieser Theorie hätten alle Dersimer denselben Ursprung.

Eine abweichende Version der Geschichte *Ali Kemalis* erzählt *Hesen Aliyê Sey Kemali*. Demnach siedelten die Brüder *Scheich Hasan* und *Seyid* im Dorf *Şêxhesen* in Malatya, wurden aber vertrieben. Die Brüder wählten *Nazımıye* mit dem Anblick des *Düzgün Baba* als ihre neue Heimat. Ganz in der Nähe des heutigen Dorfes Khureschan. Damals soll die Umgebung des Dorfes menschenleer gewesen sein[188]. Eines Tages, als eine Bärenplage die Ernte bedrohte, tauchte ein Unbekannter auf. Die Brüder hatten keine Zeit um sich um den Unbekannten zu kümmern, da sie das Feld bewachen mussten. Da griff der Unbekannte mit seinem Finger in den Mund und pfiff Schüsse und sagte: "Ich habe Euer Problem gelöst!". Als die Brüder sich dem Feld näherten, bemerkten sie, dass der Bär auf dem Rücken lag. Der Bär war tot. Fortan nannten sie den Unbekannten *Khal Mêmê Sırri* (Der waise Wundervollbringer Mêm). Selbst das Dorf wurde nach ihm benannt[189].

*Scheich Hasan* verheiratete seine Tochter mit *Khal Mêm.* Durch harte Arbeit kam *Khal Mêm* zu einer großen Herde, während die Herden *Scheich Hasans* und *Seyids* schrumpften. Da sie das Land aufgrund einer Abmachung *Khal Mêm* überließen, zogen sie nach Ovacık und begründeten die

---

187 Vgl. A. Kaya, Dersim Tarihi, S. 134.

188 C. Taş, Roê Kırmanciyê, S. 10.

189 C. Taş, Roê Kırmanciyê, S. 11.

Scheich Hasanan-Stämme[190]. Fortan wurden die Stämme Khal Mêms “Dêsimer”, die Scheich Hasans “Şêxhesenia” genannt[191].

Auch andere Autoren geben an, dass alle Vorfahren der Dersimer gemeinsam aus *Dailam* am Kaspischen Meer kamen, aber sich mit den in Dersim bereits ansässigen Einwohnern vermischten[192].

Andere wiederum berufen sich auf *J. G. Taylor, der* einen „Kizilbasch-Häuptling“ namens *Ali Gako*[193] aus dem *Bezaut-Dorf* (in der Nähe von *Çemişgezek*) zur Herkunft der Dersimer befragte. *Ali Gako* sagte:

> „Die Kizilbasch in Dersim sind unterteilt in zwei Fraktionen. Die, zu denen ich gehöre, die *Seyit Hasanan*[194], bewohnen relativ Ebene Gebiete, im Gegensatz zu den wahren Dersimern, die in den steinigen Erhebungen der *Munzur, Dujık* und *Kuzucan (Pülümür)* Berge leben. Die Vorgaben der verschiedenen Gebiete haben die Gewohnheiten dieser zwei geformt. Die einen betreiben Landwirtschaft und sind für staatliche Belange empfänglich, während die anderen hochmütige, pastorale und entschlossene Rebellenstämme sind. Die *Seyit Hasanan*, ursprünglich aus Horasan in Persien, wanderten erst später aus *Aghja Dag (Akçadağ)* in Malatya, hierher. Im Gegensatz hierzu sind die Dersimer ohne Zweifel die Nachfahren

[190] C. Taş, Roê Kırmanciyê, S. 14.

[191] C. Taş, Roê Kırmanciyê, S. 15 f.

[192] Vgl. K. Gündüzkanat, Demokratisierungsprozess in der Türkei, S. 58; sowie A. Kaya, Dersim Tarihi, S. 65.

[193] Wahrscheinlich hieß der Mann: *Ali Kheko*.

[194] Müsste Scheich Hasanan sein.

der echten heidnischen Armenier, die dort schon vor der Christianisierung lebten.[195]"

Bezüglich der Herkunft der Dersimer und der Besiedlungsgeschichte der Dersimer ist ein interessanter Hinweis im Buch *„Dersim Raporu"* zu finden, der das oben gesagte aus Kemali und Taylor unterstützt. So wird geschrieben, dass während die West-Dersimer ihre Herkunft auf *Horasan* zurückführten, sei diese Aussage in Ost-Dersim unbekannt. Zudem seien die Dersimer die ersten Bewohner der Gegend gewesen. Zuerst sei Ost-Dersim besiedelt worden und danach West-Dersim[196].

Die folgende Auflistung der Stämme Dersims entstammt aus *N. Dersimis* Werk *„Kürdistan Tarihinde Dersim"*. Bei der Auflistung der Stämme kann es zu Abweichungen kommen, da zu *N. Dersimis* Zeit, die geographische Aufteilung durch die Türken abweichend war.

### 3.1.1. Çemişgezek[197]

| **Die Stämme Çemişgezeks** | |
|---|---|
| **Name** | **Sprache** |
| Koçan | Zazaki |
| Şemkan | Zazaki |
| Raşikan | Zazaki |
| Ferhadan | Zazaki |
| Nenikan | Zazaki |
| Zekeran | Zazaki |

[195] Vgl. K. Gündüzkanat, Demokratisierungsprozess in der Türkei, S. 57; ebenso C. Taş, Roê Kırmanciyê, S. 9.
[196] Dersim Raporu, veröffentlicht durch I. Çalışlar, S. 41.
[197] N. Dersimi, Kürdistan Tarihinde Dersim, S. 47.

| Sekakan | Kurmanji |
|---|---|
| Kurmeschan | Kurmanji |

Der etwas vor 1900 in Çemişgezek anwesende *Antranik* berichtet, dass *Çemişgezek* von einem Landrat verwaltet wurde. Diesem unterstand ein Bataillon Soldaten und ein halbes Bataillon Gendarmen. Die 1.500 Haushalte wurden von Armeniern, Türken und Kurden bewohnt. Die Armenier besaßen eine Kirche und eine Schule mit 2-3 Schulklassen. Die Türken nannten eine Moschee und eine Koranschule ihr Eigen. Zudem gab es 40-45 Geschäfte, die den Handwerkern Platz boten. 25-30 Dörfer *Çemişgezeks* sollen überwiegend von Armeniern bewohnt worden sein[198].
*Çemişgezek* befindet sich in einem Tal und ist von beiden Seiten von Wäldern umschlossen[199].
*1911 war Çemişgezek* die größte Stadt Dersims. Sie hatte 1.000 Häuser, von denen Zwei-Drittel von osmanisierten Kurden und der Rest von Armeniern bewohnt wurde[200].
Bei *Molyneux-Seel* wird der Name *Çemişgezeks* auf die Griechen zurückgeführt. Laut Überlieferung soll der griechische Prinz *„Çemiş"* hier Zuflucht gefunden haben, wonach der Name hergeleitet wurde. In einer Fußnote übersetzt er *Çemişgezek* mit *„Fluchtort des Çemis"*[201]. Wie bereits oben geschrieben, führen Türken und Armenier *Çemişgezek* auf türkische bzw. armenische Einflüsse zurück.
In der Nachbarschaft von *Çemişgezek* befanden sich armenische Dörfer und einige andere Dörfer wurden von Armeniern und Griechen gemeinsam bewohnt. Diese Griechen

[198] Antranik, Seyahatname, S. 106 f.
[199] N. Dersimi, Kürdistan Tarihinde Dersim, S. 47.
[200] Molyneux-Seel, A Journey in Dersim, S. 63.
[201] Molyneux-Seel, A Journey in Dersim, S. 63.

hätten ihre Sprache verlernt und sprachen entweder türkisch oder armenisch, hätten aber die Traditionen ihres griechischen Ursprungs bewahrt[202].

*Nazmi Sevgen* schreibt, dass *Çemişgezek* aus vier Sandschaks bestand, zu denen auch *Pertek* gehörte[203]. Mit einer interessanten aber richtigen Aussage äußert sich *Uluğ* zu *Çemişgezek* und *Pertek*. Zwar würden *Çemişgezek* und *Pertek* geographisch zu Dersim gehören, hätten aber dem Wesen nach nichts mit Dersim zu tun[204].

### 3.1.2. Hozat[205]

| Die Stämme Hozats | |
|---|---|
| Abbasan | Zaza |
| Kırgan | Zaza |
| Ferhadan | Zaza |
| Zengan | Zaza |
| Laçinan | Zaza |
| Karabalan | Zaza |
| Fından | Zaza |
| Bahtiyaran | Zaza |
| Mıstan | Zaza |
| Hosan | Zaza |
| Derikan | Zaza |
| Sırtıkan | Zaza |
| Rutan | Zaza |
| Derwisch Dschemalan | Zaza |
| Sarısaltıkan | Kurmanji |
| Ağuçan | Kurmanji |

[202] Molyneux-Seel, A Journey in Dersim, S. 63.
[203] N. Sevgen, Zazalar ve Kızılbaşlar, S. 58.
[204] N. H. Uluğ, Derebeyi ve Dersim, S. 21.
[205] N. Dersimi, Kürdistan Tarihinde Dersim, S. 46.

Eine weitere semi-autonome Region war *Hozat*. *Hozat- Zentrum* war eine lebendige Stadt mit vielen Einwohnern. Die Stadt lag laut *Antranik* in einem weitläufigen Tal. Verwaltet wurde *Hozat* von einem Regierungsrat, der seine Macht durch zwei Bataillone Soldaten und ein Bataillon berittener Gendarmen sicherte. Die Verwaltung bestand auch aus einem erstinstanzlichen Strafgericht. Zum Personal dieses Amtes gehörten auch zwei gewählte armenische Vertreter[206].

*Hozat* war vor 1900 die Provinzhauptstadt Dersims, das seinerseits Teil des Regierungsbezirks *Harput* (heute *Elazığ*) war. Zu *Antraniks* Zeit bestand *Hozat* aus ca. 1.500 Haushalten. Mehrheitlich von Armeniern bewohnt. Der Rest bestand aus zugewanderten Türken und ihnen dienenden Kurden. Die Armenier nannten eine Kirche und eine Schule ihr Eigen und die Türken eine Moschee[207]. Um *Hozat* gab es 35-40 kurdische Dörfer, in denen auch Armenier lebten. *Hozat* war für seine Wolle, Wallnüsse und Teppiche bekannt[208]. Nord-östlich von *Hozat*, im tiefen Tal des *Munzur Flusses*, aber 100 m oberhalb des Flussbettes, befand sich zu Antraniks Zeiten im Herzen Dersims das einzig erhaltene armenische Kloster: *Surp Garabet Vank (Kloster des Sankt Johannes der Täufer)*, auch bekannt als *Halvori Vank*. Dieses Kloster verdankte seine Immunität vor Zerstörung durch die Kurden einem Relikt Johannes des Täufers, dem Wunder zugeschrieben wurden. Die Kurden pilgerten zum Kloster, in der Hoffnung von Krankheiten geheilt zu werden. Seltsam

[206] Antranik, Seyahatname, S. 110.
[207] Antranik, Seyahatname, S. 111.
[208] Antranik, Seyahatname, S. 111.

genug war, dass der Hauptbesuchsgrund nach Aussage der Mönche der Wunsch war, von Irrsinnigkeit befreit zu werden. Die Gemeinde bestand aus einem Mönch und seinen drei Neffen. Ohne Ausnahme, die mit Abstand dreckigsten (!) und entartetsten (!) Menschen die *Molyneux-Seel* in Dersim gesehen habe. Die Kirche war klein und in üblicher Kreuzform gebaut und frei von Ausschmückungen wie Glockenturm, welche an allen armenischen Klöstern erst später hinzugefügt wurde. Es wurde gesagt, dass das Kloster vor 1.000 Jahren gebaut wurde[209]. Im Kircheninneren war eine Tür aus Ebenholz, in die eine Inschrift mit dem Datum 890 eingeschnitzt war, welche aber laut Überlieferung lange nach Gründung der Kirche erfolgte. Vielmehr sei das eingeschnitzte Datum in Bezug auf die Zeit der armenischen Kirchengeschichte bezogen, welche erst mit der Christianisierung Armeniens begann[210]. Laut Überlieferung wurde Armenien 301 n. Chr. christianisiert. Andere Quellen geben 314 n. Chr. an. Wenn man das eingeschnitzte Datum 890 hinzurechnet, müsste die Kirche 1191 oder 1204 erbaut worden sein. Eventuell auch später[211].
In der Nähe des Klosters *Halvori Vank* gab es eine Goldmine, die seit Jahren nicht mehr betrieben wurde. Der Mineneingang war mit Geröll zugeschüttet[212].

---

209 Molyneux-Seel, A Journey in Dersim, S. 63.
210 Molyneux-Seel, A Journey in Dersim, S. 63.
211 Eventuell erfolgte dies erst nach Erfindung der armenischen Schrift durch *Mesrob Maschtotz* im Jahre 406 n. Chr. Da erst hiernach Anweisungen für den Kirchenbau in armenischer Sprache erfolgt sein können.
212 Molyneux-Seel, A Journey in Dersim, S. 63.

### 3.1.3. Mazgirt[213]

| Die Stämme Mazgirts | |
|---|---|
| Bamasuran | Zaza |
| Hormekan | Zaza |
| Demenan | Zaza |
| Muran | Zaza |
| Balıkan | Zaza |
| Gırtan | Zaza |
| Mıstıkan | Zaza |
| Usufan | Zaza |
| Gevran | Zaza |
| Khureschan | Zaza |
| Seyhan | Zaza |
| Kudan | Zaza |
| Haman | Zaza |
| Scheich Mamedan | Zaza |
| Alan | Zaza |
| Hormekan | Kurmanji |
| Kulikan | Kurmanji |
| Sandalan | Kurmanji |
| Hıran | Kurmanji |
| Ketan | Kurmanji |
| Bamıran | Kurmanji |
| Batan | Kurmanji |
| Keriman | Kurmanji |
| Gulan | Kurmanji |
| Gotan | Kurmanji |
| Zülfan | Kurmanji |
| Mılan | Kurmanji |
| Scheich Bazan | Kurmanji |

[213] N. Dersimi, Kürdistan Tarihinde Dersim, S. 55.

| Izolan | Kurmanji |
| --- | --- |
| Sadan | Kurmanji |

Bei der Klassifizierung der Gebiete Dersims, unterscheidet *Antranik* zwischen Gebieten die der türkischen Kontrolle voll unterworfen waren[214], solchen die ein semi-autonomes Leben führten und Gebieten, die unabhängig waren.
*Antranik* schreibt in seinem Werk *"Seyahatname"*, dass *Mazgirt* eine semi-autonome Region war. Dass heißt, in der Stadt Mazgirt verweilte ein Landrat, dessen Wort nur in der Stadt, nicht aber außerhalb galt. Außerhalb der Stadt galt das Recht, dass sich die Dersimer selbst gesetzt hatten: die Anarchie. Der Landrat wurde von einem Bataillon Soldaten und einem halben Bataillon Gendarmen beschützt. Zu *Antraniks* Zeit bestand Mazgirt aus 700-800 Haushalten. In der Mehrheit waren wieder die Armenier, die über eine eigene Schule und eine Kirche verfügten. In den etwa 25-30 Kurden-Dörfern um Mazgirt sah es wiederum anders aus. Dort wohnten kaum Armenier.
Molyneux-Seel schreibt, dass Zwei-Drittel der Einwohner *Mazgirts* Armenier waren. *Mazgirt* schien mal größer gewesen zu sein als die 350 Häuser. Auf dem Grabstein eines Armeniers stand: „Ich bin der Schneider von 9.000 Armeniern." *Molyneux-Seel* merkt an, dass ohne die genaue Kundenzahl des Schneiders zu kennen, sei die armenische Einwohnerzahl ansehnlich gewesen[215].
Im Norden *Mazgirts* befand sich eine malerische Moschee, dessen Minarett eingestürzt war. Die türkischen Einwohner erklärten, die Moschee sei 750 Jahre alt und daher sei ihre

[214] Hierzu gehören Pertek, Çemişgezek und Tercan.
[215] Molyneux-Seel, A Journey in Dersim, S. 53.

Errichtung 100 Jahre vor Gründung der osmanischen Dynastie erfolgt[216].

Alle armenischen Kirchen in Dersim wurden schon vor langer Zeit zerstört, aber die städtischen Armenier (in den Dörfern gab es keine mehr) beschützten eifrig die Orte in ihrer Nähe. Am westlichen Hang von *Mazgirt* befand sich ein solcher altertümlicher Ort. Obwohl kein Stein der alten Kirche mehr übrig geblieben war, versammelten sich die Armenier zweimal im Jahr an diesem Ort, um an Weihnachten und Ostern einen Gottesdienst abzuhalten. Insgesamt existierten sieben dieser altertümlichen Kirchen und Moscheen[217].

Natürliche Felsenfestungen und Zitadellen waren in Dersim zahlreich, aber mit Ausnahme der in *Bagin* (am *Peri Su*) schienen alle frei von Inschriften zu sein. Entweder gab es keine Inschriften oder aber die Steine, auf denen sich die Schriften befanden wurden durch Erdbeben abgetragen oder aber entfernt, um sie beim Hausbau einzusetzen[218].

### 3.1.4. Nazımıye[219]

| Die Stämme Nazımıyes | |
|---|---|
| Schemdinan | Zaza |
| Porikan | Zaza |
| Parçikan | Zaza |
| Hurschidan | Zaza |
| Khureschan | Zaza |
| Haydaran | Zaza |
| Arelan | Zaza |
| Karsanan | Zaza |

[216] Molyneux-Seel, A Journey in Dersim, S. 53.
[217] Molyneux-Seel, A Journey in Dersim, S. 53.
[218] Molyneux-Seel, A Journey in Dersim, S. 53.
[219] N. Dersimi, Kürdistan Tarihinde Dersim, S. 55 f.

| Lolan | Zaza |
| --- | --- |
| Scheich Mamedan | Zaza |
| Alan | Zaza |
| Hormekan | Kurmanji |
| Maskan | Kurmanji |
| Kumsuran | Kurmanji |

*Nazımıye* hieß lange Zeit lang *Kızıl Kilise* (= tr. Rote Kirche), was bei den Türken Unbehagen auslöste. Als am Ende des 19. Jahrhunderts die Türken Barracken in *Nazımıye* bauten, ließen sie es auch nicht aus, den Ort in *Kışla* umzubenennen. Der Volksmund machte hieraus *„Qıslê"*, wie der Ort auf Zazaki heißt. 1896 wurde *Nazımıye* die offizielle Bezeichnung des Ortes. Als Namenspate stand die Tochter *Nazime* des osmanischen Sultans *Abdülhamid II. gerade*. Ihr zu Ehren nannte man *Qıslê* um in *Nazımıye*[220].

Glaubt man türkischen Quellen, so sehen sich die Stämme *Haydaran* und *Arelan* als die ältesten Stämme Dersims. Sie führen ihre Abstammung direkt auf den *Khal Mêm-Orden* (Vgl. Kal Mansur bei Kemali) zurück[221].

Laut *Antranik* war in *Nazımıye* Verkehrssprache vor 1900 armenisch. So erzählt er von einem versuchten Raubüberfall, der verhindert werden konnte. Als der Räuber gestellt wurde, wunderte sich *Antranik* über die fließenden armenisch Kenntnisse des Banditen[222]. Vielleicht ist dies der Grund, warum im *Nazımıye-Zazaki* ein überproportionaler Anteil an Lehnwörtern aus dem Armenischen existiert.

---

[220] B. Aksoy, Nazımıye Adının Kökeni Üzerine Yeni Bulgular, S. 50.

[221] Dersim Raporu, veröffentlicht durch I. Çalışlar, S. 47. Im Buch ist von „Kalman" die Rede. Beachtet man die richtige zazaische Orthographie und Aussprache, so muss es „Khal Mêm" heißen. Vgl. auch Fn 182.

[222] Antranik, Seyahatname, S. 29.

Für den türkischen Ortsnamen *Derova/Dereova* (=tr. für Talfluss) in *Nazımıye* hat Antranik eine armenische Namenserklärung. Die Armenier nannten das Gebiet *Der-Ovan*[223]. *Der-Ovan* sei das Ursprungsgebiet der Armenier Dersims gewesen, die alle Angehörige des *Mirakjan* Stammes waren. *Der-Ovan* sei direkt auf den Vorfahren *Der Ovanes* zurückzuführen, der auch seinen Nachnamen *Mirak* dem Stamme der *Mirakjans* gegeben hätte. Die *Mirakjans* seien wiederum ein Teil der größeren *Mamigonjan* Sippschaft gewesen. Mit steigender Bevölkerungszahl seien die *Mirakjans* in andere Orte abgewandert und hätten sich mit den Kurden vermischt und ihre Sprache vergessen. Nur ein Teil der in *Der-Ovan* geblieben sei, habe seine Sprache und Identität, wie den Landbesitz beibehalten. Gerade das Landeigentum auf *Der-Ovan* habe immer wieder zu Konflikten mit den Kurden geführt. Diese hätten die Rückkehr der Armenier nach *Der-Ovan* verhindert und es sei zu gewalttätigen Auseinandersetzungen gekommen. Laut *Antranik* habe die Kurden der offizielle Siegel der Osmanen, bezüglich der Eigentumsrechte, wenig interessiert. Die Armenier hätten Waffen verlangt, um ihr Hab und Gut zu verteidigen[224].

*Nazımıye* gehörte damals laut *Antranik*, wie *Mazgirt*, *Hozat* und *Ovacık* zu den semi-autonomen Gebieten[225]. Als Antranik Dersim besuchte, hieß *Nazımıye* noch *Kızıl Kilise*. *Antranik* gibt die Einwohnerzahl *Nazımıyes* mit 250-300 Haushalten wieder. Davon sollen ca. 20-25 armenische Haushalte gewesen sein. Diese Armenier sollen nicht Einheimische, sondern Zugezogene gewesen sein[226].

---

223 Antranik, Seyahatname, S. 52 f.
224 Antranik, Seyahatname, S. 53.
225 Antranik, Seyahatname, S. 108.
226 Antranik, Seyahatname, S. 108.

*Nazımıye* wurde von einem Verwaltungsrat regiert, der zur Absicherung seiner Macht 200-300 Soldaten befehligte. Um *Nazımıye* gab es 70-75 kleinere Dörfer, unter denen auch einige Dörfer der *Mirakjan-Armenier* waren. Zwar seien die Einheimischen offiziell gezähmt und hätten sich nach außen hin der Allmacht der Türken ergeben. Dies aber nur zum Schein. Betrat der Kurde *Nazımıye*, so gab er sich zahm. Aber sobald er die Stadtgrenze überschritt, war er wieder ganz der Alte. Ein Halbgott, dem seiner Meinung nach keiner die Stirn bieten konnte[227].

Die Armenier *Nazımıyes* hatten weder eine Schule, noch eine funktionsfähige Kirche. *Antranik* erklärt den Namen *Kızıl Kilise* damit, dass in *Nazımıye* eine armenische Kirche stand, die dem Verfall preisgegeben war[228]. Als die Türken versuchten einen Hamam mit den Steinen der Kirche zu bauen, hätten sie fast einen Aufstand unter den Kurden, selbst den aus den Dörfern, verursacht. Die Kurden wollten die Entweihung der Kirche um jeden Preis verhindern und hätten auch daran gedacht, zu den Waffen zu greifen. Als die Türken diesen Umstand bemerkten, ließen sie von ihrem Plan ab, um einem neuen Aufstand keinen Vorwand zu liefern[229].

Das heutzutage größtenteils zu *Tunceli-Zentrum* gehörende *Pax (Pah)*, war ebenfalls eine semi-autonome Region Dersims. Das Dorf *Pax* war eines der ältesten Verwaltungen und beherbergte eine Abordnung von Soldaten, die die Steuereintreibung unterstützte[230]. Dort gab es ca. 200 – 250 Haushalte. Ein Teil hiervon seien zugezogene Armenier und

---

[227] Antranik, Seyahatname, S. 108 f.

[228] Ebenso bestätigt bei Molyneux-Seel, A Journey in Dersim, S. 55.

[229] Antranik, Seyahatname, S. 109.

[230] Molyneux-Seel, A Journey in Dersim, S. 54.

Türken gewesen, die vorwiegend im Verwaltungswesen arbeiteten. Die Armenier von *Pax* hätten auch hier keine Kirche oder Schule gehabt. Um *Pax* herum seien etwa 35-40 kurdische Haushalte gewesen. Auch hier seien die Kurden zahme Lämmer, aber sobald sie die Stadt verließen, kämpferische Krieger. Der Stamm dieser Kurden würde *Alan* und ihr Anführer *Gülabi* heißen. Ca. 60-70 Armenier hätten sich den *Alanen* angeschlossen[231].

*Nach Molyneux-Seel war Kızıl Kilise* der Sitz eines Landrates und hatte ein halbes Bataillon Soldaten. Die *Kizilbaschen* nannten diese Stadt *„Haydara"*, nach dem *Haydaran-Stamm*[232], der die benachbarten Berge bewohnte. Hier irrt Molyneux-Seel. Denn die Haydaran sind erst weiter westlich vorzufinden. *Kızıl Kilise* verdiene es kaum als Stadt bezeichnet zu werden, da fast 30 Häuser inklusive den gut bebauten Steinhäusern des Staates ständen. Die Einwohner waren Zivil- und Militärangestellte. Der Rest umfasste wenige armenische Handwerker, einige türkische Händler und 4 Häuser der *Kizilbasch-Kurden*[233].

Ein Armenier, der seit langer Zeit als Brotlieferant der Truppe beschäftigt war sagte, dass ein inzwischen verstorbener Achtzigjähriger ihm anvertraut hätte, dass vor etwa 65 Jahren noch in allen Dörfern Dersims Armenier gelebt und die Zahl der Kirchen, und die vier vorhandenen Klöster 136 ausgemacht hätte[234].

Laut *Molyneux-Seel* befanden sich während seiner Reise nach Dersim, in der Nähe des Ortes *Bagin* eine Festung und eine armenische Kapelle. In der Kapelle soll ein Stein aus

---

[231] Antranik, Seyahatname, S. 109.

[232] Molyneux-Seel schreibt: *„Haidara"* und *„Haiderli"*.

[233] Molyneux-Seel, A Journey in Dersim, S. 55.

[234] Molyneux-Seel, A Journey in Dersim, S. 55.

der Festung gewesen sein, dessen Keilschrift bewies, dass *Bagin* die Außengrenze des Wannischen Königreichs[235] unter König *Menuas* bildete[236]. Demnach war Dersim entweder schon um 600 v. Chr. von Armeniern bewohnt, oder der armenische Einfluss reichte bis nach Dersim.

Ein Verwaltungsrat war in *Pax* ansässig. Seine Macht sicherte ein Hauptmann mit ein bis zwei Bataillonen. Zudem besaßen die Türken über ein sehr großes Munitionsdepot in *Pax*, dass sehr oft von Kurden aus *Kutu Dere* geplündert wurde[237].

Dies war wohl der Grund, warum noch bis 1911 kein Fremder es riskierte, die Felsschlucht um den Kutu-Fluss zu passieren, die mit Schrecken genannt wurde, da der hier beheimatete Haydaran-Stamm sein Unwesen trieb[238].

Molyneux-Seel schreibt auch über eine Vertreibung der Armenier. Kurz nachdem man *Nazımıye* verlässt erreicht man ein ovales Tal namens *Der Ova*. *Der Ova* ist eine Verballhornung von *Der Ohan*, was auf Armenisch *„Feudalherr Johann"* bedeutet und der Namensgeber dieses kleinen Tals zu sein scheint[239] (Vgl. auch Antranik).

*Molyneux-Seel* schreibt, warum die Armenier *Der Ova* verließen. Er beruft sich dabei auf den armenischen Brotlieferanten aus *Nazımıye*, den er zuvor kennen lernte:

> „Vor 40 Jahren lebte im Dorf *Der Ohan* ein bestimmter armenischer *Melik*, der sehr reich und einflussreich war. Er erwarb sich solch einen Ruf als Weiser,

[235] Ein armenisches Königreich mit Hauptstadt im heutigen Van. Das Königreich existierte von 880 v. Chr. bis 600 v. Chr.

[236] Molyneux-Seel, A Journey in Dersim, S. 55.

[237] Antranik, Seyahatname, S. 109.

[238] Molyneux-Seel, A Journey in Dersim, S. 57.

[239] Molyneux-Seel, A Journey in Dersim, S. 56.

dass die Kurden ihn bei jedem Disput aufsuchten, um seinen Rat einzuholen und seinen Lösungsvorschlag anzunehmen. Eines Tages erschienen 40 Kurden vom *Kutu-Fluss*, um ihn um seinen Rat zu fragen, der ansonsten in einem blutigen Konflikt geendet hätte. Während ihres Aufenthalts in *Der Ohan* riskierten es die Kurden ein paar Worte der Liebesbekundung an die bildhübsche Schwiegertochter des *Melik* zu adressieren, als diese gerade Wasser aus dem Brunnen schöpfte. Die jungen Armenier des Dorfes waren dermaßen erzürnt, dass sie eines Nachts die gesamte kurdische Abordnung massakrierten. Die Rache der Kurden fürchtend, schnappten sich die Armenier ihre Tiere und tragbaren Habseligkeiten und gaben ihr Dorf auf und fanden Asyl in anderen Dörfern um *Erzincan*[240]. Die Zahl der Flüchtlinge betrug 300. Nur ein paar ältere Männer und ihre Ehefrauen blieben zurück. Nur einer dieser Überlebenden, der jetzt 100 Jahre alt sein müsste, lebt bis heute. Der alte Mann hat zwei Söhne und zwei Töchter. Diese Söhne sind zum Islam konvertiert und haben kurdische Frauen geehelicht und die Töchter taten es ihnen nach und heirateten Kurden[241]."

Ein Einheimischer des Dorfes *Pax* informierte *Molyneux-Seel*, dass es sehr viele Ruinen armenischer Kirchen im Tal gebe, aber die Armenier sich seit der Vertreibung aus dem inneren Dersims nicht wagten auch nur einen Fuß in dieses

[240] Erzincan wird bei Molyneux-Seel *„Erzingan"* geschrieben. Erzincan heißt bis heute auf Zazaki *„Erzingan"* bzw. *„Erzingu"*. Armenisch: *„Yerzinga"*.
[241] Molyneux-Seel, A Journey in Dersim, S. 56.

Gebiet zu setzen[242]. Diese Vertreibung kann wie die Geschichte oben, nicht vor 40 Jahren also um 1870 geschehen sein. Denn sonst hätte Antranik sicherlich einige Sätze hierüber verloren. Sie muss also später erfolgt sein. Fraglich ist aber auch, ob die Geschichte sich so zugetragen hat. Denn auch Armenierinnen durften ihr Gesicht keinem Fremden zeigen. Sie liefen verschleiert herum.
Die Pilgerstätte *Düzgün Baba*, die für die Dersimer heilig ist, liegt in *Nazımıye.* Wie der Ort zu dem wurde, was er ist, gibt die Informationstafel direkt am Düzgün Baba wieder. Die Tafel enthält keine Quellenangabe und der Inhalt lässt darauf schließen, dass der oder die Verfasser türkische Quellen herangezogen hat.

> „Der Überlieferung nach sind drei Waise aus *Horasan* nach Anatolien, genauer gesagt nach Dersim, eingewandert. *Schach Hasan* ließ sich in der Gegend um *Pertek-Hozat* nieder. *Khal Mêm* verschwand entweder spurlos oder verstarb im Dorf *Hakis*. *Seyid Mahmut Hayrani (Khuresch)* ließ sich um *Mazgirt-Nazımıye* nieder. Von dort aus soll er weiter nach *Konya (!)* gezogen sein. Einer der Nachfahren *Khureschs* soll der spätere *Düzgün Baba*, der mit bürgerlichem Namen *Schach Haydar* hieß, gewesen sein. Er soll der Sohn des *Seyid Mahmud-i Hayrani* gewesen sein. *Düzgün Baba* soll der Legende nach am *Zargovit-Hügel* eine Winterbleibe errichtet haben, um seine Herden zu weiden. Insbesondere im Winter sollen die Herden des *Düzgün Baba* wohl genährt gewesen sein, was aufgrund der Jahreszeit fast unmöglich war. Zudem

[242] Molyneux-Seel, A Journey in Dersim, S. 54.

kam hinzu, dass der Hügel nur karges Bergland war. Daraufhin schöpfte *Düzgün Babas* Vater Verdacht. Um herauszufinden, was geschieht, brach der Vater Richtung *Zargovit-Stein* auf. Der Vater versteckte sich hinter dem Stein und beobachtete, dass jeder Baum, den *Düzgün Baba* berührte grün wurde. Als der Vater den Ort verlassen wollte, nieste eine Ziege. Daraufhin fragte *Düzgün Baba*, ob die Ziege *Derwisch Mahmud* gesehen habe. Doch er schämte sich, weil er den Namen seines Vaters aussprach. Er schämte sich so sehr, dass er sich gar nicht mehr zu seinem Vater traute und sich quasi in seiner Bleibe am Fels verschanzte. Als die Dörfler misstrauisch wurden und sich Sorgen machten, wurde eine Gruppe zu *Düzgün Baba* geschickt, um nachzuschauen, ob alles in Ordnung ist. *Düzgün Baba* antwortete ihnen: „Macht Euch keine Sorgen! Alles ist in Ordnung!“ (= Her çi duzgino!“). So wurde aus dem *Zargovit-Hügel* der Fels des Duzgin (Zazaki: Kemerê Duzgin)[243].“

[243] Die türkische Übersetzung mit *Düzgün Baba* ist irreführend, da er suggeriert, dass es sich um die Person handelt. Vielmehr ist im Volksmund der Ort des *Düzgün Baba* gemeint. Besonders deutlich wird dies, wenn man die Ortsbezeichnungen auf Türkisch und Zazaki vergleicht → tr.: *Düzgün Baba* (Person); za.: *Kemerê Duzgi (Düzgün Fels)*.

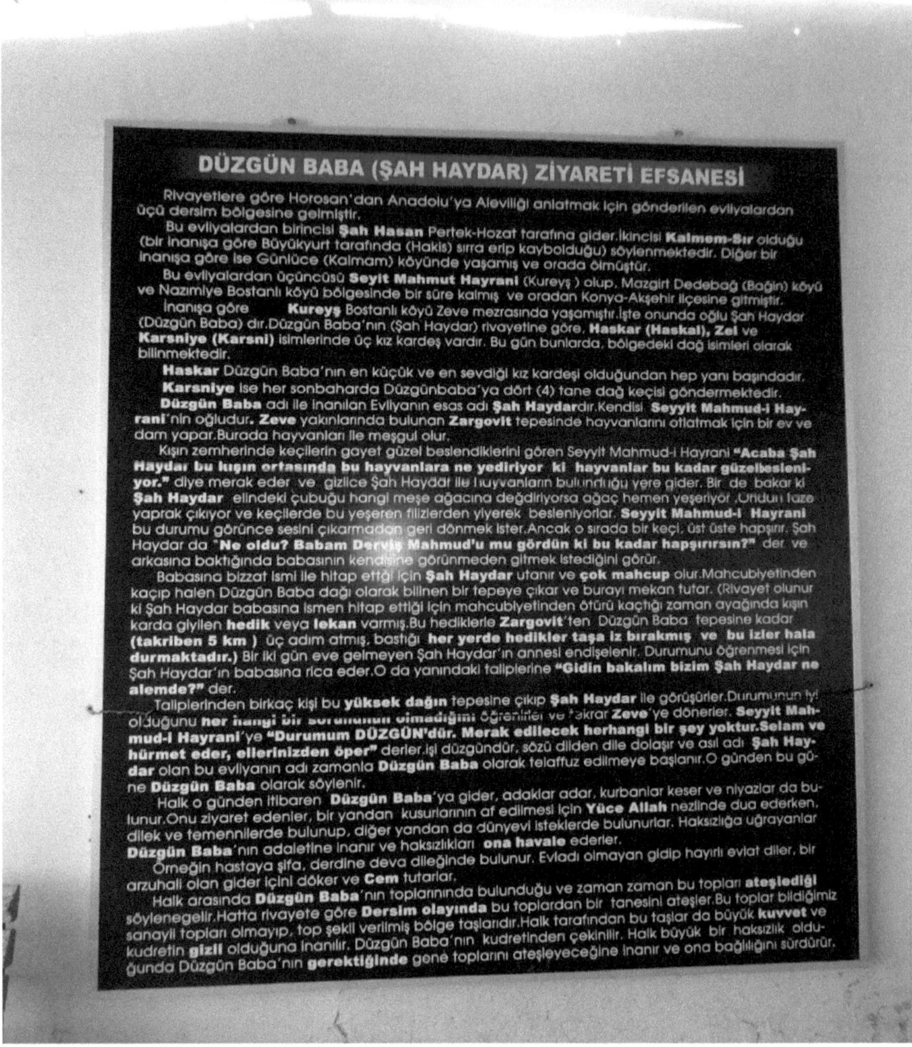


**Düzgün Baba Sage (1)**[244]

244 Alle Bilder stammen aus dem Privatbesitz oder wurden mit freundlicher Genehmigung der Dersim Gemeinde Europa veröffentlicht. Abb. 1: *Düzgün Baba* nach türkischer Lesart. Die Tafel ist direkt am Fuße des *Düzgün Baba* Pilgerorts angebracht.

### 3.1.5. Pülümür[245]

| Die Stämme Pülümürs | |
|---|---|
| Keçelan | Zaza |
| Abasan | Zaza |
| Arelan | Zaza |
| Çarekan | Zaza |
| Keman | Zaza |
| Khureschan | Zaza |
| Bamasuran | Zaza |
| Balaban | Zaza |
| Lolan | Zaza |
| Schischan | Zaza |
| Scheich Mamedan | Zaza |
| Sadan | Kurmanji |

Das zu *Erzincan* gehörende, aber historisch eng mit *Pülümür* verbundene *Tercan*, wurde ebenfalls von *Antranik* beschrieben. Auch in *Tercan* verweilte ein Landrat, der in *Mamahatun (Tercan)* seinen Sitz hatte. Die Anzahl der Haushalte gibt *Antranik* mit 650-700 an. Die Mehrheit stellten Kurden. Die Armenier waren eine Minderheit[246].

Nach *Aytaç* kam der *Çarekan-Stamm* ursprünglich aus *Karakoçan*. Der Stamm *Balaban* aus *Malatya* und die *Yusufan* aus *Palu*, weil sie den Druck der sunnitischen Stämme nicht mehr aushielten[247].

Der Pülümür Su ist ein wichtiger Zufluss des Munzur.

[245] N. Dersimi, Kürdistan Tarihinde Dersim, S. 53.
[246] Antranik, Seyahatname, S. 106.
[247] K. Aytaç, Halk Anlatımlarına Göre Dersim, S. 21.

Nach Marschall *Fevzi Çakmak* bedrohten die Bewohner Pülümürs stets ihre Nachbarn in Erzincan und sorgten für die wirtschaftliche Unterentwicklung Erzincans[248].

### 3.1.6. Ovacık[249]

| **Die Stämme Ovacıks** | |
|---|---|
| Keçelan | Zaza |
| Balan | Zaza |
| Briman | Zaza |
| Abasan | Zaza |
| Kulikan | Zaza |
| Seyit Kemalan | Zaza |
| **Arslanan** | **Zaza** |
| **Maksudan** | **Zaza** |
| **Pezkevran** | **Zaza** |
| **Beytan** | **Zaza** |
| **Holikan** | ***Zaza*** |
| *Koçan* | *Zaza* |
| *Şemkan* | *Zaza* |
| *Reşikan* | *Zaza* |
| *Nenıkan* | *Zaza* |
| *Asuran* | *Kurmanji* |
| *Deman* | *Kurmanji* |

*Dersimi* unterteilt die Stämme Ovacıks in *Kal* (Normalschrift), *Kev* (Fettschrift) und Koç (unterstrichen). Sodann vermutet er, dass die *Kev* wahrscheinlich vom *Kevan-Stamm* in *Horasan* abstammen. Hier offenbart sich ein Problem türkischsprachiger Quellen. Außer einer Namensähnlichkeit führt

[248] Akgül, Amerikan ve Ingiliz Raporları Işığında Dersim, S. 57.
[249] N. Dersimi, Kürdistan Tarihinde Dersim, S. 48.

*Dersimi* keine Belege für seine Vermutung auf. Woher er den Stamm *Kev* in Horasan kennt, gibt er nicht an[250].

Interessante Beobachtungen macht Antranik über *Ovacık*. Neben der Erwähnung, dass Ovacık an der Quelle des Munzur-Flusses liegt, schreibt er, dass in den 35-40 kurdischen Dörfern keine Armenier lebten. Die Einwohner dieser Dörfer waren laut *Antranik* ausschließlich Kizilbaschen (Kurden). Die Anführer dieser Stämme Ovacıks waren *Diabi* und *Ahmed*. Die *Ovacıker* waren semi-autonom und verdienten sich ihr „Brot" mit Raubüberfällen auf benachbarte Städte wie *Erzincan* und *Çemişgezek*. Mit Waffengewalt nahmen sich die *Ovacıker* was sie wollten. Wer sich ihnen in den Weg stellte wurde getötet[251].

Handel trieben die *Ovacıker* mit reisenden armenischen Händlern, die die Einheimischen mit wichtigen Produkten und Geräten versorgten. Die Armenier sollen sehr geschätzt und respektiert worden sein[252].

*Ovacık* sei ein sehr fruchtbares Tal, das viele landwirtschaftliche Produkte hervorbringen könne, aber aufgrund der Gleichgültigkeit seiner Einwohner nicht geschehe. Begleitet von Freudenschreien würden die *Ovacıker* aus Neid, die Ernte des Nachbarn vernichten. Obwohl in *Ovacık* Obst und Gemüse in Hülle und Fülle vorhanden sei, sei aufgrund der Faulheit und des Verrätertums der Dersimer eine große Not selbst an Zwiebeln und Knoblauch zu bemerken[253].

Im Dorf *Zeranik (Zerinig)* sei ein Landrat anwesend, der von einigen Soldaten beschützt werde. Zudem würden immer wieder Soldaten die Wege nach *Harput* sichern, um auch

250 N. Dersimi, Kürdistan Tarihinde Dersim, S. 48.
251 Antranik, Seyahatname, S. 111.
252 Antranik, Seyahatname, S. 111.
253 Antranik, Seyahatname, S. 111.

den Händlern freies Geleit zu gewähren. Denn immer wieder würden Kurden-Banden die Händler und Soldaten angreifen und Stützpunkte sowie Gebäude zerstören. Dabei würden die Soldaten große Verluste erleiden und ihrerseits Kurden töten[254].

Die kriegerischen Auseinandersetzungen würden nur im Sommer stattfinden, da der harte, erbarmungslose Winter mit viel Schnee, jede Militäroffensive verhindern würde. Mit Wintereinbruch würden sich die Türken in ihre Kasernen in *Erzincan* zurückziehen. Währenddessen würden die Kurden ungeduldig auf den Sommer warten, um erneut in die Schlacht zu ziehen[255].

Wie bereits erwähnt, unterscheidet *Antranik* in seinem Reisebericht über Dersim, drei Regionen bzw. Stämme Dersims. Regionen die unter voller türkischer Kontrolle stehen, denen die semi-autonom und denen die völlig unabhängig sind.

Zu den völlig unabhängigen Stämmen gehörte der *Abasan-Stamm* um den *Dujık Berg* in *Ovacık*. Dieser akzeptierte die Hoheitsgewalt der Türken nicht. Der Stamm *Abasan* wird uns noch im Rahmen des Genozids von 1938 begegnen. Denn die *Abasan* sind der Stamm *Seyid Rızas*. Das *Dujık-Gebiet* entspricht heutzutage in etwa der Region um Nord-Zentral Tunceli. Also ein Gebiet östlich der Grenze *Ovacıks* bis zum *Kutu-Fluss*. Hier lebten nach Einschätzung *Antraniks* etwa 65-70 Tausend Kurden[256].

Die Kurden seien in mehrere Stämme zersplittert und der Anführer des größten Stammes, der *Khureschaner Seyit Ibrahim* (der Vater *Seyid Rızas*?), sei zugleich der religiöse

---

254 Antranik, Seyahatname, S. 112.
255 Antranik, Seyahatname, S. 112.
256 Antranik, Seyahatname, S. 114.

Anführer dieser unabhängigen Dersimer. Diese Dersimer wären in der Lage, jederzeit 35-40[257] Tausend Kämpfer zu mobilisieren, um es mit dem Feind aufzunehmen[258]. Unter den Unabhängigen sollen auch etwa 7-8 Tausend Armenier in und um *Halvori* und *Halvori Vank (Havlor Surp Garabed Kloster)* gelebt haben[259].

Die Dersimer verehrten den *Dujık-Berg* als Schutzengel. Die Einnahme dieses Berges aus drei Himmelseinrichtungen, nämlich aus Norden, Westen und Osten war nahezu unmöglich. Nur aus südlicher Richtung war eine Einnahme denkbar. Doch im Süden lag die andere unabhängige Region Dersims: Kutu-Fluss. Die Gegend um *Dujık Baba* war wegen ihrer steilen Klippen und tiefen Schluchten unüberwindbar. Die Armenier hatten nicht umsonst den Berg *Arüdz* (Löwe) genannt. Gerade die Region um *Dujık Baba* hätte in der Geschichte Dersims einen besonderen Platz, da im 19. Jahrhundert unzählige Schlachten zwischen den Dersimern und den Türken tobten. Die Übermacht der Türken hätten die Dersimer nur durch die militärische Hilfe *Dujık Babas* abgewehrt. *Dujık Baba* habe direkt eingegriffen und durch mehrere Kanonenschüsse die Türken zur Umkehr gezwungen. So laut *Antranik* die Erzählung der Dersimer[260].

1911 war die Residenz des Landrats in *Pulur*[261], das aus nicht mehr als ein Dutzend Hütten bestand. Die Autorität des Landrats wurde durch ein halbes Bataillon Infanteristen gesichert, die in Barracken hausten[262].

---

[257] Wie war diese Zahlen sind, lässt sich nicht überprüfen. Mir erscheinen sie etwas zu hoch gegriffen.

[258] Antranik, Seyahatname, S. 115.

[259] Antranik, Seyahatname, S. 115.

[260] Antranik, Seyahatname, S. 115.

[261] „*Pellur*“ bei Molyneux-Seel.

[262] Molyneux-Seel, A Journey in Dersim, S. 59.

Am nord-östlichen Rand *Ovacıks* und genau am Fuß des *Munzur* Berges liegt das Dorf *Ziyaret*, dass wie der Name schon verrät ein Pilgerort ist. Genau hier hat der *Munzur Fluss* seinen Ursprung. Es gibt mehrere Becken in die das Wasser strömt und in denen sich die Pilger waschen und hoffen, ihre Krankheiten und ihr Siechtum hinter sich zu lassen. Dies tun sie auch symbolisch, indem sie einen Fetzen ihrer Kleidung an Bäumen über den Becken binden[263].
Die Entstehung des *Munzur-Flusses* mitsamt der Sage schildert als erster der englische Hauptmann *Molyneux-Seel* im Jahre 1911:

> „Ein bestimmter *Ağa* namens *Scheich Hasan* vom Stamm der *Topuzanlı* hatte einen Sohn namens *Muzur*, der die Schafe seines Vaters züchtete. Selbst im Winter, als die Berge schneebedeckt waren, führte er seine Herde auf das Weideland, obwohl ihm sein Vater dies verbat. Trotzdem bemerkte man, dass die Tiere bei ihrer Rückkehr immer gut genährt waren. Um seine Neugier zu stillen, folgte der Vater eines Tages unbemerkt *Muzur*. Was er sah war: Sobald Muzur in den Bergen ankam und seinen Hirtenstock über die schneebedeckten Bäume strich, fielen von diesen Bäumen grüne Blätter, die die Schafe sofort aßen. Indes bemerkte *Muzur* bei einer Drehung die Anwesenheit seines Vaters und verließ den Ort vor lauter Wut und verschwand.
> Nachdem *Muzur* seinen Vater verließ, bewachte er die Herde eines *Ağas* namens *Ali Haydar* aus dem Dorf *Büyük Köy*. Im nächsten Jahr pilgerte *Ali Haydar*,

[263] Molyneux-Seel, A Journey in Dersim, S. 59.

*Muzur* im Dorf zurück lassend nach *Kerbela*. In *Kerbela* überkam *Ali Haydar* der Wunsch, ein Stück *Halva*[264] zu essen, das seine Frau von Zeit zu Zeit in seinem Haus zubereitete. Nach fünf Minuten erschien *Muzur* vor *Ali Haydar* mit einem Teller *Halva*.
Danach kam *Muzur* mit seiner Herde zurück ins Dorf, um die Schafe mittags zu melken. Das Melken war die Aufgabe der Frau des *Ağas*. Doch *Muzur* näherte sich ihr und sagte:
„Herrin, mein *Ağa* sehnt sich nach einem Stück Halva."
„Das ist schön und gut *Muzur*, aber Du weißt ja, dein Herr ist weit weg."
„Macht nichts, bereite das Halva zu und ich werde mich um die Zustellung kümmern."
Die Herrin dachte sich: „Mir kommt es eher so vor, als ob unser Schäfer das *Halva* essen will. Na ja, wenn auch. Der Schäfer kümmert sich ausgezeichnet um unsere Schafe und deshalb werde ich ihm ein *Halva* zubereiten."
Die Herrin bereitete das *Halva* zu, legte es auf einen Teller und sagte lachend: „Hier, gib es Deinem *Ağa*."
Muzur nahm den Teller und verschwand und kehrte später ohne Teller zurück. Die Herrin fragte ihn: „Und wo ist der Teller?"
Muzur antwortete: „Mein Herr wird ihn bei seiner Rückkehr mitbringen."
Nach orientalischem Brauch zogen alle Einwohner *Büyük Köys* aus, um den *Ağa* bei seiner Rückkehr von der Pilgerfahrt zu empfangen und um seine Hän-

[264] *Halva* ist eine Süßwarenspezialität.

> de zu küssen, die die heiligen Orte berührt hatten. Doch *Ali Haydar* wies die Menge zurück und lehnte es ab auf die Hand geküsst zu werden. Er sagte: „Der wahre Pilger ist *Muzur*. Geht und küsst seine Hände." Die Menge kehrte ins Dorf zurück und suchte *Muzur*. Dieser aber war gerade dabei das Dorf zu verlassen und trug einen Becher Milch, um seinen *Ağa* zu empfangen. Verblüfft durch den Andrang der Menge, drehte sich Muzur um und flüchtete Richtung *Munzur* Berge. Aber die Menge hatte fest im Sinn, die Hände *Muzurs* zu küssen und verfolgte ihn. Während er rannte, schwappte die Milch aus dem Becher und überall dort wo die Milch auf den Boden prallte, schoss Wasser aus den Felsen der Berge. Muzur ermüdete und setzte sich hin und verschwand dann.[265]"
> Anfang September, dem Jahrestag des Verschwindens *Muzur Babas*, erzählen die *Kizilbasch*, dass die Hauptquelle anstatt Wasser, Milch gibt. Gleichzeitig steigen die Forellen im Fluss Richtung Quelle auf, um Richtung *Muzur Baba* zu pilgern[266]. Der *Munzur-Mythos* trug also noch zu weiterer Legendenbildung bei[267].

Die Schilderung *Molyneux-Seels* ist aus zweierlei Sicht interessant. Denn erstens erinnert der Beginn stark an die Legende von *Düzgün Baba* in *Nazımıye*: Sowohl Düzgün als auch Munzur wirken Wunder, indem sie ihre Herde an un-

[265] Molyneux-Seel, A Journey in Dersim, S. 60/61.
[266] Molyneux-Seel, A Journey in Dersim, S. 61.
[267] Molyneux-Seel schreibt auch: „Als Gegenhöhepunkt soll der Legende nach ein persischer Schach den Munzur Berg aufgesucht haben, um zu pilgern und den Becher des Muzur auszugraben. Die Ausgrabung soll erfolgreich gewesen sein und der Perser habe den Becher im Teheran Museum ausgestellt."

wirtliche Orte führen und ihnen reichlich Futter geben. Daher ist naheliegend, dass die Geschichte des *Düzgün Baba* ebenfalls abgeschrieben wurde. Zweitens widerspricht *Molyneux-Seels* Schilderung an einem entscheidenden Punkt der türkischen Variante. Nämlich wohin *Munzurs* Herr pilgerte. Während die offizielle türkische Geschichtsschreibung inklusive der an der Pilgerstätte in *Ovacık* angebrachten Tafel in türkischer und englischer Sprache (siehe Foto), wiedergibt, dass *Munzurs* Herr nach *Mekka*[268] gepilgert sei, schreibt *Molyneux-Seel*, dass der Ağa nach *Kerbela* fortging. Wenn man bedenkt, dass die Dersimer nicht nach *Mekka* pilgern, sondern in ihren Rezitationen und Andachten *Kerbela* erwähnen, so scheint es sehr naheliegend, dass die türkische Version umgedichtet wurde im Sinne der Sieger von 1938, um die Kulturassimilation voranzutreiben. An diesem Beispiel sieht man sehr schön, dass die Dersimer 1938 nicht nur eine Schlacht, einen Krieg verloren haben, sondern auch die Deutungshoheit über ihre Geschichte. Wie sonst lässt sich erklären, dass in *Ovacık* eine Tafel mit offensichtlich falschen Informationen angebracht ist und Tausende Besucher diese falsche Information aufnehmen und in ihrem Umkreis verbreiten? Noch diffuser ist es bei *Nuri Dersimi*[269]. Bei ihm pilgert der Herr der *Cemşit* heißt, weder nach Kerbela, noch nach Mekka. Er zieht für die Sache Kurdistans (!) in die Schlacht. Während des Feldzugs sehnt er sich nach Halva und *Munzur* taucht mit dem besagten Teller Halva auf und die Geschichte spielt sich so ab wie bei Molyneux-Seel beschrieben. Dieser flüchtet daraufhin mit der Tasse Milch usw.

---

[268] Kemal Aydar, Die Munzur Sage, Zeitung VATAN vom 18. Februar 1953; entnommen aus Akgül, Amerikan ve Ingiliz Raporları Işığında Dersim, S. 157.

[269] N. Dersimi, Kürdistan Tarihinde Dersim, S. 9 f.

Man merkt allen Verfassern an, dass sie bei Molyneux-Seel abgekupfert haben. Nur haben alle die Geschichte nach ihrer politischen Zielsetzung umgedichtet.
Eine ganz andere Variante der Legende wurde in der zazasprachigen Zeitschrift *Ware* veröffentlicht. Demnach war *Munzur*[270] Hirte des Propheten Abraham. Eines Tages tauchten zwei Wölfe auf und verlangten von *Munzur* ein Schaaf aus der Herde, die er für Abraham bewachte. *Munzur* lehnte unter dem Hinweis, die Herde sei nicht seine, die Herausgabe ab. Die Wölfe baten ihn, den Eigentümer der Schafe um Erlaubnis zu fragen. Währenddessen würden die Wölfe auf die Herde aufpassen. *Munzur* soll geantwortet haben: „Ihr seid Wölfe, Euch kann ich doch keine Herde überlassen. Bis zu meiner Rückkehr würdet Ihr die ganze Herde verschlingen."
Daraufhin legten die Wölfe einen dreifachen Eid ab und versicherten *Munzur*, dass sie die Herde nicht anrühren würden. Daraufhin soll *Munzur* sich auf den Weg gemacht haben, um Abraham um Erlaubnis zu bitten. Unterwegs überkam *Munzur* das schlechte Gewissen. Er hegte Selbstzweifel, da er die Herde den Wölfen ausgesetzt hatte. Dennoch setzte er seinen Weg zu Abraham fort.
Als Abraham sah, dass *Munzur* ohne Herde zurückkehrte, wurde er misstrauisch. Als er erfuhr, dass *Munzur* die Herde zwei Wölfen ausgeliefert hatte, versicherte *Munzur* Abraham, dass die Wölfe einen Eid abgelegt hätten und kein Schaaf anpacken würden. Abraham befahl *Munzur* zur Herde zurück zu kehren und wenn sich die Wölfe an den Eid hielten, dann dürften sie ein Schaaf mitnehmen.

---

[270] Ware, Januar 2003, Nr. 14, S. 6 f.

Bei seiner Rückkehr bemerkte *Munzur*, dass sich die Wölfe an ihr Wort hielten. Nun durften sie sich ein Schaaf aussuchen. Sie entschieden sich ausgerechnet für das Schaaf *Munzurs* aus der Herde, das sieben Jahre alt und trächtig war. Die Wölfe zerrten das Schaf an einen schattigen Ort um es zu verspeisen, doch das Schaf entkam und kehrte zur Herde zurück. *Munzur* tastete es ab und bemerkte, dass es nicht mehr trächtig war. Die Wölfe hatten den Nachwuchs auf die Welt gebracht. Nun war ein Teil der Herde grau und ein anderer Teil durch Neugeburten weiß.
Just in dem Augenblick tauchte Abraham unbemerkt neben *Munzur* auf. Er bemerkte, dass ein Teil der Herde grau und der andere Teil weiß war. Erstaunt fragte Abraham, wieso *Munzur* ein Wunder vollbracht habe. Doch *Munzur* war zu stolz, um zu antworten. Er zog es vor zu schweigen. Doch Abraham wollte *Munzur* zum Reden bringen. Als Abraham versuchte *Munzur* zu packen, lief *Munzur* davon. Jedesmal nach dem er einen Schritt machte, strömte aus seinen Fußspuren Milch empor. Er machte so 40 Schritte und verschwand nach dem 40. Schritt für immer.

### 3.1.7. Pertek[271]

| Die Stämme Perteks | |
|---|---|
| Pilvankan | Kurmanji |
| Keskehoran | Kurmanji |
| Mirzan | Kurmanji |
| Halifan | Kurmanji |
| Piran | Kurmanji |
| Surkican | Kurmanji |
| Sekakan | Kurmanji |

[271] N. Dersimi, Kürdistan Tarihinde Dersim, S. 50.

| Kurmeschan | Kurmanji |
|---|---|
| *Abasan* | Zaza |
| *Ferhadan* | Zaza |
| *Derwisch Dschemalan* | Zaza |
| *Holikan* | Zaza |
| *Pilvenkan* | Kurmanji |

An dieser Stelle sei erwähnt, dass *Dersimi* generell zwischen den Stämmen *Perteks* und den Stämmen *Sağmans* (ab der Kursivschrift) unterscheidet. Dies hat historische Gründe. Zu *Dersimis* Zeit waren Pertek und Sağman zwei Paar Schuhe. Heutzutage gehört Sağman zu *Pertek*. Daher die gemeinsame Auflistung. Während *Dersimi* die *Pilvenkan* als Stamm *Perteks* aufführt, gehören sie heutzutage verwaltungstechnisch zu *Mazgirt*. Das dem *Pilvenkan* Orden zugeschriebene Wunder besteht darin, dass *Seyid Delil Belican* die Knochen eines verspeisten Schafes in einen Schafspelz wickelte und sodann dem Schafspelz einen Hieb mit einem Stock verpasste. Durch den Hieb erwachte ein neues Schaf zu leben[272].

Der armenische Reisende *Antranik* schreibt, dass das jetzige *Pertek* eine Neugründung sei. In der Nähe des neuen *Pertek* befand sich das alte *Pertek*. Warum das alte *Pertek* aufgegeben wurde, wird nicht geschrieben[273]. Das neue *Pertek* erfüllte nicht für alle Einwohner die Sehnsucht nach Frieden. Daher sahen sich einige gezwungen, an den Berghängen um *Pertek* Schutz zu suchen. Wer die Schutzsuchenden waren, teilt uns *Antranik* nicht mit. Um 1900 hätten Kurden und Türken die Mehrheit der Einwohner ausgemacht. Die

---

[272] N. Sevgen, Zazalar ve Kızılbaşlar, S. 198.

[273] Vgl. Antranik, Seyahatname, S. 104.

Armenier *Perteks* waren aus *Harput*[274] und dominierten im Kunsthandwerk. So sei es wenig verwunderlich, dass die Kurden der Umgebung ihre materiellen Bedürfnisse durch armenische Produktion befriedigten. Daher sei die Anwesenheit der Armenier immens. Ohne sie würde *Pertek* in die Bedeutungslosigkeit abrutschen[275].
Die Armenier würden in *Pertek* über ein Kloster namens *Surp Digin* und die Türken über eine kleine Moschee verfügen. Zudem gebe es eine kleine, private und eigenfinanzierte armenische Schule[276].
Des Weiteren soll *Pertek* die Funktion eines Handelsplatzes gehabt haben. Laut *Antranik* trafen sich die Menschen, die von weit her kamen in *Pertek*, um Handel zu treiben. Gehandelt wurde mit allen Sachen, die damals gebraucht wurden. So auch mit Schusswaffen. Zwar äußert sich *Antranik* nicht, welche Ethnie mit diesen Sachen handelte, aber er schreibt, dass die Kurden, um an die Waren aus *Harput* zu gelangen, Butter, Käse, Wolle etc. pfeilboten[277]. Allerdings erwähnt *Antranik*, dass die Dersimer in Sachen Handel oft von den Städtern über den Tisch gezogen wurden. Die Dersimer erkannten sehr oft nicht, welchen Wert ihre landwirtschaftlichen Erzeugnisse hatten und ließen sich von den geschäftstüchtigen Städtern blenden. Den Mangel der Dersimer Handel zu treiben, führt *Antranik* darauf zurück, dass bis auf wenige Ausnahmen es weder Dersimern, noch Städtern erlaubt war, sich gegenseitig zu besuchen. Die Schuld hierfür führt *Antranik* explizit auf den Staat zurück[278].

---

[274] Etwa heutiges Elazığ-Zentrum. Harput liegt heutzutage außerhalb des Stadt-Zentrums.
[275] Antranik, Seyahatname, S. 104.
[276] Antranik, Seyahatname, S. 104.
[277] Antranik, Seyahatname, S. 105.
[278] Antranik, Seyahatname, S. 105.

Diese Aussage *Antraniks* ist in zweierlei Hinsicht interessant - wenn seine Aussage so stimmt. Erstens bestätigt sie die Annahme, dass gegen das alevitische Dersim ein osmanisches Embargo bestand und dadurch eine wirtschaftliche Entwicklung Dersims von Anfang an nicht glücken konnte. Zweitens ist sie ein Hinweis darauf, dass nicht die Dersimer technikfremd und an zivilisatorischem Fortschritt uninteressiert waren, sondern die politischen Umstände ihnen keine Wahl ließen, in Einklang mit den Errungenschaften der damaligen Zivilisation zu leben.
Dass es an Markttagen Spannungen zwischen Türken und Kurden gab, notierte Antranik ebenfalls. Diese wurden nicht selten mit Waffen ausgetragen, bei denen sehr oft die Türken unterlagen. Auslöser der Streitigkeiten waren nach *Antranik* die Türken, die mit ihrer herablassenden Art und ihrer List, geradezu den Konflikt anheizen würden[279].
Den Konflikt konnten selbst die Soldaten des in *Pertek* stationierten Korps nicht entschärfen. Sie wurden oft Opfer der kurdischen Angriffe. Diese Scharmützel waren alljährlich wiederkehrende Ereignisse, auf die sich beide Seiten eingestellt hatten und freudig auf den Beginn warteten[280].

### 3.2. Religion und Konfession

Die Einwohner Dersims sind überwiegend Aleviten. Nur um Pertek und Çemişgezek gibt es einige wenige Dörfer türkischer Sunniten. Auch ein kleiner Teil des Stammes Schava-

---

279 Antranik, Seyahatname, S. 106.
280 Antranik, Seyahatname, S. 106.

kan ist sunnitisch. Die türkischen Sunniten sind seit Jahrhunderten in Dersim[281].

Während der sunnitische Islam weitgehend bekannt ist und über ihn zahlreiche Bücher verfasst wurden, ist das Alevitentum weitgehend schlechter erforscht. Vor allem das Alevitentum Dersims ist weitgehend unbekannt. Die wenigen Abhandlungen haben nicht alle Fragen beantworten können. Eine Wiedergabe des anatolischen Alevitentums entspricht nicht der Realität Dersims. Denn das Alevitentum in Dersim unterscheidet sich vom Alevitentum Anatoliens stark.

Während die einen das Alevitentum als Teil des Islams sehen, gibt es auch eine gegenteilige Meinung. Diese führt auf, dass die Aleviten in ihren Praktiken zu sehr vom orthodoxen Islam abweichen und gerade gegen die 5-Säulen des Islam verstoßen, indem sie nicht die Pilgerfahrt nach Mekka antreten und zum Beispiel das fünf-mal tägliche Gebet nicht verrichten. Zudem fasten sie nicht an Ramadan. Diese Verneiner weisen darauf hin, dass das Alevitentum eher Gemeinsamkeiten mit dem Glauben Zarathustras habe und zählen einige Gemeinsamkeiten auf. Der Disput soll an dieser Stelle nicht vertieft werden. Er soll dahingestellt bleiben. Natürlich gibt es Gemeinsamkeiten mit dem Glauben von Zarathustra[282], wie es Gemeinsamkeiten mit dem Christentum gibt. Man denke nur an die 12-Imame und die 12-Apostel Jesu. Jede existierende Religion im Nahen Osten hat Gemeinsamkeiten mit anderen Religionen. Man denke nur an Ju-

[281] N. Dersimi, Kürdistan Tarihinde Dersim, S. 21 ff; M. Kalman, Dersim Direnişleri, S. 170 und 196.

[282] Die Anhänger Zarathustras werden auch Parsen genannt. Sie gibt es noch in geringer Zahl im Iran, wo sie einst die Mehrheit der Bevölkerung stellten und in Indien, sowie in der westlichen Diaspora.

dentum und Islam. In beiden ist Schweinefleisch tabu, beide praktizieren die Beschneidung, etc.
Die Aleviten und insbesondere die Dersimer-Aleviten waren aufgrund ihres Glaubens starker Verfolgung und Intoleranz ausgesetzt. Sie wurden blutig verfolgt und sahen gerade in den hohen Bergen Dersims einen Schutz gegen die Verfolgung vor Mörderbanden. Die blutige Verfolgung, die oft in Pogromen endete, erfolgte durch Sunniten. Diese sahen in den Aleviten Ketzer, die vom wahren Islam, sprich sunnitischen Islam, abgefallen waren. Daher mussten sie vom „Irrglauben" abgebracht und auf den Pfad der Tugend zurückgebracht werden. Wenn nötig mit Feuer und Schwert. Gegen die Aleviten wurden nicht nur grausame Verfolgungen gestartet, sondern auch *Fatwas*[283] erlassen. Man ging sogar soweit, eine regelrechte Gerüchteküche aufzubauen, die mit immer weiteren Diffamierungen gegen Aleviten und ihre Praktiken brodelte. Zu den bekanntesten Fatwas gegen die Aleviten zählt die des *Scheich-ul-Islam* unter *Yavuz Sultan Selim*. *Yavuz Sultan Selim* war der Todfeind der Schiiten und Aleviten. *Selim* befand sich im Krieg gegen den Schiiten *Schach Ismail* und verdächtigte die Aleviten der Sympathie für den Erzfeind. Ganz Unrecht hatte *Selim* nicht. Denn in der Tat verweigerten die Aleviten die Zahlung von Steuern und sympathisierten mit dem Feind. So wurde durch den *Scheich-ul-Islam Ebussuud* auf Geheiß *Selims* eine *Fatwa* erlassen, in der die Tötung von 7 Aleviten, die Garantie für den Eintritt ins Paradies bot. Des Weiteren sah die *Fatwa* vor, dass das Eigentum, die Frauen und Kinder der Aleviten bedenkenlos geraubt werden konnten – quasi als Kriegsbeute nach islamischem Recht. Denn durch die Fatwa wurden

---

[283] *Fatwa* ist arabisch und heißt so viel wie religiöses Rechtsgutachten (also eher mit Erlass zu übersetzen).

die Aleviten zu Ungläubigen degradiert. Das Eigentum der Ungläubigen durfte problemlos geraubt und der Ungläubige versklavt werden. Ironie der Geschichte! Die *Bektaschi-Aleviten* waren gerade für die geistige Ausbildung der osmanischen Elite-Soldaten, der *Janitscharen* verantwortlich. Folglich waren die Aleviten bis zum Bruch mit *Yavuz Sultan Selim* integraler Bestandteil der osmanischen Macht. Ein weiterer Autor der auf das Verhältnis zwischen Aleviten und ihren sunnitischen Nachbarn eingeht ist *Nazmi Sevgen*. Er schreibt, dass die Aleviten von den Sunniten Säufer, Fastenbrecher, Ehebrecher und Häretiker genannt wurden. Kurzum: für den Sunniten sind Aleviten Ketzer[284].

Die bekannteste Lüge gegen Aleviten ist das sogenannte *„Mum söndürmek"*[285]. Diese Lüge besagt, dass die Aleviten bei der Praktizierung ihres Gebets, dem *„Cem"* Inzucht betreiben. Sprich sexuelle Orgien feiern und dabei Sohn mit Mutter verkehrt. Als „Beweis" (!) führen sie an, dass das *Cem* mit Frauen und Männern praktiziert wird. Was das Thema Unzucht angeht, schreibt Nazmi Sevgen, dass er es weder bestätigen, noch gesehen habe. Er vermutet eher, dass es sich hierbei um eine Diskreditierung von sunnitischer Seite handelt, um das Alevitentum für die Massen unattraktiv zu machen[286].

Was den Vorwurf der Inzucht anbelangt, könnte man mit Sigmund Freud argumentieren, dass jemand seine sexuellen Phantasien auf seinen Feind projiziert. Der Vorwurf der Inzucht ist in islamischen Kreisen nicht neu. Schon vor den Aleviten wurden islamische „Häretiker" mit dieser Lüge ver-

---

[284] N. Sevgen, Zazalar ve Kızılbaşlar, S. 180.

[285] Türkisch für „Kerzen auspusten".

[286] N. Sevgen, Zazalar ve Kızılbaşlar, S. 203 f.

unglimpft[287]. Die Aleviten waren nur eines der Opfer. *Nuri Dersimi* schreibt, dass die durch die Türken gegen die Aleviten erlassenen religiösen Rechtsgutachten auch von den kurdisch-sunnitischen Geistlichen übernommen wurden. Einschließlich der Vernichtung der Aleviten[288].

Fairerweise muss man sagen, dass es auch unter Aleviten Vorbehalte und Anfeindungen gegen Sunniten gibt. Allerdings sind *Fatwas* und übelste Diffamierungen á la *Scheich-ul-Islam* unbekannt.

Nun zum eigentlichen Thema: Wie bereits erwähnt, sind die geistigen Führer der Dersim-Aleviten die *Pirs, Dedes, Seyids und Rayvêrs*. Das Alevitentum Dersims kennt eine Art Dreieinigkeit in Form von *Allah*[289], *Muhammad* und *Ali*. *Dersimi* gibt die Eroberung Dersims durch die islamischen Truppen mit 669 nach dem islamischen Kalender wieder (entspricht in etwa dem Jahr 1270 christlicher Zeitrechnung) und spielt auf die Islamisierung der Dersimer an[290]. Diese Nuance spielt allerdings nur dann eine Rolle, wenn man annimmt, dass die Dersimer schon zu dieser Zeit in Dersim gelebt haben. Gerade dieser Punkt ist umstritten und ungeklärt. Folglich bleibt es weiterhin offen, wann die Dersimer islamisiert wurden und was ihre Urreligion war. Nach einigen Autoren, gehörten die Dersimer vor der Islamisierung der Religion Zarathustras an. Erst im 11. Jahrhundert konvertierten sie zum Alevitentum. So sei weiterhin noch ein Einfluss der Religion Zarathustras bei den Dersimern zu beobachten[291].

---

[287] G. Asatrian (A. Mkrtchian), The Delmiks, S. 412.
[288] Vgl. N. Dersimi, Kürdistan Tarihinde Dersim, S. 25 f.
[289] Zazaki „Heq“.
[290] N. Dersimi, Kürdistan Tarihinde Dersim, S. 22.
[291] Vgl. H. Çağlayan, Die Schwäche der türkischen Arbeiterbewegung, S. 248 f.

Das Alevitentum in Dersim glaubt an die *12-Imame*, die als legitime Nachfolger des Propheten *Muhammad* in der 12er-Schia gelten. Allseits anerkannt ist, dass das Alevitentum in Dersim von Jüngern des *Hadschi Bektaschi Veli* verbreitet wurde[292]. Diese Jünger betrieben also erfolgreich Mission unter den Dersimern. Daher verwundert es nicht, dass das Türkische Eingang in die Sprachen Dersims gefunden hat. Wenn die Jünger *Hadschi Bektaschi Velis* Mission unter den Dersimern betrieben, kann ihre Konversion nicht im 11. Jahrhundert stattgefunden haben. Denn *Hadschi Bektaschi Veli* lebte im 13. Jahrhundert. Die Dersimer müssen also erst hiernach konvertiert sein.
Eine weitere Bezeichnung der Aleviten ist das Wort *„Kizilbasch“* (türkisch für „Rothaupt“). Die Tragweite und historische Herkunft dieses Wortes ist umstritten. Während ältere Dersimer hierunter eine Diffamierung der Aleviten versteht, die Inzest praktizieren, erlebt dieses Wort gerade in jüngster Zeit eine Renaissance unter jüngeren Dersimern. Die Rezeption dieses Wortes wird gerade unter älteren Dersimern als verwerflich angesehen. Einige führen die Entstehung der Wortes *„Kizilbasch“* auf den persischen *Schach Ismail* zurück, der als Schiit gegen die türkischen Sunniten gekämpft hat. Seine Soldaten sollen der Legende nach rote Turbane getragen haben. *Schach Ismail* wurde unter den Aleviten als Verbündeter verehrt. Daher auch die Begeisterung für ihn in unzähligen alevitischen Rezitationen. Andere hingegen erwähnen, dass der Begriff „Kizilbasch“ viel älter sei. Sie führen die Entstehungsgeschichte auf die Ursprünge des Islams zurück[293]. Schon die Anhänger *Alis* hätten rote Turbane im Kampf getragen. Was hieran war ist, lässt sich nicht

[292] Vgl. N. Dersimi, Kürdistan Tarihinde Dersim, S. 24.
[293] N. Dersimi, Kürdistan Tarihinde Dersim, S. 25.

mit Sicherheit rekonstruieren. Für die Aleviten sei der Mensch das Absolute, das vollkommenste Wesen und die Perfektion dieser Sicht sei *Ali Ibn Abu Talib*. Diese Denke sei allerdings nicht neu, sondern sei bereits im schamanistischen Glauben vorhanden gewesen[294].

Im Glauben der Dersim-Aleviten sind die vier Elemente „Feuer-Wasser-Wind-Erde" heilig und werden verehrt. Der Mensch schulde sein Dasein diesen Elementen und müsse folglich diesen vier Elementen huldigen[295].

Das Feuer symbolisiere die Reinheit. Ein brennendes Feuer bedeutet Leben und darf deshalb nicht mit Wasser gelöscht werden. Das Erlöschen eines Feuers im Haushalt einer Familie wird als schlechtes Omen für diese Familie interpretiert. Ähnliche Eigenschaften wie Wasser als Lebenselixier und Wind als Reinigung der Seele und Erde als Zeichen des Gedeihens, finden sich in derselben Lehre wieder[296].

Als weiterer Inhalt des Glaubens wird verlangt, dass man *Allah* und seine Barmherzigkeit in seinem Herzen trägt. Zudem soll man mit guten Absichten sein Herz rein halten[297]. Des Weiteren soll man sich für die Wahrheit einsetzen und sich vor der größten Sünde, der Lüge fernhalten und sich nicht verschulden. Eine weitere religiöse Pflicht sei es, Notleidenden zu helfen. Der Sünder kann sich nicht durch Almosen und Opfergaben exkulpieren. Vielmehr muss er das geschehene Unrecht rückgängig machen. Die Dersimer verehren hohe Bäume und heilige Steine. Vor allem das letztgenannte ist ein Wallfahrtsort, den sie an Feiertagen und zu besonderen Anlässen aufsuchen. An diesen Stellen errich-

---

[294] N. Sevgen, Zazalar ve Kızılbaşlar, S. 177. Ohne Beweise anzuführen.

[295] N. Dersimi, Kürdistan Tarihinde Dersim, S. 29.

[296] N. Dersimi, Kürdistan Tarihinde Dersim, S. 29.

[297] C. Taş, Roê Kırmanciyê, S. 10.

ten sie auch die letzten Ruhestätten ihrer heiligen oder Stammesältesten und bauen sie zu Schreinen aus. Gerade an Freitagen werden diese Orte frequentiert. Es werden Kerzen oder Fackeln entzündet, in der Hoffnung den Allmächtigen milde zu stimmen. Es werden Gebete zum anatolischen Lauteninstrument *Saz* rezitiert und Opfergaben erbracht. Die Opfergabe ist selbstgebackenes *Niyaz* (eine Art Brot). Während dieser Zeremonie wird der *Sema-Tanz* aufgeführt. Anschließend gibt es noch ein gemeinsames Essen. Danach wird die Zeremonie beendet. Ein wichtiges Mitbringsel von Pilgerstätten ist das *Têverık*[298]. Hierbei handelt es sich um ein Stück heilige Erde, Gestein, Gras oder Wurzel, dass bei Krankheit in Wasser gelegt wird. Später wir das Wasser getrunken. Dies soll zur schnelleren Genesung beitragen. Die Pilgerstätten werden auch aufgesucht, um Bitten und Wünsche zu artikulieren[299].

Der Dersimer steht morgens früh auf, steigt auf sein Dach, um der aufgehenden Sonne seinen Körper zu wenden und Gebete zu rezitieren und Allah zu preisen. Dabei legt er seine Hände unter seine Achseln und verneigt sich langsam gen Sonne[300]. Die Sonne wird als schönste Gabe Gottes interpretiert. In fast jedem Gebet findet sich der Satz „Widme dich erst meinem Nachbarn, dann mir!". Nach *Hesen Aliyê Sey Kemali* sind die Dersimer die Kinder des Gesandten Mohammad. Mohammad sei die Gestalt, die morgens erscheint, seinen Gebieter grüßt und abends seinen Platz in der Mitte einnimmt. Mohammad ist eine Lichtgestalt. Der hellste, leuchtende Stern, der quasi gleichzusetzen mit der Sonne ist. Deshalb ist auch die Gebetsrichtung des Dersi-

---

298 West-Dersimisch *„Têberık"*.

299 M. Kalman, Dersim Direnişleri, S. 201.

300 G. Asatrian (A. Mkrtchian), The Delmiks, S. 410.

mers die Sonne. Zudem ist er Herr über Himmel und Erde[301].

Zu den wichtigsten Feiertagen zählt das *Xızır-Fasten*[302]. Hierbei wird 3 Tage lang gefastet. Einige Menschen verzichten dabei selbst nach Fastenbrechen auf Wasser. Zeitlich fällt das Xızır-Fasten auf Januar. Zudem gibt es das als *Newroz* bekannte Fest, das im Kalendermonat März gefeiert wird. In Dersim heißt das Fest *Hawtemal*. Es ist der Frühlingsanfang. Ein weiterer wichtiger Feiertag ist das islamische Opferfest. An diesem Tag werden Tieropfer erbracht[303].

Einer der heiligsten Orte der Dersimer Aleviten ist *Düzgün Baba* in Nazımıye. Nach *Cemal Şener* ist der Pilgerort *Düzgün Baba* gleichzeitig die Ruhestätte *Celalettin Harzemschachs*, der angeblich im Jahre 1231 vor den Mongolen fliehend in Dersim Zuflucht fand[304].

Während der Ereignisse von 1938 ist dieser Ort von den Türken geschändet worden. In der Regel werden die Gebete mit dem Gesicht Richtung *Düzgün Baba* rezitiert. Das Wort „rezitiert" darf man allerdings nicht mit seiner ursprünglichen Bedeutung gleichsetzen, da die Glaubensausübung in Dersim fast keinen Formalismus kennt. Aufgelesene Steine bzw. kleine Äste, die vom *Düzgün Baba* mitgebracht werden, versteckt der Dersimer in der saubersten Ecke seines Hauses. Diese Mitbringsel nennt der Dersimer wie schon erwähnt *Têverik*. Das Têverik soll das Haus des Aufbewahrers vor Unheil schützen und andererseits dem Haus Gesundheit und Glück bringen. Einmal im Jahr pilgert der Der-

---

301 C. Taş, Roê Kırmanciyê, S. 9.

302 Auch als „*Xeylas*" bekannt.

303 N. Dersimi, Kürdistan Tarihinde Dersim, S. 31 f.

304 C. Şener, Osmanlı Belgelerinde Dersim Tarihi, S. 5.

simer zum *Düzgün Baba*. Betend und barfuß erklimmen die Dersimer die Spitze des *Düzgün Baba* und reiben ihr Gesicht an den Steinen. Auch dem Trinken des Wassers am *Düzgün Baba* wird Heilkraft nachgesagt. Kranke ersuchen Genesung. Man schwört sogar auf *Düzgün Baba*: „Duzgin vo!". Düzgün war der Legende nach der Sohn des *Khuresch*. So ist es auch nicht verwunderlich, dass der Berg links neben dem *Düzgün Baba* dem Khuresch gehört[305].

Der Dersimer betete nicht nur an heiligen Orten wie *Düzgün Baba*, sondern – wenn man der Überlieferung *Antraniks* glaubt -, auch im *Halvori Vank-Kloster*. *Halvori Vank*[306] war ein armenisches Kloster, dessen Ruinen heute noch erhalten sind[307]. Wenn die Überlieferung *Antraniks* stimmt, so war die Religion der Dersimer synkretisch. Das heißt, sie bestand neben den eigenen Glaubensvorschriften auch aus der Vermischung aus armenischen Religionsvorschriften. *Antranik* schreibt, dass der Ort große Bedeutung hatte. Sowohl für Armenier als auch Dersimer. Allerdings schreibt er auch über den Niedergang des Klosters und den damit verbundenen Niedergang der armenischen Gemeinde. Wie der Schwur auf *Düzgün Baba*, so schwor man laut Antranik auch auf *Halvori Vank*[308].

Die Aussage, dass die Glaubenswelt der Dersimer eine synkretische ist, wird von *M. Comerd* bestätigt. Die Gottheiten Dersims zählt er folgendermaßen auf, die nicht abschließend ist:

---

[305] M. Comerd, Dersim – Kültür ve Etnografya Dergisi, S. 89.

[306] Antranik, Seyahatname, S. 73 (Antranik gibt den Namen des Klosters mit Havlor Surp Garabed wieder).

[307] Verwaltungstechnisch gehört Halvori Vank heute zu Tunceli-Zentrum.

[308] Antranik, Seyahatname, S. 74

(1) Xızır
(2) Duzgin
(3) Khuresch
(4) Wayirê Çêyi (Haus –und Familien-Gott)
(5) Wayirê Mali (Tier-Gott)

Nach *M. Comerd* ist *Xızır* nicht nur der Schutzpatron der in Notgeratenen, sondern auch der Herr über Himmel und Erde[309]. Nach *M. Comerd* gibt es im Glauben der Dersimer weder Himmel noch Hölle[310].
Die meisten religiösen Feste und Rituale werden in Dersim oder von Dersimern in der Diaspora noch selten praktiziert. Dies hat mit der einsetzenden politischen Radikalisierung von innen (Marxismus und Säkularisierung) und außen (Assimilierung und Unterdrückung durch die Türken) zu tun. Zu den wichtigsten religiösen Festen und Ritualen gehören[311]:

- Mısayevêni – Die Institution der Wahlbruderschaft
- Cem
- Opferfest
- Kewrayêni – Das Beschneidungsfest
- Des u Dı Imami (Zwölfer-Imamfest)
- Gağan

[309] M. Comerd, Dersim – Kültür ve Etnografya Dergisi, S. 83.
[310] M. Comerd, Dersim – Kültür ve Etnografya Dergisi, S. 85.
[311] Vgl. K. Aktaş, Ethnizität und Nationalismus, S. 122 ff. Die Schreibweise wurde aus dem Original beibehalten. In einigen Regionen heißt es anstatt z.B. *Gağan*, *„Gağand"*.

**Mısayevêni**

*Mısayevêni* ist sowohl eine religiöse Tradition, als auch eine von Männern vor ihrer Heirat geschlossene religiöse Verwandtschaft. Man kann diese Verwandtschaft als eine Art Solidargemeinschaft zwischen zwei Männern und deren Familien bezeichnen. Diese Schicksalsgemeinschaft wird zwischen Männern geschlossen und ihre Frauen werden automatisch *Mısayıv*. Die *Mısayıvs* sind für das Wohlergehen des Anderen verantwortlich und müssen darüber hinaus sich in jeder Notlage Hilfe leisten. Der *Mısayıv* ist auch für die Sünden des Wahlbruders im Jenseits verantwortlich. Für das Fehlverhalten eines *Mısayıv* werden beide vor dem *Pir* zur Verantwortung gezogen. Die Eltern eines *Mısayıv* werden wie die eigenen behandelt. Der Vater des *Mısayıv* wird *„Babalığ“* bzw. die Mutter *„Analığe“* genannt, was wörtlich übersetzt „nicht-leiblicher Vater bzw. Mutter“ bedeutet. Eine Eheschließung zwischen den Kindern der *Mısayıvs* ist ausgeschlossen. Traditionell wird die Institution des *Mısayevêni* höher eingestuft als die Beziehung zwischen Geschwistern. Die Kinder leiblicher Geschwister dürfen einander heiraten. Die Institution wird direkt vor dem *Pir* und der Gemeinde begründet und ist erst mit dem Tod eines *Mısayıv* beendet. Nach dem Tod eines *Mısayıv* muss sich der Überlebende einen neuen *Mısayıv* suchen. Die Tradition besagt, dass ein Leben ohne *Mısayıv* unvorstellbar ist. Laut Dersimer Überlieferung ist das *Mısayevêni* eine Institution, die direkt aus dem Islam stammt. So sollen der islamische Prophet *Mohammad* und sein Cousin *Ali Mısayıvs* gewesen sein[312].

[312] Vgl. K. Aktaş, Ethnizität und Nationalismus, S. 122 f.

**Cem und Opferfest**

Das *Cem* erlebt in jüngster Zeit, vor allem in der europäischen Diaspora, eine Renaissance. Bei Interesse kann man einen solchen in türkischer Sprache oder einen der zahlreichen Veranstaltungen der Dersim Gemeinden in Europa aufsuchen. Geleitet wird ein *Cem* von einem Dede oder Pir und es werden religiöse Texte vorgetragen, die vom Lauteninstrument *Saz* begleitet werden. Einige der Teilnehmer nehmen an den 12-Diensten teil, die für den *Cem* unentbehrlich sind. Wer einen *Cem* leitet wird *Derwisch* genannt[313]. Nach Leitung der Prozession wird dem *Pir* beim Abschied ein Geschenk überreicht. Genannt wird dieses Geschenk *„Çıralıx“* und kann aus Sach- oder Geldgeschenken bestehen. Das Geschenk ist eine Art Aufwandsentschädigung für den *Pir*[314].

Einige behaupten, die Aleviten tränken bei ihren religiösen Ritualen, den *Cems*, Alkohol. Auch gäbe es im Glauben der Dersimer ganz der christlichen Lehre entsprechend den Heiligen Geist, Jesus und den Heiligen Vater[315]. *M. Çem* räumt vielleicht mit einem Irrtum auf. So wird oft behauptet, dass Aleviten während des *Cem* als Teil der Prozession Alkohol konsumieren. Jedoch stellt *M. Çem* ausdrücklich fest, dass dies ein weitverbreiter Irrtum sei. Ganz im Gegenteil sei der Alkoholkonsum während der Prozession strikt verboten. Zwar sei das Alkoholverbot unter den Dersimer Aleviten nicht so weitreichend wie bei den Sunniten, jedoch sei auch bei den Aleviten der Alkoholkonsum nicht gerne gesehen.

---

313 M. Çem, Dersim – Kültür ve Etnografya Dergisi, S. 79.

314 M. Çem, Dersim – Kültür ve Etnografya Dergisi, S. 77.

315 Vgl. H. Çağlayan, Die Schwäche der türkischen Arbeiterbewegung, S. 249.

Die Annahme, dass Alkohol erlaubt sei, sei eher auf eine Verwechslung mit den *Bektaschi* zurückzuführen[316].
Das Opferfest in Dersim entspricht in etwa dem islamischen Opferfest.

**Kewrayêni – Das Beschneidungsfest**
*Kewyrayêni* bezeichnet die Zeit, in der Jungen durch Entfernung der Vorhaut, zu Erwachsenen, also Männern werden. Die Familie des Jungen muss entweder vor oder nach Geburt des Jungen einen *Kewra* auswählen. Dadurch entsteht eine neue Solidargemeinschaft. Die Kinder der *Kewra* dürfen nicht untereinander heiraten. Falls die Familien zwei verfeindeten Stämmen angehören, so wird der Akt des *Kewrayêni* auch zur Versöhnung genutzt. Das Bündnis wird besiegelt, indem man den Spruch *„Wertê ma de Des u Dı Imami estê!"* (= Zwischen uns besteht das Bündnis der 12-Imame) ausspricht. Der Beschneider und die Eingeladenen drehen sich vor der Beschneidung gegen die gerade aufgegangene Sonne und rezitieren folgenden Satz für die Gemeinschaft: *„Ya roştiya Mıhemet Oli!"* (= Oh, Erleuchtung Mohammads und Alis). Sodann wird der Junge begleitet von seinem *Kewra* zum Beschneider geführt, der ihm die Vorhaut entfernt. Anschließend gibt es eine Feier, bei der der Junge beschenkt wird. Erfreulicherweise gibt es kein vergleichbares Ritual für Mädchen oder Frauen[317].

**Des u Di Imami (Zwölfer-Imamfest)**
Ein wichtiges religiöses Ereignis ist das Fasten für die 12 Imame mit dem anschließenden *Aschura* Tag. Während der

---

[316] M. Çem, Dersim – Kültür ve Etnografya Dergisi, S. 79, bezüglich des Alkoholverbots ebenso: G. Asatrian (A. Mkrtchian), The Delmiks, S. 411.
[317] Vgl. K. Aktaş, Ethnizität und Nationalismus, S. 127 f.

Fastenzeit, die 12 Tage beträgt, darf von Sonnenaufgang bis Sonnenuntergang nicht gegessen und getrunken werden. Die Frauen fasten einen Tag mehr, um der heiligen *Fadime* zu gedenken. Jeder Gläubige fastet zwölf Jahre hintereinander und nach diesen zwölf Jahren feiert die Familie ein großes Fest[318].

Eine besondere Anerkennung ist dem sicher, der während dieser Zeit auch nach Fastenbrechen auf Wasser verzichtet. Auch der Fleischkonsum ist strikt tabu. Da man während dieser Zeit Trauer trägt, ist es auch nicht erlaubt, sich zu baden oder zu rasieren[319].

Wie man aus diesen Ritualen und religiösen Festen sieht, dreht sich im Grunde alles um islamische Riten. Jesus taucht hier überhaupt nicht auf. Somit kann der Bezug von Molyneux-Seel und aus anderen armenischen Quellen zu Jesus nicht stimmen.

### Gağan und Xızır

Eines der wichtigsten Feste ist *„Gağan"*, das am selben Tag wie der christliche Sankt Nikolaus-Tag gefeiert wird. Der Inhalt dieses Festes würde sich auch mit dem Brauch des Nikolaus decken[320]. Während dem *Gağan* wird drei Tage lang gefastet. Dann am Festtag, ziehen ein Mann und seine Begleitperson, die als seine Frau verkleidet ist, von Tür zu Tür und sammeln Lebensmittel ein. Das Gesammelte legt er in

[318] Vgl. K. Aktaş, Ethnizität und Nationalismus, S. 128 f.

[319] M. Çem, Dersim – Kültür ve Etnografya Dergisi, S. 81.

[320] M. Çem, Dersim – Kültür ve Etnografya Dergisi, S. 80. Im türkischen Original ist hier anstatt Nikolaus, die Rede vom „Weihnachtsmann". Der Weihnachtsmann ist aber eine Erfindung der Neuzeit. Wahrscheinlich irrt sich hier *M. Çem* in der richtigen Namensgebung. Zudem verweist er ohne eine Quelle zu nennen, auf das zoroastrische Fest *„Gaganbar"*, das sich ebenfalls mit Gağan decken würde.

einen Sack, den er stets mit sich führt und auf dem Rücken trägt. Zu seinem weiteren Erkennungsmerkmal zählt sein Gehstock. Der Gehstock symbolisiert sein hohes Alter. Nachdem der als *Gağan* verkleidete Mann genug eingesammelt hat, fängt für die jüngeren das Fest an. Das was im Sack ist, wird an alle jüngeren verteilt[321]. *Gağan* wird *Alik* und seine Frau *Fatik* genannt.
Ca. zwei Wochen nach dem Gağan-Fest folgt das sogenannte *Xızır-Fasten*. Hier wird ebenfalls 3 Tage gefastet. Während dieser Zeit essen junge Frauen salzige Kost, trinken kein Wasser und schlafen mit einem Besen unter dem Kopfkissen. Sehen diese Frauen in ihrem Traum Dörfer in denen sie Wasser trinken, so ist ihr Schicksal bestimmt. Das Dorf ist das Dorf ihres zukünftigen Ehegatten. *Xızır* spielt in der Glaubenswelt Dersims eine gesonderte Rolle. Er wird gerne als alter Mann auf einem Schimmel dargestellt. Mit seinem Pferd ist er in Windeseile zur Stelle. Daher wird er gerade von in Not geratenen angefleht, die glauben durch ihn befreit werden zu können. *Xızır* soll schnell helfen und die missliche Lage beenden[322]. Wie man sieht, ist *Xızır* Schutzheiliger der Dersimer, genauso wie er auch in anderen Kulturen existiert.

### 3.2.1. Verhaltenskodex und Pir-Talip-Funktion

Neben diesen Festen und Glaubensinhalten gab es noch ungeschriebene Verhaltensregeln. Aufgrund der zahlreichen Stammesfehden in Dersim, konnten sich die Dersimer außerhalb ihres Stammesgebietes nicht frei bewegen. Sobald der Dersimer sein Stammesgebiet verließ, musste er mit

[321] M. Çem, Dersim – Kültür ve Etnografya Dergisi, S. 80.
[322] M. Çem, Dersim – Kültür ve Etnografya Dergisi, S. 81.

Übergriffen rechnen. So konnte der Begleiter *Antraniks*, *Seyid Khalo* vom Stamme Yu*sufan*, die Unversehrtheit *Antraniks* nur im Yu*sufan-Land* gewährleisten. Sobald *Antranik* das Yu*sufan-Land* verließ, war er seinem Schicksal überlassen. Dies konnte im schlimmsten Fall den Tod bedeuten[323]. Ein weiteres brisantes Detail schildert *Antranik* aus einer Szene, in der er von Dersimern überfallen wurde. So empfiehlt sein armenischer Wegbegleiter *Vartan*, alle wertvollen Dokumente und Geld der Weggefährtin *Marhatun* zu geben. Denn die Dersimer würden eine Frau selbst dann nicht bestehlen oder anpacken, wenn sie mit Gold und Diamanten von Kopf bis Fuß geschmückt sei[324]. Hier sieht man, dass die Frau in solchen Situationen unantastbar war. Es existierte quasi so etwas wie eine Ganovenehre. Obwohl die Frau hochgeachtet wurde, stand das Erbe allein dem Sohn zu[325].

Des Weiteren war Nacktheit unter den Dersimern verpönt. So musste *Antranik* während er ausgeraubt wurde, seine Unterhose anbehalten, während er sich ansonsten komplett ausziehen musste. Den Räubern und damit dem sicheren Tod – so *Antranik* selber - entkam er nur durch List[326]. Ob tatsächlich jeder Überfall mit dem Tode endete ist nicht zu beweisen. Wahrscheinlich ist hier eine Art gesteigerter Dramaturgie *Antraniks* im Spiel.

Der Gast wurde im Hause des Dersimers vorzüglich behandelt. Gewöhnlich wurden ihm die Schuhe ausgezogen und seine Füße mit warmem Wasser gewaschen. Er wurde auch mit Essen versorgt. Der Dersimer vertraute dem Gast so

---

[323] Antranik, Seyahatname, S. 60.
[324] Antranik, Seyahatname, S. 62.
[325] N. Sevgen, Zazalar ve Kızılbaşlar, S. 131.
[326] Antranik, Seyahatname, S. 63.

sehr, dass er ihm erlaubte mit ihm im selben Raum zu schlafen[327].

Wie viele Bergvölker, waren auch die Dersimer ein kriegerisches Volk. *Antranik* beschreibt die Dersimer als quasi „im Krieg geboren und für den Krieg geboren". Sie kannten keine Furcht. Sobald sie in der Ferne ein Scharmützel hörten, eilten sie dorthin. Wer den Tod im Kampf erfuhr, der starb eines Heldentodes. Der natürliche Tod war für sie eine unerträgliche Angelegenheit"[328].

*Antranik* schreibt, dass man die Kurden Dersims generell als *Kizilbaschen*[329] bezeichnete und sie nicht zum Islam zählte[330]. Antranik ist auch einer der ersten, der über das Glaubenssystem der Dersimer schreibt. Die Dersimer würden einer nur mündlich überlieferten, buchlosen Religion angehören. Diese Religion sei weder christlich, noch muslimisch oder jüdisch. Auch *Antranik* bestätigt, dass die Religion der Dersimer synkretisch war und Elemente alter und neuer Religionen beinhaltete. Nach Ansicht Antraniks war die Religion der Dersimer dem Anschein nach dem Judentum nahe. Beispiele hierfür nennt *Antranik* nicht. Als einziger Gesandter Gottes würden die Dersimer *Ali*, den Schwiegersohn des Propheten *Mohammad* anerkennen. Aber auch Jesus gegenüber sei man nicht abgeneigt. Für den Dersimer sei *Ali* das, was für den Christen Jesus sei. Daher sei man sich näher als gedacht[331].

---

327 G. Asatrian (A. Mkrtchian), The Delmiks, S. 410.

328 Antranik, Seyahatname, S. 153.

329 Türkisch *„Kızılbaş"* für Rothaupt.

330 Antranik, Seyahatname, S. 118.

331 Antranik, Seyahatname, S. 122. Die weiteren Ausführungen Antraniks sind hier nicht mehr erwähnenswert, da sie nur Halbwissen sind. So behauptet er auf Seite 124, dass jeder männliche *Khuresch* ein Seyit sei. Wer die weiteren Ausführungen Antraniks lesen möchte, dem werden die Seiten 122 -127 empfohlen.

*Antranik* erwähnt, dass die *Seyits* und *Dedes* die Häuser der Kurden besuchten und die Dersimer über ihre religiösen Pflichten und Moral aufklärten. Die Gläubigen Kinder, Frauen und Männer würden die Gewänder und sowie die Arme und Schultern der *Seyits* küssen. Der *Seyit* würde dann sein mitgebrachtes Saiteninstrument, das *Saz* spielen und religiöse Texte rezitieren. Hätte man die Rezitationen gesammelt, so hätte man vielleicht wie aus Homers Epen wichtige Informationen erhalten. Denn die religiösen Rezitationen hätten viele Informationen über die Abstammung der Dersimer enthalten[332].

Wie das Ordenssystem der religiösen Amtsträger aussah, stellte *Erdal Gezik* in der Zeitschrift *„Munzur“*[333] dar. Demnach schließt sich ein großer Teil der anatolischen Aleviten in sogenannten Orden (*„Ocak“*) zusammen, die von heiligen Familien orchestriert werden. Die heiligen Familien führen ihre Abstammung wiederum auf *Fatima (Fadime)*, die Tochter des muslimischen Propheten *Muhammad* und seinen Cousin *Ali Ibn Abu Talib* zurück[334]. Durch diese Abstammung legitimierten sie ihr Amt und durften sich *„Seyit“* nennen. Untermauert wird dies durch einen Nachweis mit dem Stammbuch der Familie (tr.-arb. *„Secere“*). Auch wenn jeder Orden seine Legitimation auf einen *Seyit* zurückführt, so kann nicht jeder Orden ein Stammbuch vorweisen. Der Organisationsaufbau sieht eine Dreiteilung der Ämter vor: *Seyit*, *Rayvêr*, *Pir* (→ *Mürşid*). Neben den religiösen Würdenträ-

---

332 M. Çem, Dersim – Kültür ve Etnografya Dergisi, S. 43. Antranik, Seyahatname, S.124.

333 E. Gezik, Munzur, Nr. 37, S. 4 – 27.

334 Die Abstammung aus der Familie des Propheten Muhammad wird auch *Ahl Al-Bayt* (Volk des Hauses) genannt.

gern gibt es die einfachen Gläubigen („*Talip*“[335]). Die Ämter werden vom Vater an den Sohn vererbt. So wie die Ämter der Funktionäre übertragen werden, hat auch jede Familie einen Amtsträger, der seine Familie in religiösen Angelegenheiten betreut. Der Gläubige erbt diese Funktionäre von seinem Vater. Diese Beziehung zwischen Funktionär und Gläubiger wird auch „Bekenntnis“ („*Ikrar*“) genannt. Der Abfall eines Gläubigen von seinem Amtsträger wird als Todsünde aufgefasst. Tut er dies dennoch, ist er vom rechten Glauben abgekommen. Ihm droht die Exkommunikation[336]. Somit besteht der Bund zwischen den Funktionären und Gläubigen bis in alle Ewigkeit. Die Exkommunikation eines *Talip* erfolgt durch Aufstellung eines Steins an seiner Haustür durch den *Pir*[337]. Der Exkommunizierte wird mit diesem Bann belegt und man darf ihn nicht mehr grüßen. Seine Herde wird von der der restlichen Gemeinde getrennt. Er darf an religiösen Prozessionen wie dem *Cem* nicht teilnehmen. Dazu darf an hohen Feiertagen keine Opfergabe von ihm empfangen oder an ihn verteilt werden. Keiner darf an seinem Begräbnis teilnehmen[338]. Laut *Nazmi Sevgen* wurden die Toten nach islamischem Brauch gewaschen und in einen Sarg gelegt. Bevor der Sarg mit Erde zugeschüttet wurde, wurde das Gesicht des Verstorbenen vom Stofftuch freigelegt[339]. Nach 40 Tagen erfolgten eine Totenandacht und ein Leichenschmaus. Dass dabei der Koran rezitiert wurde, kann *Nazmi Sevgen* nicht bestätigen. Nach einem

335 M. Çem, Dersim – Kültür ve Etnografya Dergisi, S. 76. Arb. „*Talib*“ = Schüler.

336 E. Gezik, Munzur, Nr. 37, S. 4.

337 Auf Zazaki: „*Verê Çêwır de kêmer ronaênê*“.

338 M. Çem, Dersim – Kültür ve Etnografya Dergisi, S. 78.

339 N. Sevgen, Zazalar ve Kızılbaşlar, S. 124.

Jahr wurde an der Bestattungsstelle ein Grabstein gepflanzt[340].

Eine weitere Besonderheit ist die Tatsache, dass einige Amtsträger untereinander in Amtsträger und Gläubige unterteilt werden. Wie die ersten Beziehungen entstanden und unter welchem Einfluss, ist bisher nicht erforscht. Hier droht wie *Erdal Gezik* richtig anmerkt, akuter Wissensverlust für die Ewigkeit. Denn die Amtsträger–Gläubiger-Beziehung ist stark am Bröckeln[341]. Die wenigen „Untersuchungen" die durchgeführt wurden hatten keine wissenschaftliche Aussagekraft, sondern dienten eher dazu, das Türkentum der Orden und ihrer Sippschaft und Anhängerschaft zu beweisen. Die Glaubenswelt der Menschen und ihre internen Beziehungen wurden wenig erörtert[342].

Die Dersimer Orden bestehen aus den bekanntesten Orden der *Baba Mansur*, *Khureschan*, *Ağuçan* und *Derwisch Dschemalan*, aus weiteren Orden wie den *Derwisch Gewr*, *Seyit Sabun*, *Scheich Ahmet*, *Imam Rıza*, *Imam Musai Kazım*, *Dschemal Abdal*, *Sinemilli*, *Scheich Hasanan*, *Sarı Saltık*, *Scheich Delil Berhican*[343], *Pilvenk*, *Dschelal Abbas*, *Pir Sultan Abdal*, *Sultan Munzur*, *Scheich Çoban*, *Karapirbad*, *Koca Leşger*, sowie *Hüseyin Abdal*. In Dersim sind diese Orden als die „12 Orden Dersims" (!) bekannt (sind streng genommen mehr Orden). Diese aufgelisteten Orden sind die Amtsträger der über *Maraş*, *Malatya*, *Adıyaman*, *Sivas*, *Elazığ*, *Bingöl*, *Erzurum*, *Erzincan*, *Gümüşhane*, *Çorum*, *Ama-*

---

[340] N. Sevgen, Zazalar ve Kızılbaşlar, S. 125.
[341] E. Gezik, Munzur, Nr. 37, S. 5.
[342] E. Gezik, Munzur, Nr. 37, S. 6.
[343] Oben wird er anders geschrieben: Behlican. Türkische Quellen!

*sya*, *Yozgat*, *Kayseri (Sarız)* und *Kars* verstreut lebenden und Zazaki bzw. Kurmanji sprechenden Aleviten[344].

Zwar betonen die Orden, dass kein Orden dem anderen überlegen sei. Dennoch bestehen nicht zu übersehende Unterschiede. Damit ein Orden seine Legitimation begründen kann, muss er erst einmal beweisen, dass er einem der 12 Imame ergeben ist. Die Zugehörigkeit kann man wiederum durch das Stammbuch nachweisen. Gibt es solch ein Stammbuch nicht, so ist dieser Orden ein sogenannter *„Dikme-Orden"*, da er die Zugehörigkeit nicht beweisen kann. Dies kann damit zusammenhängen, dass sich der *Dikme-Orden* von einem anderen Orden abspaltete oder seine Legitimation durch einen Orden mit Stammbuch ableitet. Daher werden sie auch von Stammbuch-Orden, als ein Orden niederen Ranges betrachtet[345].

Die Zugehörigkeit zu einem der 12 Imame entscheidet darüber, welches Amt man ausüben darf. Demnach dürfen sich die Zugehörigen des *Zeynel Abidin „Mürşid"*, die des *Imam Rıza „Pir"* und die des *Imam Musa „Rayvêr"* nennen. Neben dieser Klassifizierung existiert eine weitere Zuordnung, die direkt mit dem Entstehungsort der Orden zusammenhängt. Einige Familien führen ihre Legitimation direkt auf die Orte *Kerbela* (Irak), *Ardabil* (Iran) und *Hadschi Bektasch* (Türkei) zurück. Diese Klassifizierung soll untermauern, dass der eine Orden älter als der andere ist. Demnach ist der älteste Orden im Irak *(Kerbela)* entstanden, gefolgt vom Orden im heutigen Iran *(Ardabil)*, und „last but not least" in der Türkei

---

[344] E. Gezik, Munzur, Nr. 37, S 6 ff., sowie Fußnote 8 auf Seite 6. Ob es sich bei den in Yozgat und Amasya lebenden Aleviten tatsächlich um Zazaki oder Kurmanji-Sprecher handelt, ist eher zweifelhaft. Dennoch hat der Verfasser die Liste von E. Gezik übernommen.

[345] E. Gezik, Munzur, Nr. 37, S. 7.

*(Hadschi Bektasch)*[346]. Die aus *Kerbela* dürfen das Amt des *Mürşids* ausüben, die aus *Ardabil* und *Hadschi Bektasch* dürfen nur *Pirs* und *Rayvêrs* sein. Die *Ağuçan* und *Baba Mansur-Orden* führen ihre Zugehörigkeit direkt auf *Kerbela* zurück. Die *Seyit Sabun* und *Scheich Ahmet* wiederum auf *Ardabil*. Die *Derwisch Dschemalan* führen ihre Zugehörigkeit direkt auf *Hadschi Bektasch* zurück[347].

Es kommt auch vor, dass die Orden durch eigene Erzählungen ihre Legitimation infrage stellen. Die *Khureschan* erwähnen stets ihre Zugehörigkeit zu *Imam Bakır*, dabei müssten sie um das Amt des Pirs ausüben zu dürfen, streng genommen *Imam Rıza* zugehören[348]. Vielleicht gerade deshalb sind die *Khureschan* die Gläubigen der *Baba Mansur*. Den Orden und ihren Funktionären werden Wunder zugeschrieben, wobei die Wunder je nachdem wer sie erzählt, dem einen oder anderen Orden zugeschrieben werden.

Das *Pir-Talip* System ist aber nicht einheitlich. Insbesondere gibt es im Über-/Unterordnungsverhältnis Abweichungen. So ist die Familie *Seyid Rızas* nicht aus dem Stamm *Khureschan*, sondern aus dem Stamm der *Scheich Hasanan*. Trotzdem dürfen sie *Rayvêrs* stellen. Dasselbe gilt auch bei den *Pilvenk*. Die Pirs der *Pilvenk* stammen aus den Reihen der *Pilvenk*[349].

---

[346] *Kerbela* liegt im heutigen Irak. Der Ort hat eine große Bedeutung unter den Anhängern der Schia, da hier die letzte Schlacht Imam Hüseyins stattfand.
*Ardabil* liegt im Iran und ist auch der Namensgeber der Provinz *Ardabil*. *Ardabil* liegt unweit des Kaspischen Meeres und südlich der aserbaidschanischen Grenze.
*Hadschi Bektasch* liegt in der heutigen Türkischen Republik und ist ein Teil der Provinz *Nevşehir*. Er ist Wallfahrtsort der Aleviten, da der Stifter *Hadschi Bektasch* hier seinen Sitz hatte.

[347] E. Gezik, Munzur, Nr. 37, S. 7.

[348] E. Gezik, Munzur, Nr. 37, S. 8.

[349] M. Çem, Dersim – Kültür ve Etnografya Dergisi, S. 76.

Auch die Ehefrauen der *Pirs* genießen dieselbe Hochachtung in der Gemeinde. Sie werden *„Ana"* genannt[350]. Auch wenn die *„Ana"* nicht aus einer *Pir-Familie* stammt, steht ihr durch Heirat mit einem *Pir* der *Ana-Status* zu. Umgekehrt verhält es sich, wenn eine Frau aus einer *Pir-Familie* einen *Talip* heiratet. Sie verliert ihren *Ana* Status. Einer *Ana* ist es grundsätzlich nicht verboten, religiöse Prozessionen zu leiten. So schreibt *M. Çem* wie oben beschrieben, dass gerade nach 1938 eine *Ana* namens *Êlife* die Leitung ihrer Gemeinde übernommen habe, da die *Pirs* durch die Säuberungsaktionen der Türken umkamen oder deportiert wurden[351].
Es gibt vier wesentliche Elemente im Alevitentum in Dersim. Demnach geht Derwisch Dschemalan zum *Sarı Saltık*, *Sarı Saltık* zum *Khureschan*, *Khureschan* zu *Baba Mansur* und *Baba Mansur* zu *Ağuçan*. Während *Ağuçan* der Halt für die *Seyits* der West-Dersimer ist, ist *Baba Mansur* der Halt für die Ost-Dersimer. Sowohl die *Baba Mansur* als auch die *Ağuçan* müssen ihre gesammelten Spenden an den Schrein in *Kerbela* abführen. Natürlich geschieht das nicht ganz ohne Gegenwert. Denn der Schrein in *Kerbela* autorisiert im Gegenzug die Legitimation der Orden[352]. So zumindest die Theorie. Das dritte Element in der Beziehung der Orden untereinander wird von *Gülsün Firat* tabellarisch dargestellt.

---

[350] *M. Çem* schreibt ohne eine Quelle zu nennen, dass der Begriff „Ana" aus der Sprache der Sumerer stammt.
[351] M. Çem, Dersim – Kültür ve Etnografya Dergisi, S. 77. Die Stämme die unter *Êlif Ana* geleitet wurden waren die *Scheich Sabun* und *Baba Mansur*.
[352] E. Gezik, Munzur, Nr. 37, S. 13.

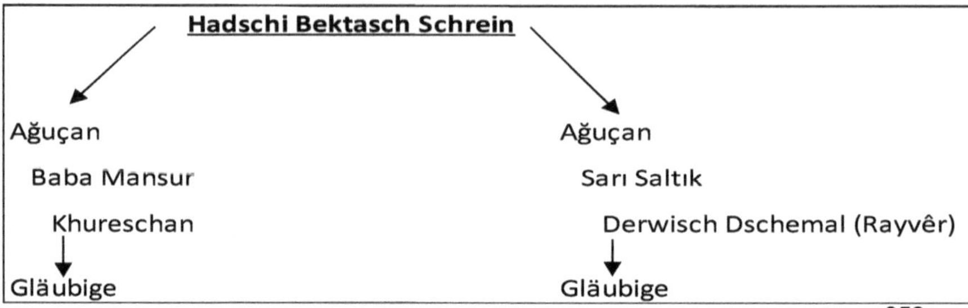


**Tabelle 1: Pir-Gläubige Hierarchie in Dersim**[353]

Ein viertes Element der Beziehungen ist von *Hamza Aksüt* überliefert. Demnach ist auch hier der Orden der *Ağuçan der oberste Orden*[354]. *Erdal Gezik* merkt an, dass trotz einiger Übereinstimmungen in den Elementen, viele sehr lückenhaft sind, da sie nicht alle Orden einbezieht[355].

Doch was zeichnet die *Ağuçan* aus? Wie anfangs erwähnt, wird jedem Orden ein Wunder zugeschrieben. Das Wunder, das den *Ağuçan*, deren Ausgangsdorf *Bargini* in *Hozat* ist, wird folgendes Wunder zugeschrieben:

> „Vor mehr als 400 Jahren wurden die 12 Orden Dersims – allesamt Brüder – vom Sultan nach Diyarbakır einbestellt. *Ağuçan*, der eigentlich *Mir Seyit* (also Fürst der Seyits) hieß, lebte zu der Zeit am Fuße des Berges *Çiyayê Mar* (Zazaki: Koê Mor – Schlangenberg). Als Vertreter der Orden musste *Ağuçan* dem Sultan 3 Wunder vorweisen. Zuerst trank er Gift[356], das an seinen Fingerspitzen wieder abtropfte. Sodann

[353] Entnommen aus E. Gezik, Munzur, Nr. 37, S. 14. In leicht abgewandelter Schreibweise.

[354] Entnommen aus E. Gezik, Munzur, Nr. 37, S. 14.

[355] Entnommen aus E. Gezik, Munzur, Nr. 37, S. 14.

[356] Dieser Akt war auch der Namensgeber der *Ağuçan*. Gift heißt auf alt-türkisch „*Ağu*". Also „Ağu İçen" = Gifttrinker.

begab er sich in einen brennenden Ofen. Als er aus dem Ofen stieg, war sein Schnurrbart zugefroren. Zuguterletzt schnappte er den Ofen und schleuderte diesen bis nach *Hadschi Bektasch*. Daraufhin erkannte der Sultan die Heiligkeit *Ağuçans* an und er kehrte mit den Vertretern der 12 Orden nach Dersim zurück[357]."

Die *Ağuçan* führen in ihrem Stammbuch ihre Abstammung direkt auf *Imam Zeynel Abidin* zurück, der der vierte unter den 12 Imamen war. Alle anderen Orden seien erst nach den *Ağuçan* entstanden. Die *Ağuçan* sagen, dass sie nicht aus dem iranischen Horasan stammen, sondern aus dem irakischen *Kerbela*. Eine enge Beziehung, die die Oberherrschaft des *Hadschi Bektasch Schreins* einschließt, wird von *Erdal Gezik* abgelehnt. Vielmehr hätten die Dersimer Orden wenig mit dem Schrein zu tun[358]. Wie war diese Aussage ist, lässt sich nicht endgültig beantworten, da durch die Zerstörung der Dersimer Orden nach 1938 schwerlich Spuren nachweisen lassen. Somit ist die Übersicht von *Gülsün Firat* nach *Erdal Gezik* „lückenhaft".
*Erdal Gezik* merkt an, dass es schwierig ist, eine untergegangene Organisationsstruktur zu rekonstruieren. Denn die Militäroperation von 1938 richtete sich vor allem gegen die Dersimer Orden. Der Staat definierte als Hauptziel der Militäroperation die Zerschlagung der Dersimer Orden. Denn diese seien die Hauptursache der Anarchie in Dersim (mehr dazu weiter unten). So ist es nicht verwunderlich, dass viele

[357] E. Gezik, Munzur, Nr. 37, S. 17. Einige dieser Wunder werden aber auch von den *Khureschan* bzw. *Baba Mansur* für sich beansprucht.
[358] E. Gezik, Munzur, Nr. 37, S. 19.

Amtsträger Opfer der staatlichen Gemetzel wurden[359]. *Nazmi Sevgen* schreibt, dass die Dersimer *Pirs* sich aufmachten um ihre Gläubigen an fernen Orten wie *Hasankale (Erzurum)* und *Çorum* etc. zu besuchen[360].
Nach *M. Comerd* kannten die Dersimer lange Zeit die Person des *Hadschi Bektaschi Veli* nicht. Sein Mausoleum zu besuchen wurde erst in den letzten Jahren unter Dersimern Mode[361].
2009 gab es 5 *Cem-Häuser* und 78 Moscheen in Dersim. Dabei sind 8 Moscheen ungenutzt. 36 Moscheen haben keinen *Imam*. Abgesehen von den historischen Moscheen, die in osmanischer Zeit gebaut wurden, wurden insbesondere in den 1950ern (29 Moscheen) und nach 1980 (24 Moscheen) verstärkt Moscheen gebaut[362].

### 3.2.2. Die Glaubenswelt Dersims in ausländischen Quellen

**Herry Riggs**

*Herry Riggs* ist einer der wenigen ausländischen Reisenden, der es in der Region Dersim schaffte in die Glaubenswelt der Dersimer einzutauchen. Er war zu Besuch bei einem *Seyit* in *Harput*. Nach *Riggs* sind die Dersimer Muslime, verrichten aber das 5-malige Gebet und das Fasten an Ramadan nicht. Sie zeigen der Sonne und dem Feuer großen Respekt. Die Seele findet nicht ihr Ende mit dem Tod, sondern wandert mit dem Tod in den Leib einer neugeborenen Person. Alle religiösen Führer betonen ihre Zugehörigkeit

---

359 Vgl. auch E. Gezik, Munzur, Nr. 37, S. 25.
360 N. Sevgen, Zazalar ve Kızılbaşlar, S. 199.
361 M. Comerd, Dersim – Kültür ve Etnografya Dergisi, S. 87.
362 M. Akın, Herkesin Bildiği Sır, S. 55.

zum Islam, lehnen aber das 5-malige Gebet ab, da es ihrer Meinung nach profan und willkürlich sei. Ihre religiösen Prozessionen verrichten sie im Heimlichen[363].

Die Dersimer Kurden bezeichneten sich als *Ahl Al-Imam*. Dies machte auch in den Augen Riggs den Hauptunterschied zu den orthodoxen Muslimen aus. Der orthodoxe Muslim sei blind ergeben in den Glauben, dass Allah das Schicksal jedes Individuums detailliert vorgeplant habe. Bei den Dersimern sei immerhin ein Quäntchen individuelle Selbstbestimmung zu erkennen. Die Dersimer glaubten, dass Gott im Herzen aufrichtiger Menschen wohne. Mit diesem Argument erkläre der Dersimer auch die Seelenwanderung im Todesfall. Da Gott in einer aufrichtigen Seele wohne, könne Gott nicht einfach sterben, sondern wandere bei Ableben des aufrichtigen Menschen in die nächste Seele[364].

Freitags nachts versammelt sich die Gemeinde inklusive Frauen, Kindern, Greisen und betet zusammen, um ein aufrichtiges und anständiges Leben zu leben. Am Ende des Gebets wird gemeinsam das Brot gegessen, dass zuvor gebacken wurde. Dabei wird ein Treueschwur abgelegt, der die Gemeinde verpflichtet, die obigen Ziele gemeinsam zu erreichen. Dabei hebt Riggs die Rolle der Dersimer Frauen hervor. Diese würden im Gegensatz zu den muslimischen Frauen gleichberechtigt, sowohl an religiösen Prozessen teilnehmen und im Haus zusammen mit den Männern wohnen, wohingegen die muslimischen Frauen in separaten Wohnbereichen übernachten würden. Verwundert über so viel Gleichberechtigung, habe Riggs die Frage gestellt, warum es so sei, dass Frauen gelichberechtigt seien. Als Antwort habe er erhalten, dass alle Frauen ihre Schwestern

---

363 Übersetzt aus H. Riggs, Dersim – Kültür ve Etnografya Dergisi, S. 35.

364 Übersetzt aus H. Riggs, Dersim – Kültür ve Etnografya Dergisi, S. 36.

seien und deshalb die Zusammenarbeit ganz selbstverständlich sei. Allein schon die „Absicht zu haben, die Absicht zu haben" sei frevelhaft[365].

Anders hingegen sieht es der Türke Uluğ. Die Dersimer seien so unverschämt gewesen, so Uluğ, dass sie selbst kein Problem damit hatten, ein Auge auf die Ehefrau des Bruders zu werfen. Dieses Verhalten sei mit denen der Türken unvereinbar. An dieser Stelle versucht Uluğ die Dersimer durch Unterstellungen zu entmenschlichen. Denn der Ehrbegriff sei dem Dersimer fremd und deshalb sei er eine Art Untermensch, weil er keine Ehre habe.

### Hauptmann Molyneux-Seel

Ein weiterer Ausländer der sich in die Glaubenswelt der Dersimer wagte war der britische Hauptmann Molyneux-Seel. Er schrieb, dass die Dersimer von den Türken *„Kizilbasch"* genannt werden, was schlicht Rotkopf bedeute. *„Kizilbasch"* sei eine Bezeichnung der Schande, die auch für Perser und andere unorthodoxe Mohammedaner verwendet werde. Aber ein Autochthoner antworte auf die Frage was er sei, mit der euphemistischen Bezeichnung *„Yol Usağı"*, was am besten mit „Kind des Wahren Weges" wiedergegeben werden könne. Die *„Kizilbasch"* genannte Sekte selbst, lehne den Begriff Islam ab, gehöre aber der schiitischen Richtung der Mohammedaner an. Ihre Religion beinhalte auch einige christliche Riten[366].

Die *Kizilbasch* Religion sei weder auf die Dersimer, noch die Kurden beschränkt. Andererseits scheine der Zaza Dialekt,

[365] Übersetzt aus H. Riggs, Dersim – Kültür ve Etnografya Dergisi, S. 37.

[366] Molyneux-Seel, A Journey in Dersim, S. 51.

der sich erheblich vom Kurmanji unterscheide, gerade auf diese Religion begrenzt zu sein[367].

In einem Dorf namens *„Kardere“* stünde eine Steinmauer, die von den *Kizilbaschen* verehrt werde, weil sie auf wundersame Weise die Überlegenheit eines *Seyits* über einen anderen *Seyit* demonstrierte. In alten Zeiten herrschte große Rivalität zwischen den verschiedenen *Seyits*, bezogen auf den Grad ihrer Heiligkeit und da Bescheidenheit keine anerkannte Tugend war, zögerten sie nicht ihre Wunderkraft zu demonstrieren. Der *Seyit* der *Khureschan* bestieg einen Löwen in der Absicht, seine Wunderkraft seinem Nachbarn, dem *Seyit* der *Baba Mansur* zu zeigen. Doch der *Seyit* der *Baba Mansur* sah seinen Kontrahenten aus der Ferne und fühlte sich herausgefordert. Deshalb bestieg er die oben erwähnte Steinmauer und nahm in seine Hand eine Schlange, die er wie eine Peitsche schwenkte. So ausgestattet ritt er seinem Rivalen entgegen. Von diesem Anblick genötigt, gestand der *Khureschan-Seyit*, dass seine Wunderkraft im Vergleich mit der des *Baba Mansur-Seyits* nichts war. Anerkennend stieg der *Khureschan-Seyit* vom Löwen ab und küsste die Hand des anderen *Seyit*. In Erinnerung an diesen Vorfall, küssen die *Khureschan-Stammesleute* bis heute die Hand der *Baba Mansur*[368].

Molyneux-Seel schreibt auch über *Dujık Baba.* Der *Dujık Baba-Berg* sei ein schöner, zu einem einzigen Gipfel aufsteigender Berg, der etwas mehr als 10.000[369] Fuß misst und selbst im August noch unter Schnee begraben liegt.

---

[367] Molyneux-Seel, A Journey in Dersim, S. 52.

[368] Molyneux-Seel, A Journey in Dersim, S. 58.

[369] Molyneux-Seel: fast 3.000 Meter hoch.

> „Kein anderer Berg wird in Dersim von den *Kizilbaschen* mehr verehrt als dieser Berg, da hier die Seele des *Hazreti Hüseyin* verweilt. In Gefahrenzeiten fliehen die Dersimer hierhin, um Sicherheit zu suchen und die unsichtbaren Kanonendonner verwehren jedem Feind den Zutritt. Während der türkischen Expedition von 1908, schützte nur ein überhasteter Rückzug die Soldaten vor der völligen Vernichtung durch *Dujık Babas* Todeskanonen[370]."

Die Hierarchie der *Kizilbaschen* kenne den Würdenträger des *„Seyit"* (Priester), *„Mürşüd"* (Bischoff) und *„Mürşüdün Mürşüdü"* (Erzbischoff). Alle *Seyits* und *Mürşüds* behaupteten von einem *Imam Bakır* abzustammen. Demnach ist dieser *Imam Bakır* der Begründer ihrer Religion. Laut Überlieferung wurde dieser *Imam Bakır* auf wundersame Weise von einer armenischen Jungfrau unter folgenden Umständen geboren:

> „Als die *Mohammedaner* von Damaskus den Sohn *Alis* (Ali = Neffe des Propheten) *Hüseyin* töteten, enthaupteten sie *Hüseyin* und nahmen den Kopf mit. Unterwegs begaben sie sich in das Zelt eines armenischen Priesters namens *Akh Mrtouza Keshish*. Dieser Priester beobachtete den Kopf *Hüseyins* und erkannte die übernatürlichen Kräfte die in ihm steckten. Daraufhin wünschte er den Kopf behalten zu dürfen. Während er in seinem Kopf einen Plan ausheckte um das wertvolle Relikt besitzen zu können, betrat sein ältester Sohn das Zelt und erzählte ihm, wie er sein

---

[370] Molyneux-Seel, A Journey in Dersim, S. 59.

Ziel erreichen könne. „Enthaupte mich", sagte er, „und gib meinen Kopf den Türken, anstatt den Kopf *Hüseyins* auszuhändigen. So kannst Du *Hüseyins* Kopf behalten." Der Vater setzte den Vorschlag um, doch die Türken weigerten sich und verlangten den echten Kopf *Hüseyins* heraus. Sodann schlug der Priester sukzessiv allen seinen sieben Söhnen den Kopf ab, doch die Türken weigerten sich jedes Mal einen fremden Kopf anzunehmen. Plötzlich hörte der Priester eine Stimme, welche sagte: „Beschmiere den Kopf deines letzten Sohnes mit dem Blut des Kopfes von *Hüseyin*." Der Priester gehorchte der Stimme und übergab in einem neuen Versuch den Kopf seines letzten Sohnes den Türken, den diese ohne Murren akzeptierten. Somit gelang der Kopf *Hüseyins* in den Besitz des Armeniers.

Die erste Sorgfalt des Priesters bestand nun darin, das Relikt in einem besonderen Raum aufzubewahren, den er angemessen mit Gold und Silber und Seide schmückte. Nun hatte der Priester nur noch eine Tochter, welche eines Tages diesen Raum betrat und zur Verwunderung einen goldgefüllten Teller mit Honig vorfand. (Das Mädchen erkannte die Kopfform *Hüseyins* im Honig.) Sie kostete den Honig und wurde augenblicklich schwanger. Einige Tage später bemerkte der Priester den Zustand seiner Tochter und wollte sie töten. Doch der Tochter gelang es den Vater von dem wahren Grund ihrer Schwangerschaft zu überzeugen und dadurch den Zorn des Priesters zu besänftigen. Eines Tages beklagte sich die Tochter über eine Erkältung, und als sie nieste, sah der Vater plötzlich aus dem Ausfluss ihrer Nase eine breite

Flamme, welche sich im selben Augenblick in die Form eines Kindes verwandelte. Dadurch kam *Imam Bakır*, Sohn des *Hüseyin*, auf die Welt.
Die Tatsache, dass ein Nachfahre *Alis* auf die Welt kam, blieb den türkischen Zauberern nicht unbemerkt, welche daraufhin Leute ausschickten, um das Kind zu finden und umzubringen. Die Häscher suchten das Haus des Priesters auf. Die junge Mutter war gerade damit beschäftigt, die Bettwäsche zu waschen, als sie vom Besuchsgrund der Türken erfuhr. Hastig setzte sie das Kind in einen unter Feuer gesetzten Kupferkessel und versteckte das Kind unter der Wäsche. Die Türken wussten durch ihre Zauberkunst, dass das Kind sich in einem Kupferhaus befand, waren aber nicht in der Lage, ein solches Haus in der Umgebung des Priesters zu finden. So konnte das Kind gerettet werden. Aufgrund dieser Rettungstat erhielt das Kind den Namen *„Bakır"*, was auf Türkisch „Kupfer" [371] bedeutet[372]."

Diese Fragmente der Glaubenswelt der Dersimer konnte *Molyneux-Seel* nach eigenem Bekunden durch Gespräche mit *Seyits* herausfinden. Die Dersimer glaubten an die Einheit Gottes und an seine Allmacht, sowie dass er weder Sohn noch Begleiter habe. Dennoch sängen sie in einer ihrer religiösen Texte, häufig diesen Zweizeiler:

„Biz Isa´yı hak biliriz, la ru´ullah."

---

[371] Molyneux-Seel merkt in einer Fußnote auf Seite 65 zu Recht an, dass der Name *Bakır* nichts mit dem türkischen Wort Kupfer zu tun hat. *Bakır* sei der arabische Vorname des *Imam Mahomed*, dem fünften Imam der Zwölfer Schia.

[372] Molyneux-Seel, A Journey in Dersim, S. 64 f.

(Übersetzung: Wir akzeptieren Jesus als Gott, Jesus die Seele[373] Gottes.")

Die Übersetzung erhielt *Molyneux-Seel* von armenischen Priestern, die aufgrund dieses Zweizeilers behaupteten, dass die *Kizilbaschen* einst an die Göttlichkeit Christus glaubten oder immer noch glauben. *Molyneux-Seel* verlässt sich nicht allein auf die Übersetzung der armenischen Priester[374], sondern erklärt die Bedeutung des Wortes *„Hak"*. *"Hak"* bedeute nicht nur Gott, sondern auch Gerechtigkeit oder einfach nur Wahrheit und *„ru´ullah"* sei der arabische Ausdruck für wörtlich übersetzt, das Wesen oder der Atem Gottes und würde verwendet um Gott anzurufen. Laut *Molyneux-Seel* sei der obige Zweizeiler eher zu übersetzen als: „Wir kennen Jesus als Wahrheit, Jesus der Atem Gottes." Diese Übersetzung schließt nach *Molyneux-Seel* nicht unbedingt die Göttlichkeit Christus´ ein[375].

Alle *Seyits* die *Molyneux-Seel* befragte, versicherten dass Jesus und *Ali* ein und dieselbe Person seien, die nur zu verschiedenen Zeiten und unter verschiedenen Namen auf die Welt kamen. In Bezug auf Jesus glaubten sie an seine Wiederauferstehung. Allerdings als Prophet. Die Dersimer

---

[373] Im englischen Original wird „spirit" geschrieben. Man kann dieses Wort mit Geist, Seele aber auch Animus übersetzen (Animus, also Partner Gottes).

[374] Man erkennt im gesamten Bericht Molyneux-Seels eine negative, oder sagen wir mal eine kritische Grundhaltung gegenüber armenischen Aussagen bzw. gegenüber Armeniern. Das Verhältnis zwischen Armeniern und Molyneux-Seel war stets angespannt und Moylneux-Seel war bei den Armeniern mit seinen Schriften nicht gerade beliebt. Hintergrund war der armenisch-türkische Konflikt, der während den Reisejahren Molyneux-Seels brodelte und in blutigen Kämpfen ausartete.

[375] Molyneux-Seel, A Journey in Dersim, S. 65.

glaubten an Himmel, Hölle und an den Tag des Jüngsten Gerichts[376].

Die größten Propheten der Dersimer sind Adam, Noah, Abraham, Moses, Jesus, *Mohammad* und *Ali*. Aber *Ali* sei von größerer Bedeutung für sie als *Mohammad*. Nach diesen Propheten folgten die *Zwölf Imame*. Diese *Zwölf Imame* stellten sie sich als die Zwölf Apostel unter anderen Namen vor[377].

Die *Kizilbaschen* haben kein spezielles Religionsbuch, begeistern sich aber für das Neue Testament, das Pentateuch[378] und den Koran. Sie wurden durch die *Seyits* in ihrer Religion unterrichtet, deren Hände sie küssten und dessen Worte sie als Botschaft Gottes anerkannten. Sie entrichteten nach ihren Verhältnissen eine Tributzahlung an die Seyits, die sie *„Kharaj"* nannten[379].

Die *Kizilbaschen* haben weder Kirche, noch Moschee, noch üben sie den *„Namaz"*[380] aus. Aber morgens starten sie, indem ein Kniefall vor der Sonne erfolgt, um *Ali* um Hilfe anzuflehen. Öffentliche Andachten erfolgten in den Häusern[381] der *Seyits*, an denen Männer und Frauen teilnahmen, vorausgesetzt, sie waren echte *Kizilbaschen*[382].

Alle *Seyits* besaßen einen Stock und einen Lederbeutel, deren Bedeutung geheimnisumwoben war. Es wird behauptet, dass diese Sachen bei der Durchführung gewisser heidni-

---

376 Molyneux-Seel, A Journey in Dersim, S. 65.
377 Molyneux-Seel, A Journey in Dersim, S. 65.
378 Die Fünf Bücher Mose, also die ersten fünf Bücher des Alten Testaments.
379 Molyneux-Seel, A Journey in Dersim, S. 66.
380 Das 5-malige islamische Gebet.
381 Molyneux-Seel, A Journey in Dersim, S. 66. Auch diese Aussage stimmt nicht ganz, da die Andacht in der Regel in den Häusern der Gläubigen stattfindet.
382 Molyneux-Seel, A Journey in Dersim, S. 66.

scher Riten eingesetzt wurden. Allerdings behaupteten die *Seyits*, dass der Stock ein Teil des Stabes von Moses sei und der Beutel eine Nachahmung des Beutels von Johannes dem Täufer[383].

Die *Kizilbaschen* fasteten zwölf Tage für die *Zwölf Imame* und 3 Tage für *Hıdır Ilyas*, vor dem sie große Ehrfurcht hatten. Dieser Heilige komme nur im orientalischen Kalender vor und sei identisch mit dem armenischen Heiligen Sankt *Serkis* von Armenien. Die Kurden unternahmen Pilgerfahrten zu armenischen Kirchen, dessen Schutzheiliger Sankt Serkis war[384].

*Molyneux-Seel* behauptet, dass die *Kizilbaschen* keinen religiösen Feiertag hatten, sich aber jeden Freitag im Hause des *Seyits* zum Gebet versammelten[385]. Diese Überlieferung ist falsch, da die Dersimer unter anderem, nur einen von vielen zu erwähnen, das muslimische Opferfest feiern.

Am 1. Januar (nach altem Kalender) trafen sich die *Kizilbaschen* im Haus des *Seyits*, um eine Zeremonie zu feiern, die der Kommunion ähnelte. Nach den Gebeten segnete der *Seyit* das Brot, das sich *„Hak Loması“*[386] nannte. Der *Seyit* verteilte das Brot an die Teilnehmer der Zeremonie, die das Brot zu zweit empfingen. Das Brot wurde nicht an Leute verteilt, die aus Sicht der anderen Dörfler als unwürdig angesehen wurden. Die Teilnehmer wurden *„Müsahib“*[387] genannt[388]. Die Türken behaupteten, dass das Treffen am 1.

---

[383] Molyneux-Seel, A Journey in Dersim, S. 66.

[384] Molyneux-Seel, A Journey in Dersim, S. 66; ebenso G. Asatrian (A. Mkrtchian), The Delmiks, S. 409.

[385] Molyneux-Seel, A Journey in Dersim, S. 65.

[386] Molyneux-Seel übersetzt *„Hak Lokması“* mit „Gottes Essen“ (=god´s food).

[387] Laut Molyneux-Seel ist dieses Wort offensichtlich identisch mit dem Namen der alten historischen Stadt, ein paar Kilometer nördlich von Bagdad.

[388] Molyneux-Seel, A Journey in Dersim, S. 66.

Januar dazu diente, unmoralische Orgien zu feiern. Es gab aber keinen Beweis für diesen Vorwurf[389].

Die Kizilbaschen pilgerten nicht nach *Mekka*, hatten aber verschiedene andere Wallfahrtsorte. Die Hauptorte waren die des *Hadschi Bektaschi Veli* und des *Hasan* in *Sivas*, das Grab *Alis* in *Kufa*, *Musas* in Bagdad, *Hüseyins* und *Abbas´* in *Kerbela*[390]. Die *Kizilbaschen* hatten nicht die höchsten Moralvorstellungen, aber die schlimmsten Vorwürfe der Türken wurden nicht praktiziert. Diebstahl wurde mit religiöser Sanktion belegt[391].

Die Aussage der Türken, dass sich *Kizilbasch* Frauen nur vor Muslimen verhüllen und nicht vor Christen, wurde laut *Molyneux-Seel* kaum bestätigt. Nur bei einer Gelegenheit habe er eine unverschleierte Frau gesehen[392].

Laut *Molyneux-Seel* war der Türkenhass der Dersimer mathematisch ausgedrückt verdienstvoller 36 Türken umzubringen, als einen Christen. Stimmt die Überlieferung *Molyneux-Seels*, so rührte der menschenverachtende Türkenhass der Dersimer aus religiösen Motiven. Daher erklärt sich auch, warum die Dersimer jeden Morgen die falschen Kalifen *Abu Bakr*, *Osman* und *Omar* und alle Türken, die den wahren Glauben verfälschten, verfluchten[393].

Es drängt sich der starke Verdacht auf, dass *Molyneux-Seel* seine Angaben über die Religion und den Türkenhass der Dersimer nicht aus der Überlieferung von *Seyits* erwarb, sondern in Gänze aus armenischen Quellen erfuhr. Dass

---

389 Molyneux-Seel, A Journey in Dersim, S. 66.

390 Molyneux-Seel, A Journey in Dersim, S. 66 f. Im Original sind die Namen und Orte teilweise falsch geschrieben. Hadschi Bektaschi Veli wird *„Hunker Hajji Bey Tashi Veli“* genannt. Anstatt *Kufa* im Irak heißt es *„Kulfa“*.

391 Molyneux-Seel, A Journey in Dersim, S. 67.

392 Molyneux-Seel, A Journey in Dersim, S. 67.

393 Molyneux-Seel, A Journey in Dersim, S. 67.

unter den Dersimern das Neue und Alte Testament eine Rolle spielten, gibt keine historische Quelle an. Wie sonst lässt sich erklären, dass viele Worte aus *Molyneux-Seels* Text in türkischer und nicht zazaischer Sprache überliefert sind? Selbst der oben erwähnte Zweizeiler ist auf Türkisch.
Man merkt den Armeniern an, dass sie die Dersimer in ihrem Sinne wiedergeben. Nämlich: Dersimer = Armenier der seine Wurzeln vergessen hat, aber in der religiösen Praxis Elemente seines alten Glaubens bewahrt hat. Im Grunde ist der Dersimer aus Sicht der armenischen Priester eine verwilderte Blume, die nur darauf wartet, in den armenischen Rosengarten umgebettet zu werden. Zweifelsfrei gibt es Dersimer die durch Assimilation ihre armenischen Wurzeln verloren haben, aber dies gilt nicht für alle Dersimer. Am Rande sei bemerkt, dass die Türken mit ähnlichen Mitteln versuchen die Dersimer zu türkisieren.

### 3.3. Bevölkerungsstatistik

Es ist schwierig Aussagen über die demographische Entwicklung Dersims, insbesondere vor 1938, zu treffen. Die osmanische Verwaltung in Dersim kannte kein modernes Personenstandswesen, das Geburten und Todesfälle registrierte. Daher basieren ausnahmslos alle Erhebungen auf Schätzungen. Somit kann auch nicht mit an Sicherheit grenzender Wahrscheinlichkeit gesagt werden, wie viele Menschen 1938 ermordet wurden[394].
*Nazmi Sevgen* schreibt, dass in Dersim Hebammen und Chirurgen gänzlich unbekannt waren[395]. Dies erklärte auch

[394] Vgl. M. Yıldız, Dersim'in Etno-Kültürel Kimliği, S. 201.
[395] N. Sevgen, Zazalar ve Kızılbaşlar, S. 132.

die hohe Kinder- und Säuglingssterblichkeit[396]. Dennoch war Dersim die Heimat der Langlebigen. Für den frühen Tod war nur die Kugel ursächlich. Die Kugel war für die Hälfte der Todesfälle verantwortlich[397].

Eine Bevölkerungsstatistik aus den Jahren 1893/94, die auf den Armenier *Antranik* zurückgeht und sich auf Süd-Dersim *(Çarsancak, Peri etc.)* bezieht, sieht eine deutliche armenische Bevölkerungsmehrheit. Allerdings ist die Statistik *Antraniks* mit Vorsicht zu genießen. Er versucht wie moderne türkische Nationalisten, Dersims Randbezirke als überwiegend armenisch darzustellen. Sicherlich gab es einen signifikanten armenischen Bevölkerungsanteil in Dersim. Ob er aber überall größer war als der der Dersimer ist mit großer Vorsicht zu betrachten. So schreibt *Antranik* selber, dass eine zuverlässige Bevölkerungszahl nicht vorliegt und seine Statistiken auf Schätzungen beruhen. Seltsamerweise nimmt er aber bei der Zählung der Armenier an, dass in jedem Haushalt mindestens 8 Personen lebten, wohingegen die „Kurden" nur zu fünft lebten[398]. So verwundert es nicht, dass das Dorf *Canig* mit 12 armenischen Haushalten auf 96 Personen kommt, während die Kurden mit 20 Haushalten auf 100 Personen kommen.

Antranik kommt für *Peri* auf eine Gesamteinwohnerzahl von 20.172 Personen. Davon sind 2/3-Armenier und 1/3 Kurden[399]. Für *Pertek* gibt *Antranik* gar keine Bevölkerungszahl an[400]. *Çemişgezek* wird mit 1.500 Haushalten angegeben, wobei eine Mischbevölkerung aus Armeniern, Türken und

---

[396] N. Sevgen, Zazalar ve Kızılbaşlar, S. 136.
[397] N. Sevgen, Zazalar ve Kızılbaşlar, S. 136.
[398] Antranik, Seyahatname, S.100 f.
[399] Antranik, Seyahatname, S.100.
[400] Antranik, Seyahatname, S.104 f.

Kurden besteht. Für *Tercan* gibt Antranik an, dass die Bevölkerung überwiegend aus Kurden besteht, aber eine starke armenische Minderheit existiert. *Tercan* verfügte über 650 – 700 Haushalte[401]. Wenn man die Haushalte mit 8 Armeniern und 5 Kurden nach Antraniks Logik berücksichtigt, so kommt man auf einen Durschnitt von 6,5 Personen pro Haushalt. Dies würde für Tercan einer Einwohnerzahl von 4.225 bis 4.550 Personen bedeuten.

Einige der wenigen Quellen, die sich mit der Einwohnerzahl Inner-Dersims befassten ist wiederum der Armenier *Antranik*. Zwar gibt er an, dass er als Reisender keinen genauen Überblick haben könne, wundert sich aber, dass selbst die Türken keine Statistik erheben können. Diese Hilflosigkeit der Türken führt *Antranik* auf die Lebensweise der Dersimer zurück. Sie würden selten mehr als 5-6 Jahre im selben Dorf verweilen. Dies würde eine Zählung unmöglich machen. Zudem sei der Dersimer gegenüber Fremden sehr misstrauisch, da er vermute, dass ein Spion Informationen sammelt. So hätten es Ausländer doppelt schwer, eine Bevölkerungszahl zu ermitteln[402]. Dennoch wagt es Antranik, die Einwohnerzahl in den autonomen Gebieten um den Kutu-Fluss und *Dujık* mit etwa 100.000 Personen anzugeben.

Antranik schreibt, dass sich diese Einwohner in 18 oder sogar mehr Stämmen zusammenschließen. Der religiöse Führer dieser Stämme sei der in der Nähe des *Havlor Surp Garabed*[403] lebende *Seyid Ibrahim*[404]. Des Weiteren habe jeder Stamm seinen eigenen Anführer, *Seyid* oder *Dede gehabt*. Die Stämme seien in der Lage gewesen, in kürzester Zeit

---

401 Antranik, Seyahatname, S. 107.

402 Antranik, Seyahatname, S. 117.

403 Heutzutage etwa 10 km nördlich von Tunceli-Zentrum gelegen.

404 Vlt. handelt es sich bei *Seyid Ibrahim* um einen Vorfahren Seyid Rızas.

40.000 Kämpfer zu mobilisieren, um feindliche Angriffe abzuwehren. Manche würden sogar schätzen, dass die Mobilmachung bis zu 60.000 Kämpfer hervorbringen könne[405]. Beide Zahlen sind sehr ambitioniert. Bei einer Einwohnerzahl von 100.000 Personen müsste man von 50.000 Frauen ausgehen. So bleiben noch 50.000 kampffähige Männer. Geht man von einem Viertel kampfunfähiger Männer (Greise und Kinder) aus, bleiben bestenfalls 40.000 Kämpfer. Alle zu bewaffnen und zu organisieren muss für damalige Verhältnisse eine logistische Meisteraufgabe gewesen sein. Zudem ist schon die Einwohnerzahl von 100.000 Personen höchst fraglich. Gerade Inner-Dersim bietet wenig fruchtbare Böden, um eine so große Menschenzahl zu versorgen. Handel mit anderen Provinzen wurde ja nicht getrieben. Dennoch schätzt Antranik die Gesamteinwohnerzahl Dersims vor 1900 auf etwa 200.000 Menschen[406]. Quellen nennt er nicht. Zur Bevölkerungszahl in Dersim, äußerte sich auch der britische Botschafter *J. G. Taylor* in *Erzurum.* Nach ihm lebten etwas weniger als 200.000 Seelen in Dersim. Sie gehörten einem unabhängigen Menschenschlag an, der sich nie unterworfen hatte, wenn auch die weniger gebirgigen Dörfer der Wehr- und Steuerpflicht unterlagen[407].
Die Organisation in Stammesverbänden wird auch von Molyneux-Seel bestätigt. Die Dersimer hätten eine Stammesorganisation, die der anderen nomadischen Kurden ähnele. Es gäbe 45 Stämme, welche sehr klein und Fragmente anderer größerer Stämme seien. Die Häuptlinge der wichtigsten Stämme seien *„Seyits"*. Die *„Seyits"* seien religiöse Würdenträger und daraus resultierend übten sie einen unbegrenzten

[405] Antranik, Seyahatname, S. 118.
[406] Antranik, Seyahatname, S. 118.
[407] Vgl. H. Çağlayan, Die Schwäche der türkischen Arbeiterbewegung, S. 248.

Einfluss auf die Stammesangehörigen aus. Die Dersimer seien Semi-Nomaden, die ihre Dörfer im Winter bewohnten und im Sommer in das *„Yayla“* (= Sommerlager) zogen. Das letztgenannte befände sich aber nie weit weg von ihrem Dorf[408]. Molyneux-Seel gibt die Einwohnerzahl mit 65.000 Personen an[409].

*Nuri Dersimi gibt* die Einwohnerzahl *Dersims* im Jahre 1937 mit etwa 500 Tausend an, nennt aber keine Quelle. Zwar betrachtet er eine Region die geographisch mehr als doppelt so groß ist wie die Region Tunceli, aber ein Hinweis, wie er auf seine Zahl kommt fehlt[410].

Erschwerend bei der Ermittlung der genauen Bevölkerungszahl kommt hinzu, dass der Dersimer und sogar der türkische Staat kein modernes Fernmeldewesen kannten. Nachrichten wurden über Kuriere ausgetauscht bzw. per Zuruf von Bergkuppe zu Bergkuppe übermittelt. So konnte man sich auch über Truppenbewegungen der Türken informieren und bei Gefahr Truppen mobilisieren[411]. Diese primitiven Kommunikationsmittel wurden aber nicht eingesetzt, um Einwohnerzahlen zu ermitteln.

Bezüglich der Einwohnerzahl Dersims im Jahre 1938 gibt es keine zuverlässigen Quellen. *Cemal Şener* sagte am 21.12.1999: „In Dersim wurden vier bis sieben Tausend Menschen getötet. Von 110.000 Einwohnern wurden 72.000 deportiert.“[412] Leider erwähnt *Cemal Şener* nicht, auf welche Quelle er sich bezieht. Auch ist nicht klar, auf welche Region sich die 110.000 Einwohner beziehen. Wenn man bedenkt,

---

408 Molyneux-Seel, A Journey in Dersim, S. 52. Auf Zazaki “Warê” genannt.

409 Molyneux-Seel, A Journey in Dersim, S. 52.

410 Vgl. M. Kalman, Dersim Direnişleri, S. 316 ff.

411 Antranik, Seyahatname, S. 153 f.

412 Aus D. Doğan, Dersim Olayı, S. 274.

dass Orte wie *Çemişgezek* und *Pertek*, sowie große Teile *Mazgirts* von den Ereignissen unberührt blieben, so müsste man ca. 1/3 der Bevölkerung abziehen. Bezieht sich die Zahl von 110.000 Einwohnern allein auf den Hot-Spot des Genozids, also *Tunceli-Zentrum*, *Ovacık*, *Hozat*, *Pülümür* und *Nazımıye*, so würde dies bedeuten, dass etwa 70% der Bevölkerung Dersims während der Ereignisse von 1938 getötet (3,6% - 6,4%) oder vertrieben (65,5%) wurden. Man stelle sich vor, dass ein Land wie Deutschland oder Frankreich mit einem Schlag fast 70% seiner Bevölkerung verliert. Mit einem Schlag hört ein Volk auf zu existieren. Der Bevölkerungsschwund ist nur mit den Ereignissen im Dreißigjährigen-Krieg zu vergleichen oder mit den Pestepidemien in Europa, als ganze Landstriche entvölkert wurden.

Nach *Kazım Aktaş* verfügte Dersim an die 80.000 Männer unter Waffen[413]. Diese Zahl erscheint aus zwei Gründen zu hoch zu sein. Erstens spricht hier die Einwohnerzahl dagegen und zweitens war man zu dieser Zeit in Dersim nicht in der Lage ein so großes Heer aufzubieten. Geschweige denn, die logistischen Herausforderungen zu meistern.

Die Einwohnerzahl von ca. 70.000 wird auch von Autoren wie *Şükrü Aslan* bestätigt. In seinem Aufsatz zitiert er verschiedene Quellen von 1891 bis 1931. In diesem Zeitraum war die Bevölkerung nie höher als 60.000 bis 70.000. Diese Zahlen umfassten auch die Orte *Pertek* und *Çemişgezek*[414]. Einzig *Ömer Kemal Ağar* gibt die Einwohnerzahl für 1936 mit 105.911 Personen an[415].

Die Einwohnerzahl mit ca. 60.000 – 70.000 Personen wiederzugeben ist nicht abwegig, da auch einige türkische und

---

[413] K. Aktaş, Ethnizität und Nationalismus, S. 85.
[414] Vgl. S. Aslan, Herkesin Bildiği Sır, S. 399.
[415] S. Aslan, Herkesin Bildiği Sır, S. 404.

internationale Quellen hiervon ausgehen. So wurde bereits beim *Pülümür* Feldzug 1930 von *Halis Pascha* diese Zahl als realistisch gemeldet[416].

Manche türkische Quellen, insbesondere kemalistische, gehen für 1935 von 107.723 Einwohnern aus. Bei der Nennung beziehen sie sich auf offizielle türkische Quellen. Die Betrachtung der Kemalisten hat aber einen Haken. Denn dieselbe Statistik weist für das Jahr 1927 nur 76.290 Einwohner aus. Nach dieser Logik wäre Dersim in 8 Jahren (!) um fast 40% gewachsen, was einem Bevölkerungswachstum von 4 - 5% pro Jahr entspricht. Kemalistische Kreise glauben dies auch allen Ernstes. Demnach sei Dersim von 1927 bis 1935 doppelt so schnell gewachsen, wie der Rest der Türkei[417]. Sogar schneller als Ankara, dass als neue Hauptstadt massiv gefördert wurde und in der sich sehr viele Menschen niederließen.

Dersim kann aber in der Zeit nicht so schnell gewachsen sein, da die schlechte Ernährungslage und die chronische medizinische Unterversorgung dies nicht zuließ. Eher ist davon auszugehen, dass die türkische Statistik geschönt ist, um die Opferzahlen so niedrig wie möglich zu halten[418]. Denn bereits für das Jahr 1940 geben die Türken die Einwohnerzahl mit 94.639 an. Nach dieser Lesart wären natürlich weit weniger Menschen ermordet bzw. deportiert worden.

Nach 1938 hatte Dersim immer so um die 100.000 Einwohner und in den 1980ern kurzfristig ca. 110.000 Einwohner.

---

[416] Dersim Raporu, veröffentlicht durch I. Çalışlar, S. 39. Wahrscheinlich stammt auch dieses Werk zu sehr großen Teilen aus der Feder N. Sevgens, da inhaltlich sehr viele Übereinstimmungen zu Sevgens Werk bestehen.

[417] http://www.turksolu.com.tr/345/basyazi345.htm (42).

[418] Vgl. M. Yıldız, Dersim´in Etno-Kültürel Kimliği, S. 180 f.

Für 2015 wird diese Zahl mit 87.021 Personen wiedergegeben[419].

## 3.4. Topographie, Wirtschaft, Verwaltung und Bildung

### Topographie

Nach *Nuri Dersimi* sind die Berge in Dersim 2.500 bis 3.600 m hoch. Der *Munzur* und *Mercan* Berg sind ganzjährig schneebedeckt. Die Berge umschließen Dersim so, dass Dersim als natürliche Bergfestung erscheint[420]. Diese Geomorphologie wird *Alişêr* später veranlassen, sein berühmtes Gedicht *„Dersim Dört Dağ Içinde"* (=Dersim ist umgeben von vier Bergen) zu verfassen.

Zu den bekanntesten Wadis Dersims gehören der *Kutu-Fluss* und die *Ali-Landenge*. Der *Kutu-Fluss* beginnt im Dorf *Iksor* und breitet sich in süd-nördlicher Richtung aus. In dieser Gegend war das Reiten auf Maultieren nahezu unmöglich, da das Wadi sehr tief und seine Klippen steil sind. Das Wadi beherbergt eine Vielzahl an engen und langen Höhlen, die ideal für Verstecke sind. Links und rechts des *Kutu-Flusses* leben die Stämme *Demenan*, *Haydaran*, *Kalan* und *Yusufan*[421]. Der Fluss, zudem der *Kutu* gehört, ist der Harçik-Fluss[422]. Ein weiterer wichtiger Fluss ist der *Munzur*, der in der Nähe von *Ovacık* entspringt[423]. Die *Ali-Landenge* liegt in *Çemişgezek* und ist etwas kleiner als das Wadi des *Kutu-Flusses*. Die Stämme *Koçan*, *Şemkan* und *Reşikan* wohnen

---

[419] http://www.nufusu.com/il/tunceli-nufusu (41).
[420] N. Dersimi, Kürdistan Tarihinde Dersim, S. 2.
[421] N. Dersimi, Kürdistan Tarihinde Dersim, S. 11.
[422] Weiter nördlich heißt der Harçik *„Pülümür Suyu"*.
[423] N. Dersimi, Kürdistan Tarihinde Dersim, S. 6.

in der unmittelbaren Umgebung. Das Wadi ist ähnlich steil wie das Wadi des *Kutu*.

Im Folgenden die Übersetzung von Hauptmann *L. Molyneux-Seels* Reisebericht *„A Journey in Dersim", der die Topographie Dersims illustriert*[424]:

> „Das als Dersim bekannte Land ist geographisch fest definiert. Es liegt im Betrachtungswinkel zweier Nebenflüsse des Euphrat, nämlich *Fırat Su* und *Murad Su*, und in einer gezogenen Linie durch *Kiğı*, *Pülümür* und *Erzincan*. Diese bildet die nord-östliche Grenze Dersims. Das Gebiet ist etwa 7.000 Quadratmeilen groß. Das ganze Gebiet ist extrem gebirgig und schroff. Zwischen den höher gelegenen Bergen befinden sich zahllose verworrene V-förmige Täler, die mit dichtbewachsenen Eichenbaum-Wäldern und Schluchten überzogen sind[425].
>
> Die Dersimer Dörfer sind, im Vergleich zu anderen Ansammlungen von Schlammhütten in anderen Gegenden Kurdistans, überlegen. Hier findet man gut gebaute Steinhäuser, die oftmals zweistöckig sind. Allerdings sind die Dörfer klein und oftmals entlang eines Tals zerstreut. Ihre Standorte sind in der Regel durch sehr feine Walnuss- und Maulbeerbäume gezeichnet, welche den perfekten Schatten spenden, den ein ausgelaugter Reisender sich wünschen kann. Fast überall in Dersim ist Wasser in Hülle und Fülle verfügbar. Eiskalte Quellen und Bergströme in absoluter Reinheit sind glückliche Kompensationen für die Mühseligkeit der Reise in einem Land, in dem ein 12

424 Der Text wurde aus dem englischen Original vom Autor übersetzt.

425 Molyneux-Seel, A Journey in Dersim, S. 49.

– 15 Meilenmarsch einen ganzen Tag in Anspruch nehmen kann[426].

Der gewonnene Gesamteindruck eines Reisenden von Dersim ist der einer grünen Oase, frisch und vollen, dankbaren Schattens im Vergleich zu dem, was die Augen des Reisenden von den entblößten, ausgedörrten Bergen Kurdistans gewöhnt sind[427]. Die nördliche Grenze bilden die *Munzur* und *Mercan-Berge*, die eine natürliche Barriere an der südlichen Bank des *Fırat Su* bilden. Die Berge sind 10 bis 11.000 Fuß[428] hoch[429]. Am Fuße des *Munzur-Berges* liegt *Ovacık*. Eine steinige Ebene, die 15 Meilen lang und 3 Meilen[430] breit ist. Sie erhebt sich 4.200 Fuß hoch[431]. Mit Ausnahme einiger Parzellen ist das Land unbestellt und es sieht nicht danach aus, als ob sich harte Arbeit auszahlen würde[432]."

**Wirtschaft**

Wie schon Molyneux-Seel oben beobachtete, ist die Erde Dersims nicht gerade ideal um intensive Landwirtschaft zu betreiben. Die Erträge lassen zu wünschen übrig. Dies hat mit der schroffen Natur zu tun. Somit war Hunger kein Fremdwort für die Dersimer. Die Ernährung war schlecht. Daher fanden „*Kola*"[433] genannte Raubzüge statt. Die Räubergruppen bestanden aus acht bis zehn primitiv bewaffne-

[426] Molyneux-Seel, A Journey in Dersim, S. 49 f.
[427] Molyneux-Seel, A Journey in Dersim, S. 50.
[428] 3.000 bis 3.330 m.
[429] Molyneux-Seel, A Journey in Dersim, S. 50.
[430] 24 km lang und ca. 5 km breit.
[431] Molyneux-Seel, A Journey in Dersim, S. 50.
[432] Molyneux-Seel, A Journey in Dersim, S. 50.
[433] Zazaki "qole carnenê" = bewaffneter Raubzug.

ten Männern. Die Banden hätten bestenfalls 1-2 Gewehre[434] gehabt. *Nazmi Sevgen* gibt zu, dass die Dersimer hungerten und deshalb organisierten Raub betrieben. Der Grund sei darin zu sehen, dass der osmanische Staat seine Hausaufgaben nicht gemacht hätte. Dies führt er wiederum auf die *Tanzimat-Periode*[435] zurück[436].

Zu den wenigen angebauten Produkten gehörten Weizen, Bohnen, Kartoffeln, sowie verschiedene Krautsorten. Die wenigen fruchtbaren Parzellen gehörten den türkischen Siedlern. So verwundert es nicht, dass überwiegend Viehzucht betrieben wurde. Die Viehzucht spezialisierte sich auf Milchprodukte, die die Tiere abgaben[437]. Bis in die Gegenwart spielen Ackerbau und Viehzucht eine wichtige Rolle für die Wirtschaft Dersims. Lediglich im Dorf *Agast* des Stammes *Yusufan* gab es Baumwollanbau. Ansonsten ein paar Schreiner und Weber[438].

Denn eine Industrialisierung hat in Dersim nie stattgefunden. Ein Hoffnungsschimmer wurde 2005 die Gründung der *Munzur A.Ş.* in Ovacık. Ziel ist es laut offizieller Internetseite, die Wirtschaft Dersims zu fördern. Die *Munzur A. Ş.* ist eine

---

[434] N. Sevgen, Zazalar ve Kızılbaşlar, S. 88.

[435] Die Tanzimat-Periode aus Wikipedia: „Als Tanzimat (= osmanisch „Anordnungen, Neuordnung") wird die Periode tiefgreifender Reformen im Osmanischen Reich bezeichnet, die 1839 begann und 1876 mit der Annahme der Osmanischen Verfassung endete. Durch die Reformen verzichtete der Sultan auf seine unbeschränkten Rechte über Leben und Eigentum seiner Beamten. Die Ministerialressorts wurden festgelegt, die zivilrechtliche Gleichheit aller Untertanen wurde ausgesprochen sowie das Finanz-, Justiz- und Heerwesen reorganisiert. Mit den Tanzimat-Reformen versuchten die Osmanen, den langsamen Niedergang ihres Reiches, vor allem im Vergleich zu den aufstrebenden, sich industrialisierenden Mächten Europas aufzuhalten."

[436] N. Sevgen, Zazalar ve Kızılbaşlar, S. 62.

[437] M. Kalman, Dersim Direnişleri, S. 207.

[438] N. Sevgen, Zazalar ve Kızılbaşlar, S. 138.

Genossenschaft, an der 240 Mitglieder beteiligt sind. Hauptprodukt ist das Wasser des Munzur-Flusses, das in *Ovacık* in einer Abfüllanlage in Plastikflaschen gefüllt wird. Danach erfolgt die Distribution in der Türkei. Eine bedeutende Einnahmequelle ist das Wasser noch nicht, lässt aber auf eine bessere Zukunft hoffen[439].

Die *Munzur A.Ş.* ist 2014 die einzige Fabrik Dersims. Die anderen Fabriken wurden im Rahmen der Privatisierungswelle geschlossen. Während in den 80er Jahren die Viehstückzahl etwa 1,4 Millionen betrug, sank diese Zahl auf 400 Tausend im Jahr 2014[440].

*Antranik* schreibt, dass Dersim über reiche Bodenschätze verfügt. Zu diesen würden Gold, Nitrat, Salz und Erdöl zählen[441]. Salzbergwerke gibt es in der Tat um Pülümür. Ob es Gold, Nitrat und Erdöl gibt, ist eher zweifelhaft[442]. *Antranik* war als Abenteuerreisender unterwegs und kein Fachmann. Daher neigen seine Schilderungen zu Übertreibungen, wie dies sehr oft in historischen Quellen der Fall ist.

Dersim war nie ein Industriestandort. Im Jahre 2009 zählte die Handelskammer *Tunceli* gerade einmal 214 Beschäftigte. Hingegen ist der Dienstleistungssektor stark vertreten. Allein im Stadtzentrum gab es insgesamt 85 Teehäuser, Kneipen und Restaurants. Gerade die 11 Kneipen, die auch Bardamen beschäftigten, hatten ab dem Jahr 2000 für bluti-

---

439 Vgl.: http://www.munzursu.com/.

440 http://www.cumhuriyet.com.tr/haber/turkiye/147887/_Asil_modern_Kerbela__barajlar_.html# (5).

441 Antranik, Seyahatname, S. 93.

442 Der Volksmund weist darauf hin, dass die Armenier durch den Goldabbau in Dersim zu Reichtum gelangt sind. So gab es bis in die jüngste Vergangenheit Dersimer, die nach dem versteckten Gold der Armenier suchten. Ich halte dies für ein Gerücht. Dieselben Geschichten werden in anderen Gebieten Türkisch-Kurdistans erzählt.

ge Unruhen gesorgt. Ein Teil der Dersimer verlangte die Schließung dieser Etablissements, da sie der Kriminalität Vorschub leisten würden. Im Gegensatz zum schwach ausgeprägten Privatsektor, spielt der öffentliche Sektor eine große Rolle und beschäftigt 5.869 Personen (Stand: 2009)[443]. Da die Beschäftigungsaussichten, nicht zuletzt aufgrund der politischen Umstände düster waren, haben sich die Dersimer auf die Suche nach Arbeit in der restlichen Türkei bzw. im Ausland gemacht[444].

**Verwaltung**

1831 gehörten *Pertek*, *Çemişgezek* und *Mazgirt* verwaltungstechnisch zu *Diyarbakır*. 1847 wurde *Hozat* zum Zentrum Dersims ausgebaut und erhielt den Status eines *Sandschak*, das von *Erzurum* aus verwaltet wurde. Erst 1869 erhielt Dersim in Form von *Hozat* den Status einer selbständigen Provinz[445].

1877 werden die nördlichen Teile Dersims, *Erzurum* zugeschlagen, während die südlichen Teile an *Elazığ* fallen. 1886 wird *Hozat* als Sitz des Provinzgouverneurs ausgebaut und es werden Gendarmeriekasernen, sowie Verwaltungsgebäude errichtet. Bis 1935 wird der Status nach Gutdünken von *Sandschak* zu Provinz geändert und mal werden Teile zu *Erzurum*, *Erzincan* und *Elazığ* hin und her verteilt[446].

Seit 1935 heißt Dersim offiziell Provinz *Tunceli* und besteht neben der Provinzhauptstadt Tunceli aus den Distrikten *Na-*

---

[443] Vgl. M. Akın, Herkesin Bildiği Sır, S. 51.

[444] Vgl. M. Akın, Herkesin Bildiği Sır, S. 54. Demnach leben Dersimer in Nord-Amerika, Europa, Afrika (!) und Asien. Nach meinen Erfahrungen sogar in Australien und Neuseeland.

[445] M. Kalman, Dersim Direnişleri, S. 210.

[446] M. Kalman, Dersim Direnişleri, S. 210 f.

*zımıye, Mazgirt, Pülümür, Pertek, Çemişgezek, Ovacık* und *Hozat*.

## Bildung

Die Vorfahren der Dersimer waren in ihrer Mehrheit Analphabeten. So schreibt der armenische Reisende *Antranik*, dass die Dersimer verwundert waren, als er begann schriftliche Aufzeichnungen zu machen. Insbesondere sollen sie sich über die Buchstaben gewundert haben. Sie verstanden nicht, dass Buchstaben eine Bedeutung haben konnten[447].

Dersim verfügte in der Vergangenheit nie über wichtige Hochschuleinrichtungen. Folglich war das Bildungsniveau nicht sehr hoch. Die ersten Aufzeichnungen über das Schulwesen datieren auf das Jahr 1872. Demnach gab es in *Çemişgezek* 1 Mittelschule und 18 Grundschulen. *Pertek* hatte 5 Grundschulen und 1 Mittelschule. *Ovacık* hatte 3 Grundschulen und 1 Mittelschule. In *Mazgirt* gab es 1 Mittelschule für Muslime und 3 für Christen. 1876 gab es nur noch 1 Mittelschule für Muslime und 1 für Christen[448].

Erst das Jahrbuch von 1888 gibt die Schülerzahlen wieder. Demnach waren 222 Schüler in den verschiedenen Orten Dersims eingeschult. 1890 wurde berichtet, dass an den 6 Medressen 170 Koranschüler und in den Grundschulen 750 Grundschüler unterrichtet wurden. Zur selben Zeit sollen an den 8 armenischen Schulen 1.050 Schüler unterrichtet worden sein. Darunter 150 Mädchen. In den folgenden Jahrzehnten stieg die muslimische Schülerzahl nicht wesentlich, während die armenischen Schulen vollständig verschwanden[449].

---

[447] Antranik, Seyahatname, S. 19.

[448] M. Kalman, Dersim Direnişleri, S. 212.

[449] M. Kalman, Dersim Direnişleri, S. 213.

Das allgemein geringe Bildungsniveau ist einfach zu erklären. In osmanischer Zeit waren Schulen in Anatolien selten anzutreffen. Daher war das Bildungsniveau der osmanischen Bevölkerung insgesamt sehr gering. Für Dersim kam speziell hinzu, dass die Dersimer an Bildung wenig Interesse hatten. In patriotischen kurdischen Quellen wird oftmals darauf hingewiesen, dass dieses Desinteresse mit der erkannten Gefahr von Assimilation und Sunnitisierung begründet wurde. Eher dürfte wohl sein, dass die Dersimer Bildungsmuffel waren und an sich wenig mit Bildung anfangen konnten.

Kurz vor 1938 und besonders danach, schossen Schulen wie Pilze aus dem Boden. Die Türken hatten erkannt, dass der Schlüssel zur Assimilation in der Bildung in türkischer Sprache lag. Schüler die eingeschult wurden, wurden unter Androhung von Strafe – auch körperlicher - dazu gezwungen, kein Kurdisch oder Zazaki zu sprechen. Vielen Schülern wurde angedroht, ihre Eltern zu verhaften, wenn sie ihre Muttersprache sprachen. Eingeschüchtert von solchen Maßnahmen, legten die Schüler nach und nach ihre Muttersprache zugunsten des Türkischen ab. Neben den körperlichen Repressalien kamen auch noch psychologische hinzu. So wurde den Schülern ein Minderwertigkeitsgefühl eingehaucht. Es wurde gesagt, dass ihre Muttersprache keine bedeutende Staatssprache sei und nur von ungebildeten Bauern gesprochen werde. Wolle man das Tor zur Zivilisation weit aufstoßen und Teil der Zivilisation werden, so müsse man türkisch sprechen. Auch diese Methode wirkte. Einige Dersimer sind von ihren traumatischen Erlebnissen ein Leben lang gezeichnet und möchten bis heute kein Kurdisch

oder Zazaki sprechen[450]. Erwähnt werden muss, dass nicht nur türkische Lehrkräfte den Gebrauch der Muttersprache unter Strafe stellten, sondern auch Lehrer aus Dersim.
In Dersim wurde nach 1938 Bildung großgeschrieben. Die Alphabetisierungsrate Dersims ist gleichzeitig die höchste der Türkei. Am 31. Mai 2008 wurde im Amtsblatt der Türkischen Republik veröffentlicht, dass Dersim eine Universität bekommt. Die Universität nahm 2009 mit 1.200 Erstsemestern den Betrieb auf[451].

### 3.5. Musik und Literatur

Dersim bietet für so eine kleine Provinz, eine recht lebendige Poesie, die stets mündlich überliefert wurde. Erst in jüngster Zeit wurden die zahlreichen Gedichte und Lieder schriftlich fixiert. Die Gedichte und Lieder handeln vom Leben der Dersimer und ihrem Überlebenskampf. Daneben gibt es Liedgut mit religiösen Texten. Eins der bekanntesten Stücke über den Überlebenskampf der Dersimer ist das Lied *„Setero“*, dessen Komponist unbekannt ist. In dem Lied heißt es unter anderem:

> „Natê ma chêmê, dota ma chêmê,
> Muzır pêl dano, sadê gonê,
> bıraê mı, serva Dêsimê damê pêro.”

---

[450] Unvergessen bleibt für mich die Erzählung meiner Schwägerin. Sie war in Pülümür auf einem Internat. Ich möchte ihre Worte wiedergeben: „Immer wenn wir Zazaki sprachen, spürten wir Sekunden später die Faust eines Lehrers im Gesicht oder die Handfläche im Nacken. Wenn ich Zazaki spreche, schaue ich mich bis heute um, ob Türken in der Nähe sind. Schließlich will ich nicht geschlagen werden.“

[451] M. Akın, Herkesin Bildiği Sır, S. 60. Vgl. auch die offizielle Webpräsenz der Universität: www.tunceli.edu.tr.

"Wir sind inmitten zweier Flüsse,
Die Wellen des Munzur schwemmen Blut an,
Mein Bruder, wir kämpfen für Dersim."

Zu den bekanntesten Barden Dersims zählt der blinde *Sey Qaji*, der wahrscheinlich 1860 das Licht der Welt erblickte und 1936 verstarb. Er komponierte zahlreiche Lieder, die das politische und religiöse Leben der Dersimer widerspiegelten. Da *Sey Qaji* ein *Seyit* war, kannte er das Leben Dersims bestens. Diese Kunde gab er in seinen Gedichten preis. Ihm zu Ehren wurde 77 Jahre nach seinem Tod in seinem Geburtsdorf ein Schrein gebaut, der seinen Namen trägt[452].

Nach 1938 machten Barden wie *Sılo Qız* bzw. *Qêmero Areyiz* u.a. auf sich aufmerksam. Beide stammen aus Ost-Dersim. *Sılo Qız* trat sehr oft in Dörfern auf und spielte alte Volkslieder, die er mit einem für Dersim ungewöhnlichen Instrument, der Geige, begleitete. *Sılo Qız* wurde mehrmals von den Türken verhaftet und misshandelt, da er fast ausschließlich in seiner Muttersprache Zazaki *(Kırmancıki)* sang. Nach 1938 bis einschließlich Anfang der 1990er war der Gebrauch des Zazaki unter Strafe gestellt. Wer dennoch Zazaki sprach oder sang, wurde von den Türken bestraft. *Qêmero Areyiz*, der auch lange Zeit in Österreich lebte, hatte es da etwas einfacher. Er genoss die Freiheit, die ihm die österreichische Diaspora bot. Viele Dersimer fuhren zu ihm und baten ihn ein paar Lieder zu spielen, die sie dann auf Tonträger aufnahmen. Die Tonträger blieben dabei in privatem Gebrauch, da man auch in der Diaspora Angst vor dem

---

[452] Vgl. http://dersimnews.com/manset/dizeleriye-tarihe-tanik-dersim-sairi-sey-qaji.html (16).

langen Arm des türkischen Staates hatte. Die Lieder *Qêmero Areyizs* handeln oft von Alltagssituationen in Dersim und in der europäischen Diaspora. Das Instrument, das er dabei spielt ist das klassische Musikinstrument der Dersimer: das drei-saitige *Saz* (*Thembur* genannt)[453].

Zur fast selben Zeit machte in West-Dersim ein blinder Barde auf sich aufmerksam: *Hüseyin Doğanay*. Seine Werke handeln in der Regel vom Leben in Dersim und seinen Umständen wie Stammeszugehörigkeit. *Hüseyin Doğanays* Werke zeichnen sich besonders dadurch aus, dass er die Zaza-Sprache sentimental einsetzt und den Zuhörer mitfühlen lässt.

Ende der 1980er Jahre machte der Sänger *Ozan Serdar* durch seine professionelle Musik in Zaza-Sprache auf sich aufmerksam. Er sang viele alte und neue Lieder und sorgte dafür, dass die Sprache ihren Winterschlaf beendete. Auch ihm war die Verwendung der Zaza-Sprache deshalb problemlos möglich, weil er in Deutschland musizierte.

Alle bisher genannten Musiker vertraten die klassische Dersimer Musikrichtung. Mitte der 1990er Jahre kam es zu einer kleinen Revolution, als die Musiker-Brüder *Metin* und *Kemal Kahraman* ihre in Zazaki gesungenen Lieder mit modernen Instrumenten wie der Gitarre bereicherten.

Es dauerte nicht lange, bis die Cousins *Ahmet* und *Mikail Aslan* ebenfalls die Zaza-Musik mit neuen Lauten und Instrumenten bereicherten. Dabei nahmen sie auch Elemente des spanischen Flamenco und des amerikanischen Jazz mit auf. Gefolgt wurde diese moderne Entwicklung durch das Erscheinen von *ZeleMele Mêm*. Dieser erweiterte den Einfluss um Komponenten des Hip-Hop und des Blues. Ohne-

[453] M. Aslan, Herkesin Bildği Sır, S. 211.

hin steht das Zaza-Wort *„Zelemele“* für Liedgut, das gesungen wird um den Zustand der Melancholie widerzuspiegeln. Ganz wie in der amerikanischen Musikrichtung.

Den modernen Dersimer Musikern ist es gelungen, auch unter den jüngeren, nicht mehr Zazaki-Sprechenden Dersimern, eine kulturelle Revolution zu entfachen. Viele junge Dersimer nutzten diese Musik zur kulturellen Rückbesinnung auf die eigenen Werte, die ihnen von ihren Eltern vorenthalten wurde. Ohne das Verdienst der *Aslans*, *Kahramans* und Co., wäre die Sprache und mit ihr die Kultur und Geschichte Dersims nur noch ein Randphänomen älterer Menschen.

Auch Musiker aus dem *Kurmanji*-sprachigen Gebiet bereicherten die Musik Dersims. Einer der Vertreter der klassischen Musikrichtung des *Kurmanji*, ist der aus *Hozat* stammende Musiker *Ali Baran*, der traditionelle Lieder singt. Aus *Çemişgezek* bereicherte *Aynur Doğan* die Musikszene Dersims. Aynur Doğan kombinierte klassische Texte mit modernen Einflüssen, wie Jazz-Elemente, um wie die *Aslan* Cousins auch das jüngere Publikum zu erreichen. Der aus Mazgirt stammende Musiker *Hozan Diyar* professionalisierte die Musik Dersims ebenfalls um klassische Texte, die mit modernen Instrumenten vorgetragen werden.

Bis auf *Aynur Doğan*, konnten die Musiker ebenfalls ihr Metier frei in Europa ausüben. *Aynur Doğan* profitierte aber auch allmählich von der einsetzenden Liberalisierung in der Türkei. Dennoch musste sie auch weiterhin gegen die Widrigkeiten im politischen Leben der Türkei ankämpfen. So wurde sie während eines internationalen Jazz Festivals in

Istanbul 2011 von Besuchern mit Gegenständen beworfen und ausgebuht. Ihr „Vergehen"? Sie sang auf *Kurmanji*[454].

Nach *Mikail Aslan* diente die Musik in Dersim anfangs primär dem religiösen Ritual. Sie garantierte die Verbindung zwischen dem Allmächtigen und der Natur. *Aslan* weist auch auf die Gemeinsamkeiten zwischen der spirituellen Musik Dersims und anderen alt-iranischen Riten. Dies sei besonders beim Musizieren zu beobachten, wenn sich der Singende in Trance versetzt und immer schneller singt oder in ein Feuer stürzt. Gerade bei den Zoroastriern war die Kunst, nicht mit dem Feuer zu verglühen, ein besonders anerkanntes Wunder. Dasselbe gilt für Dersimer Aleviten bis heute (Vgl. das von *Ağuçan* vollbrachte Wunder: er stieg in einen Ofen und kam mit zugefrorenem Schnurrbart wieder raus). Zudem diente die Musik auch der mündlichen Überlieferung von historischen Ereignissen an die jüngere Generation[455]. Doch die Musik wandelte sich von der Sakralmusik zur weltlichen Musik, die neben der Sakralmusik weiterhin besteht. Die weltliche Musik hat neben den Themen Liebe, Sehnsucht, Fremde, Heldentum auch die Tapferkeit zum Gegenstand[456].

Laut Mikail Aslan wurde die Dersimer-Kultur lange links liegen gelassen, weil viele dachten, dass die lokale Kultur nichts Brauchbares liefert. Erst nach 1980 entdeckte man die reichen kulturellen Überlieferungen wieder und musizierte auf *Zazaki* oder *Kurmanji*. Die Texte wären vielleicht für

---

454 http://www.radikal.com.tr/turkiye/caz_festivalinde_kurtce_sarki_soyleyen_aynur_yuhalandi-1056494 (10).

455 M. Aslan, Herkesin Bildiği Sır, S. 200.

456 Vgl. M. Aslan, Herkesin Bildiği Sır, S. 202 u. 203.

immer verloren, hätten nicht Privatpersonen wie *Hawar Tornêcengi (Hawar Zornêcengi)*, *Munzur Çem* oder *Cemal Taş* diese engagiert auf Tonträgern gesammelt und niedergeschrieben[457].

---

[457] Vgl. M. Aslan, Herkesin Bildiği Sır, S. 213.

# 4. Historie vor 1938 und Militäroperationen vor 1937

## 4.1. Historie vor 1938

Nach Molyneux-Seel wurde Dersim wahrscheinlich nominell, oder eher geographisch Teil des Osmanischen Reiches zu Beginn des 16. Jahrhunderts, als Kurdistan und Diyarbakır von *Sultan Selim I.* annektiert wurde. Die Kurden, die schon immer besondere Privilegien genossen, wurden anschließend praktisch unabhängig und aufmüpfig, sodass 1834 eine osmanische Armee entsandt wurde, um das Land zu befrieden. Dennoch unternahm die Armee keinen Versuch, die Festung Dersim zu erstürmen und die Stämme blieben unabhängig. Sie zahlten weiterhin keine Steuern und Tribute und lehnten die osmanische Autorität gänzlich ab[458].

Eine der ältesten osmanischen Schriften über die Dersimer ist eine Beschwerde der Einwohner von *Çarsancak* über die Raubüberfälle der Dersimer aus dem Jahr 1726. So habe der Stamm *Hasanan* die Umgebung überfallen und selbst türkische Soldaten hätten nicht Herr der Lage werden können. In dem Dokument werden zusätzliche Truppen angefordert, um die Lage zu beruhigen[459]. Ein weiteres Schreiben aus dem Jahr 1787 befasst sich mit derselben Problematik. Wieder ist der Stamm *Hasanan* erwähnt und dieses Mal ist sogar von *Kizilbaschen* die Rede, die außerhalb der Scharia leben und die ersten 3 Kalifen nicht anerkennen[460]. Ein weiteres Dokument aus dem Jahr 1764 belegt, dass ein Dersimer vom Stamme *Hasanan* namens Mustafa, dem Galgen entgeht, weil ein osmanischer Beamter interveniert. Mustafa

[458] Molyneux-Seel, A Journey in Dersim, S. 51.

[459] C. Şener, Osmanlı Belgelerinde Dersim Tarihi, S. 9.

[460] C. Şener, Osmanlı Belgelerinde Dersim Tarihi, S. 63 f.

wird nach *Bursa* verbannt. Sein Vergehen war wieder Banditentum[461].

Wie aus diesen wenigen Dokumenten hervorgeht, werden die Dersimer in osmanischen Dokumenten nur erwähnt, wenn sie plündern. Nur ihre Religion, dass *Kizilbaschentum* wird erwähnt. Ansonsten befinden sich keine Bezüge zu Sprache, Kultur oder Geschichte. Anscheinend hatten die Türken kein Interesse an der Kultur anderer Völker.

Über die Geschichte Dersims vor 1850 ist wenig bekannt. Dies hängt im Wesentlichen damit zusammen, das schriftliche Quellen aus dieser Zeit fehlen. Die wenigen Dokumente die es gibt, befassen sich mit den Beschwerden der Dersimer-Nachbarn an die osmanische Staatsmacht. Als das Osmanische Reich gegründet wurde, war Dersim unter starkem Einfluss des Alevitentums. Im 15. Jahrhundert wurde Dersim dem Pascha *Fatih Sultan Mehmet* zur Unterwerfung angeboten. Doch die Osmanen zeigten sich uninteressiert. Als *Yavuz Sultan Selim* gegen den persischen Schach in den Krieg zog, ließ er es nicht ununternommen, auch die Berge Dersims zu erzittern. Seitdem sei Dersim ein Teil der Türkei geworden[462]. Was Uluğ unerwähnt lässt, ist das *Yavuz Selims* Truppen massenhaft Aleviten abschlachteten. Folglich muss auch Dersim ein Massaker erlebt haben. Sind die Angaben Uluğs richtig, so lebten bereits die Vorfahren der Dersimer im 16. Jahrhundert (also schon 1514) in Dersim. Sie können also nicht mit dem persischen Schach nach Anatolien eingefallen sein. Laut *Uluğ* flohen die Dersimer vor dem Mongolensturm *Tamerlans* (1336 – 1405) in die Berge Dersims. Konkrete Belege hierfür gibt es aber nicht.

---

[461] C. Şener, Osmanlı Belgelerinde Dersim Tarihi, S. 71.

[462] N. H. Uluğ, Derebeyi ve Dersim, S. 23. Uluğ spricht hier nicht von Alevitentum, sondern von Kizilbaschentum.

Das Verhältnis der Dersimer zu ihren Nachbarn war stets von Spannungen geprägt. Sie terrorisierten ihre Nachbarn förmlich und plünderten das Hab und Gut der Nachbarn. Die Nachbarn verlangten stets Bestrafungsmaßnahmen gegen die Dersimer, um die Raubzüge ein für allemal zu beenden. Der Staat unternahm auch Feldzüge gegen die Dersimer, konnte sie aber nicht entscheidend stoppen. Der Staat schaffte es noch nicht einmal, den Dersimern die regelmäßige Steuerzahlung aufzubürden[463]. So verwundert es nicht, dass die ersten Belege über die Existenz der Dersimer in der Region aus osmanischen Quellen von Raubzügen der Dersimer handeln. So wird erstmals aus dem Jahr 1705 berichtet, dass die Dersimer auf Raubzügen die öffentliche Ordnung und Sicherheit gestört hätten. Die Sicherheit des Staates und der Bevölkerung solle wieder hergestellt werden[464].

Nach *Aytaç* waren die Dersimer bis ins 16. Jahrhundert durchaus loyale Bürger des Osmanischen Reiches. Sie leisteten den Wehrdienst ab und zahlten Steuern. Die Dersimer nahmen sogar an Feldzügen gegen die „Ungläubigen" teil. Erst ab 1600 kam es zu einem Zerwürfnis mit der Zentralgewalt in Istanbul, als nur noch Sunniten über Dersimer befehligen sollten und nicht mehr Aleviten. Als Beweis führt er die Stammbücher der Dersimer Familien an, die auch historische Quellen wie Abstammung und Herkunft erwähnen und von osmanischen Beamten ausgestellt wurden[465].

---

[463] S. Akgül, Amerikan ve Ingiliz Raporları Işığında Dersim, S. 18.

[464] S. Akgül, Amerikan ve Ingiliz Raporları Işığında Dersim, S. 20 f. In *Evliya Çelebis „Seyahatname"* ist lediglich von der Existenz der Zaza-Sprache die Rede.

[465] K. Aytaç, Halk Anlatımlarına Göre Dersim, S. 27.

## 4.2. Militäroperationen vor 1937

Wesentlich besser dokumentiert sind die zahlreichen osmanischen Militärexpeditionen nach Dersim.
*Antranik* berichtet in seinem Buch *„Seyahatname"*, dass in den Jahren 1855 und 1861 zwei türkische Militäroperationen Dersim verwüsteten. Die Türken drangen beide Male in den Raum *Kuzucan* (das heutige *Pülümür*) ein. Dabei verfolgten die Türken eine Politik der verbrannten Erde. Dörfer wurden niedergebrannt und fast alle Menschen getötet. Mehrere Dutzend Menschen die überlebten, wurden nach Istanbul deportiert[466]. Ähnlich sollte es 1938 sein, als die Türken erneut kamen, um dieses Mal zu bleiben.
Das Leben in Dersim vor 1938 ist schwer zu beschreiben. Dies hängt nicht zuletzt damit zusammen, dass das Innere Dersims bis kurz vor 1938 „autonom" war. *Antranik* sieht die Autonomie in der Person und der Natur der Dersimer begründet. Die unwirtliche Landschaft macht es jedem Feind schwer, das Terrain zu erobern. Als es den Türken gelang, die Außenbezirke Dersims zu erobern, zogen sich die unterworfenen Stämme in die autonomen Gebiete zurück[467].
Schon *Antranik* schreibt, wer der Hauptfeind der Dersimer war, wenn diese sich nicht untereinander bekämpften:

> „Die Volkshistoriker sagen: Bevor der Türke seine Kraft mit Ivan (Russen) misst, tut er dies mit Dersim. Unterliegt er Ivan, so rächt er sich an Dersim[468]."

---

466 Antranik, Seyahatname, S. 116.
467 Antranik, Seyahatname, S. 116.
468 Antranik, Seyahatname, S. 155. Anmerkung des Verfassers, um Verwirrungen vorzubeugen, was „Moskof" bedeutet: Das im türkischen Original vorkommende „Moskof" ist ein Schimpfwort für Russen (etwa Ivan im Deutschen)

Das größte Problem bei der Wiedergabe der Vergangenheit Dersims ist das Fehlen schriftlicher und vor allem zuverlässiger Quellen. Daher ist es auch schwierig, genaue Angaben über eine Periode von mehr als 150 Jahren zu machen. Viele Erzählungen wurden nur mündlich überliefert und schwanken von Wahrnehmung zu Wahrnehmung[469]. Nach *Antranik* muss Dersim vor 1850 eine völlig unabhängige Region gewesen sein, die nicht nach osmanischem, sondern nach eigenem Recht verwaltet wurde. Dabei darf man „verwaltet wurde" nicht gleich setzen mit staatlichen Strukturen. Denn diese fehlten in Dersim gänzlich[470].
Laut *Antranik* beginnt das politische Zeitalter in Dersim mit dem Jahr 1828. Antranik schreibt, „dass die Russen für die Sache der Freiheit der Völker zum ersten Mal Krieg gegen die Osmanen führten". Nachdem die Feldzüge der Russen die Unabhängigkeit der Griechen und die Autonomie Serbiens zur Folge hatten, brach an der Hohen Pforte in Istanbul Panik aus. Sie befürchteten, dass ihr Riesenreich aufgrund ethnischer Konflikte auseinanderbrechen würde. Dann wäre nicht nur das Osmanische Reich, sondern auch das Kalifat Geschichte[471]. Panikartig ergriff der osmanische Sultan Maßnahmen, um sein verfallendes Reich zu bewahren und gegen die Russen vorzugehen. Dabei sollten zwei Armeen die Macht der Osmanen wiederherstellen. Doch eine Armee, die von *Trabzon* über *Erzurum* nach *Van* vordringen sollte, stieß auf einen zähen Widerstand auf ihrem Weg:

---

und hat nichts mit der jetzigen russischen Hauptstadt Moskau zu tun. Zur Zeit Antraniks war ohnehin St. Petersburg die Hauptstadt Russlands.

[469] Vgl. Antranik, Seyahatname, S. 155.

[470] Antranik, Seyahatname, S. 155.

[471] Antranik, Seyahatname, S. 155.

Dersim. Die Dersimer verwickelten die Osmanen bei *Erzincan* und *Kemah* in heftige Gefechte[472].
Zu dieser Zeit war der Wortführer der Dersimer Schach *Hüseyin I.* vom Stamme *Çarekan*[473], der in *Kuzucan (Pülümür)* residierte. Dieser schaffte es alle jungen Dersimer um sich zu scharen und stellte sich den Osmanen in den Weg[474]. Als die Osmanen nach einmonatigen Gefechten feststellten, dass sie nicht obsiegen können, stellten sie die Kampfhandlungen ein und widmeten sich ihrem Ziel: den Marsch auf *Van*. Dersim wurde 1828 vorläufig in Ruhe gelassen, um es sich in einem ruhigen Moment zu „schnappen"[475]. Aufgeschoben war nicht aufgehoben.
Für die Osmanen gab es wichtigere Ziele. Zudem dachten sie, dass die Dersimer als Muslime den Osmanen zur Hilfe eilen würden. Doch daran dachten die Dersimer nicht im Traum. Nicht nur das die Dersimer den Osmanen keine Waffenhilfe leisteten, sie nutzten auch jede Schwäche der Osmanen aus, um benachbarte Städte und Dörfer zu plündern. Dem Sultan war dieser Umstand bekannt, doch wie konnte er seine Armee über die unüberwindbaren Berge Dersims schicken, um Dersim zu „befrieden"? Zudem hatten die Dersimer mit Schach *Hüseyin I.* einen geschickten Feldherren und Organisator. Um der Anarchie in Dersim Herr zu werden, verbannten die Türken *Schach Hüseyin* nach *Widin* in Bulgarien (damals noch Teil des Osmanischen Reiches). Doch Hüseyin gelang die Flucht und übernahm nach seiner Rückkehr erneut die Führung der Unruhestifter. Erst mit sei-

---

472 Antranik, Seyahatname, S. 156.
473 C. Demir, Dersim, S. 15.
474 Antranik, Seyahatname, S. 156. Leider schreibt Antranik nicht, warum sich die Dersimer den Osmanen in den Weg stellten.
475 Antranik, Seyahatname, S. 156 f.

nem Tod 1863 kehrte etwas Ruhe ein[476]. Die Osmanen witterten ihre Chance mit dem Ableben *Hüseyins*, als sein Sohn *Ali* die Macht übernahm[477].
1855 mobilisierten die Osmanen ihre Armeen. Denn es war erneut Krieg mit den Russen ausgebrochen. Das Ziel der Osmanen war, über Anatolien und Armenien in den weichen Bauch Russlands vorzudringen. Doch bevor die Osmanen diese Route einschlugen, verpassten sie Dersim einen Denkzettel. Die Berge wurden bombardiert und die undurchdringlichen Wälder in Brand gesetzt. *Ali* erwies sich als unwürdiger Erbe *Schach Hüseyins*. Er konnte keinen nennenswerten militärischen Widerstand leisten. So zog er sich mit seinen Getreuen zurück ins *Kutu Tal*-Gebiet und ließ sich dann am *Dujık-Berg* nieder. Die Osmanen drangen in Dersim ein und verwüsteten erst einmal alle flachen Ebenen und verfolgten eine Politik der verbrannten der Erde. Sie ließen keinen Stein-auf-Stein. Weder die Residenz, noch das Familiengrab *Alis* wurde verschont[478].
Sodann widmeten sich die Osmanen den Gebieten zu, in die sich die Dersimer geflüchtet hatten. Doch eine militärische Niederlage verdeutlichte den Osmanen, dass der eigentliche Feind, die Russen, noch weiter ostwärts stand. Die Osmanen sicherten die eroberten Gebiete mit Militärposten und Bürokraten. Doch als sich die Armee gen Osten durchschlug, um es mit den Russen aufzunehmen, da witterten die Dersimer ihre Stunde und schlugen erneut zu. Die Dersimer griffen die staatliche Autorität an. Einige Osmanen fielen den Angriffen zum Opfer. Andere flüchteten Hals über

---

[476] N. Sevgen, Zazalar ve Kızılbaşlar, S. 64 f; Vgl. C. Demir, Dersim, S. 15.
[477] Antranik, Seyahatname, S. 157. Wann *Ali* die Macht übernahm, wird nicht mitgeteilt. C. Demir, Dersim, S. 16.
[478] Antranik, Seyahatname, S. 157 f.

Kopf aus Dersim. Die, die sich halten konnten, fristeten ein schwieriges Dasein[479].
Die Dersimer lebten ihr Leben weiter, bis die Osmanen Frieden mit den Russen schlossen. Als die osmanischen Truppen sich von der Kaukasus-Front zurückzogen, knüpften sie sich Dersim erneut vor. Die Dersimer waren über die Jahre hinweg wie wilde Wölfe über ihre Beute hergefallen und hatten sich Angst einflößende Scharmützel geliefert. Die Osmanen schafften es erneut, die vor dem Krieg mit den Russen eroberten flachen Ebenen zurück zu erobern. Dies war auch nicht schwierig, da *Ali* ein schwacher Herrscher war. *Ali* akzeptierte die Oberhoheit der Osmanen und zog sich in seine niedergebrannte Residenz zurück, um diese wieder aufzubauen. Fortan galt er als schwacher Herrscher, ja als König ohne Königreich. Sein Einfluss unter den Dersimern war geschwunden. Dieses Machtverlustes bewusst, lebte *Ali* zurückgezogen[480].
Die Osmanen sahen sich als Sieger. Sie waren der Meinung, dass sich Dersim der Autorität der Osmanen gebeugt hatte. Um diese Ansicht zu festigen, führten sie 2.000 bis 3.000 angekettete Dersimer aus *Kuzucan (Pülümür)* nach Istanbul ab. Dort wurden sie als Kriegsgefangene vorgeführt. Als die sich unterworfenen Dersimer mit dieser Tatsache konfrontiert sahen, beschlossen sie, sich im Kutu-Fluss Tal nieder zu lassen. Dadurch entzogen sie sich dem Zugriff der Türken. *Ali* herrschte nun über ein Gebiet ohne Menschen. Die Dersimer im Kutu Tal waren weiterhin unabhängig. Mit den neu hinzugezogenen vereinten sie ihre Kräfte, um neue Raubzüge zu starten[481].

---

[479] Antranik, Seyahatname, S. 158.
[480] Antranik, Seyahatname, S. 159.
[481] Antranik, Seyahatname, S. 159 f.

Als *Ali* starb, trat sein Sohn *Schach Hüseyin II.* seine „Regentschaft“ an. *Schach Hüseyin II.* soll ein viel gereister Mann gewesen sein. Durch seine vielen Reisen freundete er sich mit vielen Türken und Armeniern an. Dadurch war er mit der politischen Wirklichkeit vertraut. Er hörte viel von den Heldentaten seines Großvaters *Schach Hüseyin I.* und trauerte der Zeit nach, als Dersim noch unabhängig war. Von Nostalgie getrieben, war es sein sehnlicher Wunsch, die alten Zeiten wieder aufleben zu lassen. Doch als kluger Lenker wusste er, dass die Zeit noch nicht reif war, um die Unabhängigkeit Dersims wieder herzustellen. Er war auf der Suche nach Bündnispartnern. Doch seine Pläne wurden durch den Ausbruch des osmanisch-russischen Krieges 1877 durchkreuzt. Da die Osmanen glaubten, die Dersimer wären jetzt tributpflichtige Untertanen, forderten sie Truppen und Geld. Doch *Schach Hüseyin II.* wies die Forderungen zurück. Stattdessen stellte er Forderungen an die Osmanen, um eine Kriegsteilnahme Dersims zu ermöglichen. Eine Geldzahlung für Kriegszwecke lehnte er kategorisch ab. Soldaten wollte er nur stellen, wenn die Dersimer eine eigene Armee unter seinem Oberbefehl erhielten. Ausländer sollten nicht Teil der Truppen Dersims sein[482].

Der Sultan war über die Forderungen der Dersimer sehr verärgert, suchte aber dringend Soldaten, um die Russen aufzuhalten. So willigte er widerwillig ein. Doch plötzlich stand *Schach Hüseyin II.* allein da. Außer ihm wollte kein Dersimer am Krieg teilnehmen. Die Dersimer lehnten die Zahlung von Geld und das Stellen von Truppenkontingenten kategorisch ab. Die Dersimer führten weiter aus:

---

[482] Antranik, Seyahatname, S. 160.

> „Geld und Soldaten gibt es nicht, da wir niemandem etwas Schulden. Wenn der Krieg geführt werden muss, um unsere Heimat zu verteidigen, so wird dies nicht unter Schirmherrschaft des Sultans geschehen. Unsere Heimat könne wir auch ohne Sultan verteidigen.“

Da *Schach Hüseyin II.* sein Gesicht wahren wollte, zog er mit einer kleinen Streitmacht von etwa 10.000 Kämpfern los, um *Erzurum* gegen die Russen zu verteidigen. Die Osmanen dachten nun, dass Dersim durch seine Gespaltenheit stark geschwächt wäre. Sie wollten die Gunst der Stunde nutzen und Dersim unterwerfen und ihre kriegswichtigen Ziele, wie Geld und Soldaten durchsetzen. Doch wieder erlitten die Osmanen Schiffbruch. Die Berge und Wälder ließen erneut keinen endgültigen Sieg zu. Nach anderthalb blutigen Monaten endete der Krieg wie er angefangen hatte. Die Osmanen scheiterten, die Dersimer waren weiterhin unabhängig - wenn auch in ihrem Aktionsradius stark eingeschränkt. Doch dem Rückzug der Türken gingen schreckliche Aktionen voraus. So verfolgte die osmanische Armee bei ihrem Vorrücken eine Politik der verbrannten Erde. Alles was in Dersim erobert wurde, wurde vollständig zerstört und somit unbrauchbar gemacht. Um sich zu schützen, flohen viele in die Berge. Doch die Türken massakrierten schon am Bergfuß den größten Teil der geflüchteten. Erst der Einbruch der Dunkelheit stoppte das Massaker. Die, die es rauf geschafft hatten, denen setzten die Osmanen mit ihren Geschützen heftig zu. Eine Unterstützung der eingeschlossenen durch befreundete Stämme war unmöglich, da diese sich ebenfalls mit den Osmanen bekriegten. Die Eingeschlossenen waren verzweifelt. Einige wollten Selbstmord

begehen, um ihr Schicksal selbst zu besiegeln[483]. Dersim stand vor der völligen Vernichtung.
Glaubt man *Antranik*, so schlug nun die Stunde der *Mirakjans* bzw. des Stammes *Hıran*. Diese sahen die verzweifelte Lage ihrer Nachbarn. Insbesondere der Umstand, dass viele *Khureschan* unter den eingeschlossenen waren, erzürnte die *Hıraniden* und *Mirakjans*. Sie eilten den Eingeschlossenen zu Hilfe und wendeten somit die Niederlage ab. Dersim war haarscharf an einer Katastrophe vorbeigeschlittert. Das Besondere an dieser Waffenhilfe war, dass die Kurden und Armenier keinen ethnischen Unterschied machten und mit geeinten Kräften gegen die Türken vorgingen[484]. *Antranik* lässt es auch nicht aus zu erzählen, was mit den Dersimern geschah, die in türkische Gefangenschaft gerieten: Sie wurden kurzerhand von den Klippen in den Tod gestoßen[485]. Nicht anders erging es türkischen Kriegsgefangenen, die in die Hände der Dersimer fielen. Ein albanischer Oberst wurde ebenfalls in den Tod gestürzt, nachdem er sich weigerte auf die osmanische Flagge zu spucken[486]. Beide Seiten gingen nicht gerade zimperlich mit der Natur um. Aus taktischen Gründen zündeten sie die Wälder an, um das Manövrieren der Truppen zu verhindern[487].
Die Osmanen scheiterten mit ihrer Militäroffensive. Doch anstatt die Erfolglosigkeit der Militäroperation offen zu legen, ließ der osmanische Befehlshaber an den Sultan berichten: „Die Festungen Dersims wurden erobert und die Verbesse-

---

[483] Antranik, Seyahatname, S. 162. Die Zahl i.H.v. 10.000 bei *Antranik* scheint stark übertrieben zu sein.
[484] Antranik, Seyahatname, S. 163.
[485] Antranik, Seyahatname, S. 165. So die Erzählung eines Dersimer Seyits, der am Krieg teilnahm und seine Beobachtungen Antranik weitergab.
[486] Antranik, Seyahatname, S. 166.
[487] Antranik, Seyahatname, S. 167.

rungsmaßnahmen wurden umgesetzt". Diese Falschmeldung führte dazu, dass das mit 400-500 Häusern beseelte *Hozat* zur Provinzhauptstadt ausgerufen wurde. Die Osmanen schickten Statthalter nach Dersim, doch diese wurden in regelmäßigen Abständen von den Dersimern getötet oder verjagt[488].

Dieser Umstand hielt sechs bis sieben Jahre an, bis auch der Sultan begriff, dass Dersim nicht unterworfen war. Schließlich löste er die neu errichtete Provinz Dersim auf und schloss das nördliche Dersim mit *Pülümür* und *Tercan* der Provinz *Erzurum* an. *Hozat*, *Nazımıye*, *Mazgirt* und *Çemişgezek* wurden *Harput* (heute: in etwa *Elazığ*) zugewiesen. Dörfer östlich von *Nazımıye* sollten von *Kığı* (heute in der Provinz *Bingöl*) aus verwaltet werden. Das Innere Dersims mit *Kutu* wurde seinem Schicksal überlassen. Hier herrschte gar keine staatliche Gewalt[489].

Da der Sultan einsah, dass er Dersim militärisch nicht unterwerfen konnte, bot er ihnen an, *Janitscharen-Truppen* oder *Hamidiye-Brigaden* aufzustellen. Einige Stämme lehnten dies ab. Andere griffen dankend zu und bedienten sich reichlich aus der Waffenkammer der Osmanen. Nachdem sie bestens ausgerüstet waren, widmeten sie sich ihrem Lebensunterhalt zu: den Raubzügen. Sie überfielen alle ihre Nachbarn und plünderten ohne Ausnahme. Wer sich ihnen in den Weg stellte, wurde erbarmungslos getötet[490].

Nun hatte der Sultan die Nase gestrichen voll. Er wollte den Dersimern einen Denkzettel verpassen, den sie dieses Mal nicht so leicht vergessen sollten. Er stellte hastig einige Bataillone zusammen, die mit acht bis zehn Geschützen

---

488 Antranik, Seyahatname, S. 167.
489 Antranik, Seyahatname, S. 168.
490 Antranik, Seyahatname, S. 168.

ausgestattet waren. Kommandiert wurden diese Bataillone von zwei Schlächtern des Balkan: *Fazli Ferik* und *Derwisch Müschir Pascha*. Diese Paschas hatten sich einen Ruf als Schlächter von Bulgarien „erarbeitet", indem sie Aufstände der Bulgaren brutal niederschlugen und die bulgarische Bevölkerung niedermetzelten. Genau diese Taktik sollten sie nun in Dersim anwenden. Die Paschas erreichten in einem Gewaltmarsch die Außenbezirke Dersims im Jahre 1887-1888[491].

Doch auch diese Paschas scheiterten, obwohl sie Dersim dem Erdboden gleich machen wollten. Sie kehrten mit leeren Händen zurück und berichteten, dass solange die Wälder Dersims existierten, Dersim nicht unterworfen werden könne. Der Versuch, die Wälder Dersims nieder zu brennen, scheiterte. Wieder änderte der Sultan seine Pläne und bot den Dersimern Posten an. Hierdurch wurde *Schach Hüseyin II.* Verwaltungsrat von *Pülümür* und einige Stämme in *Ovacık* und *Çarsancak* schlossen sich den *Hamidiye-Brigaden* an[492]. Durch diese „Zuckerbrot und Peitsche-Politik", fasste der Staat Fuß in Dersim. Man sieht hier, dass die Osmanen durchaus pragmatische Machtpolitiker waren.

Doch noch waren nicht alle Dersimer damit einverstanden, dass die Osmanen die politische Hegemonie übernahmen. Um diese Unsicherheit zu beseitigen, beauftragten die Osmanen einen Pascha aus *Erzincan* damit, die Dersimer von einer Kooperation mit den Osmanen zu überzeugen. Daraufhin traf sich der Pascha mit *Diabi Ağa*[493], der den Os-

---

[491] Antranik, Seyahatname, S. 169.

[492] Antranik, Seyahatname, S. 170.

[493] Ob es sich bei *Diabi Ağa* um den legendären *Diyap Ağa* handelt, der später erster Abgeordneter Dersims im neuen türkischen Parlament (TBMM) wurde, ist unklar.

manen bereits treu ergeben war. *Diabi Ağa* soll bei dem Treffen die Unterstützung der Osmanen bei der Beseitigung eines Rivalen, nämlich einen *Ahmet Beğ* aus *Ovacık*, verlangt haben. Dieser *Ahmet Beğ* soll über 5.000 bis 6.000 Kämpfer gehabt haben. Gleichstark waren die Truppen *Diabi Ağas*. Während *Diabi Ağa* dem Sultan treu ergeben war, war *Ahmet* noch rebellisch[494].

Nun war genau das eingetreten, was sich die Osmanen lange Zeit lang herbei gesehnt hatten: einen Verbündeten in Dersim. Der osmanische Pascha wollte keine Zeit verlieren, um seinem Verbündeten zu helfen. Die Soldaten des Paschas, sowie die Truppen *Diabi Ağas* gingen sofort zum Angriff über. Doch *Ahmet Beğ* war über diverse Informanten bestens über das Bündnis der Aggressoren informiert. Bevor die Angreifer militärisch erfolgreich sein konnten, stoppte er sie. Während die Truppen *Ahmet Beğs* die Osmanen aufrieben, versuchten sich einige osmanische Soldaten durch Flucht in Sicherheit zu bringen. Nun kam es knüppeldick. Denn nun richteten auch noch die verbündeten Dersimer ihre Waffen auf die flüchtenden Osmanen. Wer nicht durch die Kugel *Ahmet Beğs* Soldaten starb, der wurde von *Diabi Ağas* Männern niedergemetzelt[495]. Somit erwies sich auch *Diabi Ağa* nicht als besonders zuverlässiger Bündnispartner. Dennoch zeichnete sich hier ein Ereignis ab, dass erahnen lässt, was 1938 in Dersim passiert ist. Auch der Dersimer konnte den Dersimer verraten. Eigentlich war das ja nichts Neues. Nur zeigte sich dieses Mal, dass der Feind des Feindes Freund sein konnte.

[494] Antranik, Seyahatname, S. 171.
[495] Antranik, Seyahatname, S. 173.

Angeblich wurden 1863 die Anführer Dersims nach *Erzurum* eingeladen. Die Türken machten allerlei „Zugeständnisse", um die Dersimer in ihre Machtstrukturen einzugliedern. Es wurden Dienstgrade, Ämter und sonstige Versprechungen gemacht. Ob es nur Lippenbekenntnisse waren, lässt sich nicht ermitteln, da die Dersimer die drei Hauptforderungen der Türken ablehnten[496]:

1. Zahlung von Steuern
2. Stellung von Soldaten
3. Zulassung einer Infrastruktur in Dersim

Mit denselben Forderungen werden die Republik-Türken 1937 zurückkehren. Hieran erkennt man sehr schön, dass die Ereignisse von 1938 nichts weiter als die Fortführung der alten osmanischen Politik war.
Zwar stimmten die Dersimer vor Ort den drei obigen Bedingungen zu. Doch in Dersim angekommen, wollten sie von ihren Zusagen nichts mehr wissen. Sie verwiesen auf den Volkswillen, der gegen eine Integration ins Osmanische-System war[497]. 1873 wurden die Dersimer erneut nach *Erzurum* eingeladen und dieselben Zugeständnisse und Forderungen wurden gemacht. Doch erneut lehnten die Dersimer ab[498].
Nach dieser Ping-Pong-Diplomatie kehrten die Dersimer zu ihrem ursprünglichen Leben zurück. Das heißt sie widmeten sich wieder vermehrt ihrem Lebensunterhalt: dem Plündern. Dieses Mal plünderten sie nicht nur osmanisches Hab und Gut, sondern auch das der muslimischen Kurden. Auch Ar-

---

[496] C. Demir, Dersim, S. 19.
[497] N. Sevgen, Zazalar ve Kızılbaşlar, S. 66.
[498] N. Sevgen, Zazalar ve Kızılbaşlar, S. 70.

menier die Osmanen unterstützten, erhielten eine Lektion für ihr Verhalten. Dersim verkam zu einem verruchten Ort. Keiner wagte es mehr, dieses Gebiet zu durchqueren. Selbst als *Antranik* Jahrzehnte später Dersim besuchte, war es nicht anders[499]. Die überfallenen muslimischen Kurden, Armenier und die Osmanen unterstützenden Dersimer, sahen den Ausweg nur darin, sich woanders nieder zu lassen. Vorwiegend wählten sie Harput als neue Heimat. Das Schicksal der überfallenen Armenier beschreibt Antranik mit „unvorstellbare Grausamkeiten“[500].

Um unter anderem dieser Anarchie in den Ost-Gebieten Herr zu werden, wurden unter der Regentschaft Sultan *Abdül Hamids* 1891 die *Hamidiye-Brigaden* gegründet. Diese wurden nach russischem Vorbild gegründet, um die Grenzen des Osmanischen Reiches im Osten abzusichern und Aufstände mit Gewalt niederzuschlagen. Insbesondere dienten sie dazu, die christlichen Minderheiten im Osten zu terrorisieren und einzuschüchtern.  Aus Dersim kollaborierte nur eine kleine Reiterstaffel mit den Brigaden. Dies war darauf zurückzuführen, dass der osmanische Sultan an der Loyalität der „ungläubigen Dersimer“ zweifelte und ihrer Bewaffnung trotz zahlreicher Loyalitätsbekundungen misstrauisch gegenüberstand[501]. Die neugegründeten sunnitischen *Hamidiye-Brigaden* dienten nicht nur dazu die christliche Bevölkerung im 19. und 20. Jahrhundert zu terrorisieren. Sie bildeten auch eine tödliche Gefahr für die Dersimer. Sie entkamen aber der Vernichtung durch die Brigaden, indem sie sich auf die Unpassierbarkeit der Berge Dersims verließen.

---

[499] Antranik, Seyahatname, S. 158.

[500] Antranik, Seyahatname, S. 158 f / S. 183, Anmerkung 159.

[501] M. Kalman, Dersim Direnişleri, S. 76.

Wieder einmal retteten die hohen Gipfel Dersims zahlreiche Menschenleben. Vielleicht war diese Erfahrung mit den Brigaden der ausschlaggebende Grund, warum die Dersimer *Scheich Said* bei seinem Aufstand 1925 nicht unterstützten und ihn sogar bekämpften[502].

Das Ziel der Brigaden war von Anfang die Niederschlagung der Aufstände der als weniger loyal eingeschätzten Minderheiten im Osmanischen Reich, wie Armenier, *Kizilbaschen* etc. Die Truppen wurden überwiegend aus sunnitischen Kurden rekrutiert. Die aufgestellten Brigaden terrorisierten fortan alle Minderheiten, die ihnen nicht gefielen[503]. Bei Massakern verwies der Sultan darauf, dass er keine Einflussmöglichkeit auf diese Banditen habe. In Wahrheit waren die Brigaden ihm treu ergeben. So konnte der Sultan gegen ungeliebte Minderheiten vorgehen, ohne sich die Hände schmutzig zu machen. Diese Arbeitsteilung wurde später bei der Vertreibung der christlichen Minderheiten während des türkischen Unabhängigkeitskrieges durch Atatürk beibehalten[504]. Ab 1890 wurden viele alevitische Dersimer nach *Erzurum* und *Kars* deportiert, was dazu führte, dass das Siedlungsgebiet der Dersimer sich ausdehnte[505].

1897 schlägt der tscherkessische Pascha *Zeki* in einem Geheimbericht vor, wie man Dersim „befrieden" kann. Kausal für die Probleme seien die Armut und die Lebensart. Um das Problem zu lösen, müssten die Unwissenheit und der Aberglaube in Dersim verschwinden. Dersim wäre ein Unruheherd und für diesen sei das Alevitentum verantwortlich. Ähnlich äußert sich 1903 der Landrat *Celal Bey* in einem Ge-

---

502 H. Aygün, Resmiyet ve Hakikat, S. 55.

503 K. Gündüzkanat, Demokratisierungsprozess in der Türkei, S. 47 f.

504 Vgl. G. Milton, Paradise Lost, S. 266.

505 Vgl. S. Ceviz, Kurdische Bevölkerungsgeographie, S. 76 f.

heimbericht. Auch er sieht das Alevitentum und die Stammesstruktur als Quelle allen Übels[506]. 1908 wird ein weiterer Geheimbericht veröffentlicht, indem *Ali* Pascha Maßnahmen zur „Befriedung" vorschlägt. Seine Forderungen können zusammengefasst werden als[507]:

1. Entwaffnung der Dersimer
2. Ableistung des Wehrdienstes
3. Auslieferung von Straftätern
4. Verstärkung der osmanischen Militärpräsenz in Dersim zwecks Lösung des Problems

Wie bereits geschrieben, wurde Dersim 1848 eine *Kaza*, aber die Osmanen übten immer noch keine Autorität aus. Um diese Staatsangelegenheit aus der Welt zu schaffen, entsandten die Osmanen 1874-1875 eine Militärexpedition. Die Soldaten schafften es nicht die Stämme zu unterjochen und erlitten ernsthafte Verluste. Sie schafften es aber, einen Fuß in die Tür zu bekommen und errichteten Verwaltungen in *Mazgirt*, *Ovacık*, *Nazımıye* und *Çemişgezek*[508]. An diesen Orten errichteten die Türken Barracken und Verwaltungsgebäude, die sie mit den Steinen der noch zahlreich vorhandenen, aber bereits in Ruinen liegenden armenischen Kirchen erbauten[509]. Die Soldaten reichten nicht aus, um der Autorität Nachdruck zu verleihen. Die Dersimer forderten den Staat weiterhin heraus. Sie zahlten keine Steuern, stellten keine Soldaten und plünderten und brandschatzten nach

---

506 D. Doğan, Dersim Olayı, S. 230; Dersim Raporu, veröffentlicht durch I. Çalışlar, S. 228.

507 D. Doğan, Dersim Olayı, S. 231.

508 Im englischen Original wird anstatt *Nazımıye, Kızılkilise* verwendet.

509 Molyneux-Seel, A Journey in Dersim, S. 51.

Herzenslust[510]. Dies ging bis 1908[511] (Anm.: *Nazmi Sevgen* gibt das Jahr mit 1909 an) weiter, als eine zweite Expedition unter Führung des Paschas der 4. Armee *Ibrahim* geschickt wurde, um die Unterwerfung abzuschließen. Die Truppen drangen zeitgleich in die Berge *Hozats*, *Pülümürs* und *Nazımıyes* ein. Die Dersimer leisteten hartnäckigen Widerstand. Dies wird auch durch die Gräber der gefallenen türkischen Soldaten bezeugt, die man in diversen Gegenden des Landes findet. Dennoch wurden die Dersimer schlussendlich zur völligen Unterwerfung gezwungen. Ihre Dörfer wurden zerstört, ihre Herden beschlagnahmt und sie wurden im Zustand elendiger Armut zurückgelassen[512]. Danach wurde Dersim Teil des osmanischen Verwaltungssystems mit *Hozat* als Verwaltungssitz. Dersim wurde in *„Kazas“* unterteilt und diese wiederum in *„Nahiyes“*, deren Vorsteher überwiegend Stammesführer waren[513].
*Vielleicht hängt die Eroberung Dersims auch damit zusammen, was Antranik* zum Abschluss seines Buches beobachtete. Sein Werk schließt mit den Worten ab:

> „Auch wenn kleinere Dersimer-Banden hier und da Raubüberfälle begehen, erkennen sie allmählich, dass ihre Versorgungssituation so nicht besser wird. Daher geben sie ungewollt Ruhe[514].“

Doch die Geschichte der blutigen Verfolgung in Dersim ging weiter. Nach diversen blutigen Militäroperationen der Tür-

---

[510] Molyneux-Seel, A Journey in Dersim, S. 51.
[511] Andere Quellen, insbesondere türkische, sprechen von 1909.
[512] Molyneux-Seel, A Journey in Dersim, S. 51.
[513] Molyneux-Seel, A Journey in Dersim, S. 51.
[514] Antranik, Seyahatname, S. 174.

ken, gaben in einer Vereinbarung vom 26. Juli 1909, bis auf die *Demenan* und *Haydaran* alle Dersimer Stämme ihre Waffen ab[515]. Die Türken versuchten am 25. August 1909 auch die zwei verbliebenen Stämme durch Gewalt zur Niederlegung ihrer Waffen zu bewegen. Nachdem viel Blut floss und die *Haydaran-Dörfer* niedergebrannt wurden, legten sie ihre Waffen nieder[516]. *Nazmi Sevgen* merkt an, dass ausgerechnet diese zwei Stämme zu den rebellischsten 1938 gehörten. Vor 1938 sei nur die Militäroperation von 1909 erfolgreich gewesen[517].

*Nazmi Sevgen* schreibt, dass sich einige Dersimer im I. Weltkrieg im Kampf gegen die Russen ausgezeichnet hätten. So würden viele Dersimer, die in einer eilig aufgestellten Miliz gegen die Russen kämpften, Medaillen der Osmanen besitzen. Die Bewaffnung der Miliz erfolgte durch die Osmanen[518]. Andere osmanische Medaillen im Besitz der Dersimer seien ihnen einfach bei Raubzügen in die Hände gefallen[519]. Doch *Nazmi Sevgen* stellt fest, dass die Kooperation der Dersimer mit den Türken keinesfalls ein Zeichen der Loyalität war. Denn Anfang 1916, als die Türken mit den Russen beschäftigt waren, hätten Dersimer Stämme die Gunst der Stunde genutzt und *Nazımıye* besetzt und geplündert. Erst am 05. Mai 1916 konnten die Türken die Dersimer vertreiben[520].

---

[515] N. Sevgen, Zazalar ve Kızılbaşlar, S. 76.
[516] N. Sevgen, Zazalar ve Kızılbaşlar, S. 77.
[517] N. Sevgen, Zazalar ve Kızılbaşlar, S. 77.
[518] N. Sevgen, Zazalar ve Kızılbaşlar, S. 81.
[519] N. Sevgen, Zazalar ve Kızılbaşlar, S. 79.
[520] N. Sevgen, Zazalar ve Kızılbaşlar, S. 78 f. Was hieran war ist, ist schwer zu sagen. Man erkennt aber ein klares Muster der türkischen Geschichtsschreibung: Alle Minderheiten in der Türkei sind illoyale Untertanen.

Angeblich stellten die Dersimer während des Unabhängigkeitskrieges der Türken gegen die Griechen politische Forderungen. Sie wollten Autonomie, Amnestie für Gefangene und den Rückzug der türkischen Beamten aus Dersim[521]. 1926 gab es eine Militäroperation gegen die *„Koçuşağı“*. Zum ersten Mal gab es einen Bruch innerhalb der Dersimer-Verteidigungsallianz. Einige Dersimer kollaborierten offen mit den Türken. *Seyid Rıza* soll sogar seine Hilfe angeboten haben, um die *Koçuşağı* zu „neutralisieren“. Doch habe die „Hilfe“ *Seyid Rızas* eher zu Verzögerung beim militärischen Vorgehen zur Folge gehabt[522]. Um in den unzugänglichen Bergregionen Dersims erfolgreich zu sein, flogen die Türken erstmals bei einer Militäroperation Luftangriffe. Nun konnte das militärische Blatt endgültig gewendet werden. Die Dersimer waren von nun an in ihren Bergzipfeln nicht mehr sicher. Zudem schafften es die Türken, immer mehr Dersimer auf ihre Seite zu ziehen. Es wurden ständig neue Milizen gegründet und ausgerüstet[523]. Von nun an sollten sich die Dersimer gegeneinander ausspielen und töten. Zum ersten Mal fruchtete die türkische „teile und herrsche“-Doktrin in Dersim.

Durch die Wirren des I. Weltkriegs und des türkischen Befreiungskriegs geriet das Dersim-Problem schon fast in Vergessenheit. Aber nur fast. Erst 1926 und dann 1927 gab es einen neuen Bericht des Gouverneurs von *Elazığ (Cemal Bey)*, der sich erneut dem „Problem“ widmete. Darin schrieb er, dass die Dersimer Angst vor Tod und Vertreibung hätten.

---

[521] N. Dersimi, Kürdistan Tarihinde Dersim, S. 128 f. Ob es solche Forderungen tatsächlich gab, lässt sich nicht ganz aufklären.

[522] N. Sevgen, Zazalar ve Kızılbaşlar, S. 82.

[523] N. Sevgen, Zazalar ve Kızılbaşlar, S. 83.

Um die Wogen zu glätten, habe man den Dersimern ein Entgegenkommen in Form von Landbesitz in Elazığ vorgeschlagen. Im Gegenzug sollten die Dersimer auf Aufstände verzichten. *Cemal Bey* gab zu, dass die Staatsgewalt in 400 Jahren nicht geschafft hatte die Autorität durchzusetzen[524]. Um dauerhaft in Dersim Fuß zu fassen, müsse eine Neugliederung der Verwaltung und die Stärkung der Militärpräsenz erfolgen. Zudem sollten in jedem Bezirk mindestens 2 Schulen gebaut und die *Ziraat Bank* sollte den Bauern Kredite gewähren[525]. Das Angebot der Türken mag oben erst einmal pragmatisch klingen. Zu jener Zeit gab es in der Nachbarprovinz *Bingöl* einen Aufstand unter *Scheich Said*, der die Wiedereinführung der Scharia anstrebte. Nur mit Mühe konnten die Türken diesen stoppen. Da wollte man nicht direkt eine neue Front eröffnen. Zudem klingt es auch nicht verwerflich, wenn die Türken darauf beharren, den Dersimern ihre staatsbürgerlichen Pflichten aufzuzwingen. Denn jeder Bürger eines Landes hat neben seinen Rechten auch Pflichten. Allerdings scheint es den Türken weniger um Recht und Ordnung, sondern eher um die Zerschlagung Dersims mit seiner so unterschiedlichen Konfession und Sprache gegangen zu sein. Die Türkisierungspolitik aus der Endzeit des osmanischen Reiches sollte endgültig abgeschlossen werden, um die ethnisch homogene Heimstätte der Türken in Anatolien zu verwirklichen. Daher war die endgültige Zerschlagung Dersims mit seiner einzigartigen Kultur und Sprache besiegelt. Die Türken wollten neben einer militärischen Option, auch eine Option mit friedlichen Mitteln ausloten. Letztendlich entschied man sich für die mili-

---

[524] D. Doğan, Dersim Olayı, S. 231 f; Dersim Raporu, veröffentlicht durch I. Çalışlar, S. 235.

[525] D. Doğan, Dersim Olayı, S. 240.

tärische. Unabhängig von dieser Abwägung bleibt die Frage, ob die Türken tatsächlich ein solches wohlwollendes Angebot an die Dersimer machten. Denn außer in türkischen Quellen, findet man nirgends vergleichbare Angebote. Eher scheint es wiederum so zu sein, dass findige türkische Geschichtsschreiber eine Passage Großzügigkeit hinzugedichtet haben. Wie sonst lässt sich erklären, dass angeblich wohlwollende Maßnahmen diskutiert, aber gleichzeitig vom 06. Oktober bis 30. November 1926 militärische Bestrafungsmaßnahmen gegen den Dersimer *Koçan*-Stamm liefen[526]? Daher konnten die Maßnahmen der Türken nicht ernst gemeint sein.

Im 19. und 20. Jahrhundert kämpften die Dersimer Seite an Seite mit den Türken gegen die Russen. Die Russen dachten eher, dass die Dersimer als Minderheit ihre natürlichen Verbündeten im Kampf gegen die Türken seien. Dieser Kampf der Dersimer war aber nicht mit den Plänen der Türken deckungsgleich, da die Dersimer eher aus dem Motiv, „Wir müssen unsere Heimat gegen alle Eindringlinge verteidigen", kämpften. Der Kampf gegen die Russen wird auch von den Türken anerkannt. *Aliyê Gax* und andere Stammesführer erhielten für ihre besonderen Dienste osmanische Orden. Als die Russen *Erzincan* gefährlich nahe kamen, schrieb der Gouverneur *Sait Bey* über den späteren Erzfeind der Türken *Seyid Rıza*: „Bisher hat er uns mit Anstand und Gewissen gedient"[527].

Dersim war nicht stets illoyal, wie von den Türken behauptet wurde. Ein weiterer Dersimer, der für die Türken kämpfte war *Süleyman Gül* aus *Hakis*. In *Hakis* hatte schon immer eine starke armenische Minderheit gewohnt. Das Dorf war

[526] C. Demir, Dersim, S. 75 f.

[527] H. Aygün, Dersim 1938, S. 56 f.

stets wohlhabend. *Gül* kämpfte 1918 mit *Kazım Karabekir*, einem der Generäle des türkischen Befreiungskrieges. Ihm wurde ein Invalidenorden der Türken verliehen. Zudem kämpfte er mit einigen Dersimer-Stämmen gegen die Russen in *Pülümür*[528]. Wahrscheinlich stammt ein mündlich überliefertes Heldenepos aus dieser Zeit. Dort heißt es:

> „Erzurumo pêy de, bıra sonê bıro,
> Topê tıfongê Orışi têde adıro,
> Şêrê mı rınd wêdarê, sefkano çêro,
> Demenu de nino diayenê, tekê Xêlil bıraê[529]."

> "Hinter Erzurum, oh Bruder, kommt der Wald,
> Die russischen Kanonen, Gewehre, ihre Feuergewalt,
> Passt gut auf, auf meinen mutigen und tapferen Löwen,
> Einen zweiten Bruder Xêlil der Demeniden, wird es nicht geben."

Hier sieht man, dass ein weiterer Stamm für die Türken gegen die Russen gekämpft hat.
Laut *Hüseyin Aygün* rettete Dersim das Leben von 20.000 Armeniern als Anatolien 1915 zum Schlachthaus für Armenier wurde. Während die Armenier scharenweise zur Schlachtbank geführt wurden, schaffte es *Seyid Rıza* 20.000 Armenier hinter die russischen Linien zu bringen. Diese Aussage wird auch vom französischen Historiker *Raymond Haroutioun Kévorkian* bestätigt - wenn auch „nur" mit 15.000 geretteten Armeniern[530]. Allerdings scheint die Ret-

---

[528] H. Aygün, Resmiyet ve Hakikat, S. 45.
[529] Wiedergegeben nach dem Lied von Daimi Cengiz.
[530] Vgl. H. Aygün, Resmiyet ve Hakikat, S. 98.

tung nur im Kerngebiet Dersims und nicht in den Außenbezirken erfolgt zu sein[531]. Dies wird von einigen armenischen Internetseiten bestätigt. In den Randbezirken wurden bis zu 3.000 Armenier der Region Dersim getötet[532].

Um die Zerschlagung Dersims voranzutreiben, schlug *Ibrahim Tali Öngören* in den Jahren 1928, 1930 und 1931 vor, die Dörfer der schuldigen Stämme zu bombardieren und ihre Existenzgrundlage zu vernichten[533].

Deswegen setzten die Türken 1930 zum Pülümür-Feldzug an, der eine Woche dauerte. Dieser Feldzug war quasi ein Probelauf für 1938. Der Grund für diesen Feldzug war der von den Türken sehr oft angeführte Grund der öffentlichen Sicherheit und Ordnung, die durch Überfälle der Dersimer aus Pülümür die wirtschaftliche Unterentwicklung Erzincans zur Folge habe. Allerdings gab es neben diesem Gesichtspunkt, den die Osmanen stets vortrugen noch einen weiteren Aspekt. Der Generalstabschef der türkischen Armee, Marschall *Fevzi Çakmak* führte in einem Bericht auch an, dass die Kurden sich in türkischen Gebieten ausbreiteten und dadurch das Türkentum bedrohten. Dieser Verdrängungsprozess müsse sofort ein Ende finden. Hierzu wurde die 3. Armee unter Kommando des *Rüştü Bey* gestellt und eine militärische Bestrafungsaktion gegen den Haydaran- und Lolan Stamm durchgeführt. Die Operation startete am 24. Oktober 1930 und endete eine Woche später. Dabei wurden die Dörfer *Danzig, Aşkirek, Gürk, Dağbey und Harşi*

---

[531] http://www.radikal.com.tr/yazarlar/ayse_hur/1915te_kurtlerin_rolu_neydi-1142693 (24).

[532] http://www.armenian-genocide.org/1915-3.html (39); http://armenianweekly.com/2015/03/04/dersim-embrace-roots/ (40).

[533] D. Doğan, Dersim Olayı, S. 233 f.

aus der Luft bombardiert und dem Erdboden gleichgemacht[534].

Dennoch waren die Militärs mit dem Verlauf der Operation nicht zufrieden. Daher ging eine Teilstreitmacht am 04. November 1930 erneut gegen die Dersimer vor. Dieses Mal ging man auch gegen die Stämme *Bal, Kalan, Abasan, Keçelan, Arelan, Haydaran* und *Demenan* vor. Dennoch schaffte man es auch durch diese Militäroperationen nicht, die Oberhoheit in Dersim zu erlangen[535].

Wie die staatliche Oberhoheit in Dersim erlangt werden konnte, wurde in Reihen der Türken heftig diskutiert. Es gab neben wohlwollenden Stimmen[536], Hardliner die keine Kompromisse kannten. Allen war aber gemein, dass sie eine Militärintervention in Dersim begrüßten[537]. Besonders Marschall *Fevzi Çakmak* setzte zum Säbelrasseln an. Er soll gesagt haben:

> „......Dersim gewinnt man nicht durch Streicheleinheiten. Ein Waffengang hinterlässt bei den Dersimern bleibende Eindrücke. Über Dersim muss wie eine Kolonie gedacht werden, nur dann können die Kurden innerhalb der türkischen Gesellschaft aufgehen........"[538]

---

[534] C. Demir, Dersim, S. 90 f.

[535] C. Demir, Dersim, S. 91.

[536] Vgl. D. Doğan, Dersim Olayı, S. 239. *Halis Pascha* schlägt vor, nach der Unterwerfung Dersims, die Bevölkerung weder zu türkisieren, noch zu sunnitisieren. Allerdings sollen die Einwohner „integriert“, sprich gefügig gemacht werden. Militäroperationen allein hätten bisher nichts gebracht. Er verweist auf das militärische Fiasko der Osmanen.

[537] D. Doğan, Dersim Olayı, S. 237.

[538] D. Doğan, Dersim Olayı, S. 237 f.

Nach diesen Worten dauerte es nicht lange, bis sich Innenminister *Şükrü Kaya* mit dem Problem befasste. Zur Lageerörterung verweilte er drei Monate in der Region.[539] Sodann fasste er den Beschluss Dersim zu zerschlagen. Er wollte die sich in Dersim in Umlauf befindenden 18 bis 20 Tausend Waffen einsammeln und 347 *Pir* und Stammesangehörige inklusive ihren Familien in die West-Türkei deportieren. Die Zahl der Deportierten gibt er mit 3.470 Personen an. Dabei sollen 76 Familien nach *Tekirdağ*, 38 nach *Edirne*, 56 nach *Kırklareli*, 65 nach *Balıkesir*, 73 nach *Manisa* und 34 nach *Izmir* deportiert werden[540].

*Ein weiterer Hardliner der Türken ist Uluğ*. Er schreibt Angst einflößend[541]:

> „Was ist wenn Dersim überschwappt? Dann ist Dersim eine Unheilsflut. Dann wird sich Dersim in alle Himmelsrichtungen ausbreiten, wie ein Wolfsrudel, eine Hyänenhorde. Dersim wird dann weder Besitz, noch Leben respektieren. Dersim wird hauen, stechen, zerstören, zerschmettern, aufladen und zurückkehren. (.....)“

*Uluğ* lässt es nicht aus, eine Antwort auf das Dersim-Problem zu geben. Er schreibt[542]:

> „Was soll aus Dersim werden? Diese Frage stellen sich alle Durchreisenden. Dersim wird sicherlich nicht

---

539 D. Doğan, Dersim Olayı, S. 240.
540 D. Doğan, Dersim Olayı, S. 241 f.
541 N. H. Uluğ, Derebeyi ve Dersim, S. 26.
542 N. H. Uluğ, Derebeyi ve Dersim, S. 62/63.

> aus eigener Kraft besonnen. Was auch zu tun ist, hat der Staat zu tun und es zur Vernunft zu erziehen. (......) Der Dersimer ist in der Umgebung Dersims ein Störenfried. Entfernt man ihn aus dieser Umgebung, kann sich jeder Türke eins zu eins mit ihm messen. Zuerst muss man Dersim den Zahn ziehen und es entwaffnen. Danach muss man die Rowdies, die sie regieren in die Täler ziehen, um ihnen Herr zu werden. Danach kann man ja mal schauen, ob es noch einen Unterschied zwischen Dersimern und Leuten aus *Kayseri* gibt."

Denn ein Volk ohne eigenes Land, droht in einer fremden Umgebung seine Sprache und Kultur zu verlieren. Somit den wesentlichen Träger der ethnischen Identität[543]. Und genau dies war beabsichtigt.

---

[543] Vgl. M. Quiring, Der vergessene Völkermord, S. 139.

## 5. Das schwarze Kapitel 1937/1938

### 5.1. Der Vorabend der Katastrophe und das Tunceli-Gesetz

Die alarmierenden Berichte der Türken über Dersim veranlassten die Gesetzgebung zum Handeln. Denn nach Gründung der jungen Türkischen Republik, sorgte das Minderheitenproblem für Kopfzerbrechen. Kaum hatte sich der junge Staat etabliert, kam es aus verschiedenen Motiven zu Kurden- bzw. Zaza-Aufständen im Osten Anatoliens. So sollte sich für die türkischen Herrschenden die Gretchenfrage stellen: Wie sollte man das Land nach Gutdünken aufbauen, ohne die volle territoriale Hegemonie erworben zu haben? Insbesondere mit nicht-türkischen Minderheiten, die aus Sicht der Herrschenden in *Ankara* „illoyal" waren? *Ankara* beschloss eine entschlossene Türkisierungs- und Säkularisierungspolitik zu betreiben, die zu Aufständen im Osten führte. Die Aufstände boten einen willkommenen Anlass, um mit aller Härte zuzuschlagen. Während in osmanischer Zeit die Türken zentrale Autonomie gewährten, sollte dies in Zukunft, wenn überhaupt nur aus Geschichtsbüchern zu bestaunen sein. Folglich war es an der Zeit für den türkischen Staat Zähne zu zeigen. Denn nicht nur die Durchsetzung der Staatsgewalt im Osten war das Ziel der geballten Militärinterventionen, sondern die zu osmanischer Zeit einsetzende Türkisierung und Sunnitisierung Anatoliens abzuschließen[544].

Während die Kurden und Zazas in Stammesgesellschaften lebten, in denen der Stamm mehr zählte als jedes Gesetz

[544] M. Kalman, Dersim Direnişleri, S. 219 f.

von Außen, zog diese Lebensweise eine Zersplittertheit nach sich. Die Türken waren sich dieser Tatsache bewusst. Zersplittert waren sie eine leichte Beute für die türkische Übermacht. Während die Türken bei den übrigen Aufständen in den Strudel der Ereignisse hineingezogen wurden, wussten sie in Dersim von Anfang an was sie wollten. Für die Türken war Dersim ein Geschwür, das durch einen chirurgischen Eingriff beseitigt werden musste. Schon die Osmanen hatten versucht Dersim zu unterwerfen. Zwar konnten sie immer wieder erfolgreiche Militärschläge ausführen und militärische Präsenz zeigen. Allerdings gelang es in der unwegsamen Gegend Dersims nicht, bleibend Fuß zu fassen und die Dersimer zur „Räson" zu bringen. Die Dersimer weigerten sich die Oberhoheit der Osmanen anzuerkennen und flohen in die unzugänglichen und dicht bewaldeten Berge, wenn es zu Militäroperationen kam. Dersim hielt vor 1938 mit 108 Militärschlägen einen traurigen Rekord[545].

Die Kernforderung der Türken bestand aus einem Punkteplan, der vor allem die Anerkennung der türkischen Autorität, die Abgabe von Steuern und die Leistung der Wehrpflicht vorsah. Dies waren aber nur vorgeschobene Gründe, um das Vorgehen in Dersim in den Jahren 1937/1938 zu legitimieren.

Warum für die Türken Dersim ein ständiger Unruheherd war, legt *Akgül* in 3 Punkten nieder:

1. <u>Sozial- und Stammesstruktur[546]:</u>
   Der Feudalismus, begünstigt durch Stammesgesellschaften und ihre Nutznießer: die *Ağas* und *Seyits*.

---

545 Vgl. M. Kalman, Dersim Direnişleri, S. 221.

546 Akgül, Amerikan ve Ingiliz Raporları Işığında Dersim, S. 56 f.

2. Religions-/ Konfessionsfaktor[547]:
   Die alevitischen Geistlichen sondern sich von ihrer sunnitischen Umgebung ab und begründen somit ihre Isolation.

3. Kurden-Faktor[548]:
   Die Kurden in Dersim streben politische Unabhängigkeit an.

Anhand dieser drei Punkte wurde in Dersim vorgegeben, welches Ziel durch die militärische Unterwerfung in Dersim erreicht werden sollte. Nämlich die Zerstörung der Sozial- und Stammesstruktur, sowie die Sprache und Religion, die als Keimzelle des Widerstandes der Dersimer gesehen wurde. Daher war es aus türkischer Sicht unerlässlich das Alevitentum in Dersim zu zerschlagen, da diese sich als besonderes Abschottungsmerkmal herausbildete. Die Ethnie der Dersimer, hier ausschließlich als Kurden wiedergegeben, sollte ebenfalls vernichtet werden, damit sie im Türkentum aufgehen konnte. Kurz gesagt: Dersim sollte aufhören Dersim zu sein. In der Weltsicht der Türken hatte Dersim nur dann ein Überlebensrecht, wenn es türkisiert war. Nun war die Zeit gekommen, die Theorie in die Praxis umzusetzen. Die Punkte 1 und 2 waren bereits Forderungen der Osmanen. Mit Punkt 3 wurde aber die Forderung der Osmanen erweitert. Nun spielte auch die Ethnie der Dersimer eine Rolle. Denn sie störte die auf eine Nation, eine Sprache und eine Religion basierende junge Türkische Republik. Von diesen 3 Merkmalen hatte Dersim keins gemeinsam mit den

547 Akgül, Amerikan ve Ingiliz Raporları Işığında Dersim, S. 61 f.
548 Akgül, Amerikan ve Ingiliz Raporları Işığında Dersim, S. 62.

Herrschenden in Ankara. Welchen Platz die nicht-türkischen Minderheiten in der neugegründeten Türkischen Republik einnehmen sollten, illustrierte der unter dem Pseudonym *Dr. Nazım* schreibende türkische Nationalist:

> „Bu toprakta Türklerin, sadece Türklerin yaşamasını ve ona tamamen sahip olmasını istiyoruz.
> Milliyeti yahut dini ne olursa olsun, Türk olmayanlar kahrolsun[549]"

> „In diesem Land wollen wir, dass die Türken
> und nur die Türken berechtigt sind zu leben
> und besitzen.
> Egal welcher Nation oder Religion die anderen angehören, wenn sie keine Türken sind, sollen sie zugrunde gehen."

Bevor es jedoch dazu kommen konnte, wurde eine Kommission gebildet, die die Ziele auf Durchsetzbarkeit überprüfte. So wurden hastig Informationen gesammelt, Geheimberichte ausgewertet und der Tag X datiert. Mit wie viel Widerstand war zu rechnen? Wie war der Sieg für die Ewigkeit zu festigen? Diese Frage umtrieb die Verantwortlichen der Operation immer wieder. Um sicher zu gehen, wurde zum ersten Mal in der Geschichte der Türkei ein Sondergesetz erlassen: Das *Tunceli-Gesetz*[550].

Bereits ein Jahr nach Ende des *Ağrı-Aufstandes* wurde allmählich in der türkischen Presse debattiert, was mit Dersim zu geschehen habe. Offiziell wurde das Vorgehen mit einem

---

549 http://www.scribd.com/doc/27633198/14/%C4%B0skan-Kanunu-ve-1934-Trakya-olaylar%C4%B1yla-Yahudilerin-Surulmesi (3).

550 M. Yıldız, Dersim´in Etno-Kültürel Kimliği, S. 116.

humanistischen Mantra versehen. Die armen, notleidenden Leibeigenen in Dersim sollten vom Joch des Feudalismus befreit werden. Dafür war es unumgänglich die Clique der *Ağas* und *Seyits* zu vernichten. So progressiv diese Ansicht auch klang, steckte dahinter nichts weiter als Machtkalkül. Denn die dem Staat wohlgesonnenen sunnitischen Stämme kamen ungeschoren davon, obwohl sie nicht anders als die Dersimer organisiert waren. Dennoch war die Leier von den bösen Feudalherren der Wegbereiter für die späteren Verbrechen. Schon der damalige Ministerpräsident der türkischen Republik *Ismet Inönü* sprach vom, „ach so armen Bauern, der ungebildet bleibt, weil die Feudalherren dies so wünschen". Dadurch sei der Beitrag dieser unterentwickelten Bauern zum Wohle der Türkei gleich Null. Deshalb sei es Aufgabe des türkischen Staates, seine Bürger zu schützen. Dies könne allerdings nur durch die militärische Unterwerfung geschehen. Damit die Macht in der unterworfenen Region aufrechterhalten werden konnte, musste zwingend ein mit allen Vollmachten ausgestatteter Gouverneur eingesetzt werden, der auch militärische Befugnisse besitzen sollte. Dieser Gouverneur sollte seinen Sitz in *Elazığ* haben. Damit Recht und Ordnung im Sinne der Zentralgewalt in *Ankara* ausgeübt werden konnte, bedurfte es auch Richtern und Staatsanwälten, die Nutznießer von Sondergesetzen waren[551].

Das *Tunceli-Gesetz* wurde auch vom Verwaltungsapparat mit Beifall abgenickt. Denn es wäre an der Zeit, die Räuber und Banditen auszumerzen. Als Vorbild für das *Tunceli-Gesetz* diente die während des *Scheich Said* Aufstandes

[551] M. Yıldız, Dersim'in Etno-Kültürel Kimliği, S. 117 f.

erlassene *Takrir-i Sükun-Notverordnung*. Das *Tunceli-Gesetz* basiert im Wesentlichen hierauf[552].

Dass in Dersim von langer Hand geplant und Informationen gesammelt wurden, zeigte eine Rede des damaligen Innenministers *Şükrü Kaya*. Dieser gab an, dass Dersims Geomorphologie gebirgig sei und führte aus, dass die Einwohnerzahl bei 65 bis 70 Tausend liege. Er gab die Ethnizität der Dersimer als türkisch wieder. Er erwähnte sodann, dass Dersim während der *Tanzimat-Periode* (Beginn etwa 1839; Ende ca. 1880) eine Provinz wurde, aber niemals der vollen Autorität des osmanischen Staates unterlag. Sodann widmete sich der Innenminister *Şükrü Kaya* einigen gesellschaftlichen „Fakten“ Dersims. Er zählte 91 Stämme auf; er erwähnte, dass Rechtsstreitigkeiten jedweder Art intern entschieden würden, dass das Volk arm und zurückgeblieben sei. Er erwähnte die Besonderheit, dass nach 1876 ganze elf Militäroperationen gegen Dersim durchgeführt wurden. Zwei wichtige Beobachtungen lassen sich aus dieser Rede vor dem Parlament nicht auf Anhieb erkennen[553]:

1. Welchem Zweck dienten die 11 Militäroperationen? Welche Opferzahlen waren zu beklagen? Was war der Auslöser und der Beweggrund? Auf welchen Gesetzen beruhten sie? Ist etwa 1938 nur eine Fortsetzung alter osmanischer Gepflogenheiten?

2. Während in den Geheimberichten von Kurden die Rede ist, verschleiertdie offizielle Rede vor dem Parlament die Ethnie der Dersimer.

[552] Vgl. auch M. Kalman, Dersim Direnişleri, S. 233.
[553] Vgl. M. Kalman, Dersim Direnişleri, S. 222.

Das *Tunceli-Gesetz* wurde vom Parlament der Türkischen Republik ohne große Diskussion zügig verabschiedet. Die Verabschiedung des Gesetzes fiel auf den 25. Dezember 1935. Als erster Akt wird in dem „Gesetz zur Verwaltung der Provinz Tunceli“ ein General als Gouverneur und Kommandeur in Personalunion eingesetzt. Dieser hatte folgende Rechte inne und durfte sie ohne zivile Überprüfung quasi als Militärregent ausüben:

**Administrative Rechte**[554]

- Der eingesetzte General durfte sein Amt mit Ministerialmacht ausüben.
- Der General durfte bei Bedarf und Notwendigkeit die territorialen Grenzen der Provinz und ihrer Departments ändern.
- Der General durfte zum Zwecke der besseren Verwaltung geeignete Offiziere zu Präfekten ernennen.
- Der General war befugt, verhängte Strafen auszuführen.

Des Weiteren sah das Gesetz bezüglich der **Gerichtsbarkeit**[555] folgende Rechte vor:

- Die Staatsanwälte hatten für die Prozessvorbereitung dieselben Rechte wie die Richter.
- Bedurfte es für eine Anklage der Zustimmung, so konnte die Zustimmung auch vom Gouverneur und General erteilt werden.

---

[554] Vgl. M. Kalman, Dersim Direnişleri, S. 222.
[555] Vgl. M. Kalman, Dersim Direnişleri, S. 223.

- Gegen den Eröffnungsbeschluss durfte kein Rechtsmittel eingelegt werden.
- Die Anklage der Staatsanwaltschaft durfte dem Angeklagten nicht bekannt gegeben werden. Allerdings musste die Anklage binnen zwei Tagen verfasst werden.
- Während der im Rahmen der ersten Ermittlung erfolgten Festnahme durfte kein Rechtsmittel eingelegt werden.
- Die im Rahmen der ersten Vernehmung erfolgten Aussagen galten als vollumfängliches Beweismittel der Staatsanwaltschaft und konnten durch Vorlesen eingebracht werden.

Weitere wichtige **Vollmachten** des *Tunceli-Gesetzes* waren[556]:

- Der Gouverneur und General durfte zum Zwecke der Aufrechterhaltung der öffentlichen Ordnung, Störer und ihre Familien zwangsumsiedeln und ihnen die Besiedlung eines bestimmten Territoriums untersagen.
- Falls die Ausführung der Exekution (durch Erhängen) nicht im Beisein des Gouverneurs und Generals erfolgen konnte, so durfte sie ohne zeitlichen Verzug ausgeführt werden.

Wer keine Rechtswissenschaft studiert hat, wird erst einmal nur eine Ansammlung von irritierenden Gesetzen erblicken. Der studierte Jurist wird sicherlich die Aufhebung der Gewal-

[556] Vgl. M. Kalman, Dersim Direnişleri, S. 223.

tenteilung monieren. Doch die obigen Gesetze sind weitaus mehr als nur die Aufhebung der Gewaltenteilung. Sie lassen die ersten tödlichen Absichten durchblicken, die die Handschrift von Gesetzen tragen. Das Morden sollte durch Gesetze legitimiert werden und das Unrecht dem Recht weichen. Vor allem das Gesetz „Falls die Ausführung der Exekution (durch Erhängen) nicht im Beisein des Gouverneurs und Generals erfolgen kann, so ist sie ohne zeitlichen Verzug auszuführen" trägt eine besondere Bedeutung. Es wurde zum Mordwerkzeug, das Tausenden das Leben kostete. Es wurde vor allem herangezogen, wenn Massenexekutionen stattfanden. Ein weiteres Gesetz, das aufgeführt wurde („Der Gouverneur und General darf zum Zwecke der Aufrechterhaltung der öffentlichen Ordnung Störer und ihre Familien Zwangsumsiedeln und ihnen die Besiedlung eines bestimmten Territoriums untersagen.") wird die Vertreibung und Umsiedlung zwecks Türkisierung legitimieren. Das Tunceli-Gesetz offenbart, dass die höchsten Kreise in Ankara von den Ereignissen in Dersim in den Jahren 1937/38 gewusst haben müssen. Schließlich wurde das Gesetz in ihren Kreisen beschlossen. Sie waren somit Schreibtischtäter.
Die Absurdität wurde durch Gesetze perfektioniert. Fehlt nur noch zu erwähnen, dass damals die wenigsten Angeklagten oder Opfer ausreichend türkisch sprachen, um eine Anklage zu verstehen.
Das *Tunceli-Gesetz* war bis zum 1. Januar 1940 in Kraft. Das Gesetz bestand jedoch mit einigen Modifikationen versehen bis 1947 fort.
Nicht unerwähnt bleiben sollte, dass es bezüglich Dersim auch weitere Gesetzeserlasse gab. So zum Beispiel zum Personenstandswesen. Nichtregistrierte Personen sollten registriert und Geburts- bzw. Sterbedatum ermittelt werden.

Das ganze wurde mit einer Meldepflicht versehen. Auch dies hört sich auf den ersten Blick nach einem wohlwollenden Vater Staat an, der nur Ordnung in die Bude bringen will. Tatsächlich steckte hinter diesem Ansinnen eine der Kernforderungen des Staates. Nämlich die Ableistung der Wehrpflicht. Durch genaue Erfassung sollten die Wehrpflichtigen ermittelt werden. Zudem hatte das Personenstandswesen eine weitere Aufgabe zu erfüllen. Da man angeblich nicht wusste, wer wo und wann gemeldet war, konnte man auch folglich die Opferzahl 1937/1938 nicht angeben[557]. Das Gesetz sah auch den finanziellen Aufwand vor. Pro Jahr sollten über einen Zeitraum von 4 Jahren 1,3 Millionen türkische Lira aufgebracht werden[558].

Wer die obigen Sätze vernimmt, wird feststellen, dass der türkische Bürokratieapparat wie geschmiert funktionierte. Doch möchte man Tacheles sprechen, kann man sich ohne Probleme englischen Depeschen widmen. In der Regel begegnet man in türkischen, kurdischen oder sonstigen Quellen, gerade englischen Quellen mit großem Argwohn. Sobald von einer ehemaligen Kolonialmacht im Nahen Osten - wie den Engländern – die Rede ist, wird der Vorwurf der Spionage erhoben. Sicherlich sind einige Quellen im Sinne der britischen Außenpolitik geschönt, doch per se jede Quelle als Desinformation abzutun, ist eine nicht nachzuvollziehende Torheit des Orientalen. Vielmehr sollten fremde Quellen zitiert, aber mit Vorsicht genossen werden. Zwar betten ausländische Quellen Dersim in einen Gesamtzusammenhang zu ihrer Außenpolitik ein, aber Dersim hatte keinen bedeutenden Stellenwert für die Politik eines Landes.

---

[557] M. Kalman, Dersim Direnişleri, S. 224.

[558] M. Kalman, Dersim Direnişleri, S. 224.

Die folgende Depesche kabelte der britische Diplomat *James Morgan* nach England[559]:

(1) Anbei übersende ich Euch eine Kopie des Lageberichts über die Dersim Kurden, der anlässlich eines Besuches des Konsuls von *Trabzon* in *Gümüşhane* entstand.

(2) Die im Westen der türkischen Kurdengebiete gelegene, gebirgige und wilde Region Dersim (zwischen *Erzincan* und *Elazığ (Harput)*) hat in den letzten Jahren verantwortungsvoll gehandelt und sich an keinem Kurdenaufstand, beginnend mit dem *Scheich Said-Aufstand* 1925, beteiligt. Dadurch wurden die Dersimer von einem harten Militärschlag der Türken verschont. Der türkische Staat hat vergeblich versucht seinen Einfluss auf die Dersimer auszuweiten. Die von Herrn *Matthews* geschilderten Ereignisse lassen schlussfolgern, dass im nächsten Herbst mit einem Militärschlag zu rechnen ist. Die Türken suchen noch nach einem geeigneten Anlass.

Der letzte Abschnitt kann die in den Folgejahren zu erwartenden Kriegsgräuel nicht zutreffender analysieren. Zwar ist die Depesche auf das Jahr 1934 datiert und zeitlich verfrüht. Dennoch ist sie ein Begleiter der Geschehnisse. Die Depesche lässt vermuten, dass die Türken früher zuschlagen

[559] Entnommen aus „Kalman, M.: Belge ve Tanıklarıyla Dersim Direnişleri, S. 226“. *Kalman* verweist auf eine Übersetzung des englischen Originals ins Türkische, die er seinerseits aus den amtlichen Blättern des türkischen Außenministeriums entnommen hat. Ob ihm das Original vorlag, bleibt ungeklärt.

wollten, dies aber nicht konnten oder noch nicht wollten. Vielleicht fehlte ihnen der Anlass um loszuschlagen. Erst drei Jahre später sollten sie den Anlass bekommen und gnadenlos zuschlagen.
Damit die Miltäroperation gelingen konnte, musste erst einmal die Infrastruktur der unwirtlichen Region Dersim erschlossen werden. Damit in Dersim überhaupt gebaut werden konnte, wurden erst einmal Polizei- und Gendarmerie-Basen in Zentral-Dersim errichtet.
Dieser Schritt der Türken stieß auf Ablehnung bei den Stammesältesten, die ihre Macht durch die Stationierung der Soldaten auf ihrem Territorium gefährdet sahen. Wahrscheinlich ahnten die Stammesältesten schon, welchen Zweck die Stationierung von Soldaten haben könnte: nämlich die militärische Unterwerfung und mit ihr einhergehend viel verflossenes Blut der Dersimer-Zivilbevölkerung. So ist es nicht verwunderlich, dass angeblich auf Vorschlag *Seyid Rızas*, die Anführer der Stämme *Haydaran*, *Khureschan*, *Yusufan* und *Demenan* zusammen kamen, um die Lage zu erörtern. Doch bei dem Treffen konnte man sich nicht auf eine einheitliche Linie gegen die anstehende Unterwerfung einigen. Dafür waren die Stämme zu zerstritten und weitere Stammestreffen wurden durch eine niedrige Teilnehmerzahl torpediert. Während die Stämme *Mazgirts*, *Hozats*, *Çemişgezeks* und *Perteks* die Forderungen der Türken hinnahmen, begegneten die Stämme Zentral-, Ost-, und West-Dersims den Forderungen mit Argwohn[560].
Die Treffen in Dersim entgingen nicht dem wachsamen Auge der Türken. Eilig wurde ein Abschlussbericht zu Dersim verfasst und die militärische Lage erneut erörtert. Zwar war

---

[560] M. Kalman, Dersim Direnişleri, S. 228; Vgl. auch C. Taş, Roê Kırmanciyê, S. 190 ff über die Treffen in *Halvoriye*.

Auftraggeber des Berichts Ministerpräsident *Ismet Inönü*, allerdings war Empfänger des Berichts Generalleutnant *Hüseyin Abdullah Alpdoğan* aus *Kastamonu*, der basierend auf dem Tunceli-Gesetz Generalgouverneur Dersims wurde[561].
Alarmiert vom Abschlussbericht, ließ *Alpdoğan* die Stämme informieren, dass die Männer ihren Wehrdienst abzuleisten hätten. Des Weiteren kündigte er an, dass in Dersim Straßen und Brücken gebaut werden sollten. Sodann verkündete er, dass alle im privaten Besitz befindlichen Waffen abzugeben waren. Während die Stämme viele Punkte des Generals abnickten, stieß die Waffenabgabe auf Bedenken. Während einige Stämme die Abgabe mit dem Hinweis, sie hätten keine bzw. nur geringe Mengen Waffen ablehnten, deuteten einige Stämme darauf hin, dass sie nicht abliefern würden. Um alle Stämme zu besänftigen, erläuterte der General, dass die Menge nicht wichtig sei. Entscheidend sei, dass in den offiziellen Vermerken, die in der türkischen Hauptstadt Ankara vorgelegt wurden, die Abgabe von Waffen registriert wurde[562].
Viele Stämme hielten sich an die Vorgabe der Türken und lieferten alle Kampfwaffen – wohlgemerkt nicht nur Schusswaffen -, ab. Unter den abgegebenen Waffen befanden sich auch solche, die die Osmanen an die Dersimer selbst ausgaben, damit diese im I. Weltkrieg den Vormarsch der Russen in Anatolien aufhielten. Diese und andere Waffen wurden in Dersim gesammelt und in mehreren Tagen nach *Elazığ* transportiert[563].
In den Folgemonaten baute der Staat emsig Straßen, Brücken und Militärstützpunkte in Zentral-Dersim. Auch bei *Pax*

---

[561] M. Kalman, Dersim Direnişleri, S. 229.
[562] M. Kalman, Dersim Direnişleri, S. 232.
[563] M. Kalman, Dersim Direnişleri, S. 232.

wurde eine neue Brücke gebaut. Neben der neuen Brücke stand noch die alte von Dersimern gebaute Holzhängebrücke. Beide Brücken sollten für die Ereignisse von 1937 eine bedeutende Rolle spielen[564].

Nach diesen Baumaßnahmen wollten die Türken keine Zeit verlieren. Sie wussten wie wichtig es war die Infrastruktur in Dersim aufzubauen. Denn ohne funktionierende Straßen konnte keine militärische Unterwerfung erfolgen. Diese Erkenntnis hatten die Türken durch die Geschichte gewonnen. Bei Militäroperationen in der Vergangenheit gelang es den Dersimern im unwegsamen Terrain Zuflucht zu finden. Sobald dies geschah, hatten die Türken das Nachsehen und mussten resigniert abziehen.

Auch dem Gründungsvater der modernen Türkischen Republik, Mustafa Kemal Atatürk entgeht die Entwicklung in Dersim nicht. Anlässlich der Parlamentseröffnung im Jahr 1936, äußert er Entschlossenheit und fasst diese Worte zusammen, die später Eingang in die Geschichtsbücher fanden:

> „Eins der wichtigsten inneren Angelegenheiten ist das Dersim-Problem. Diese Wunde, dieses Geschwür, muss nicht nur gesäubert, sondern auch ein für alle Mal erledigt werden[565]. Koste es was es wolle. Hierfür müssen der Regierung dringende Vollmachten ohne wenn und aber gewährt werden.“

---

[564] M. Kalman, Dersim Direnişleri, S. 231.

[565] Da die Übersetzung Anlass zu Diskussionen geben kann (wegen Falschübersetzung), soll an dieser Stelle das türkische Original-Zitat aus M. Kalman, Dersim Direnişleri, S. 230 wiedergeben werden.
„Dahili iç işlermizde en mühim bir safha varsa, o da Dersim meselesidir. Dahilde bulunan bu yarayı, bu korkunç çıbanı, ortadan temizleyip koparmak ve kökünden kesmek işi her ne pahasına olursa olsun yapılmalı ve bu hususta en acil kararların alınması için, hükümete tam ve geniş selahiyetler verilmelidir.”

Beflügelt durch diese Worte, rief *Alpdoğan* in Dersim, *Elazığ* und *Çabakcur* (heute *Bingöl*) den Ausnahmezustand aus. Sodann gab er durch öffentlichen Aushang bekannt, dass in *Çemişgezek*, *Ovacık*, *Pulur*, *Hozat*, *Mazgirt* und *Mameki (Zentral-Dersim)* Gendarmerie-Basen gebaut werden sollten. Für die Errichtung der Infrastruktur zogen die Türken Dersimer als Arbeitskräfte heran. Wie sie entlohnt wurden ist unbekannt, da Zahlen fehlen. Natürlich verfolgten die Türken von Anfang ihre Türkisierungskampagne. Es wurden zahlreiche Schulen gebaut, um die türkische Sprache zu etablieren.

Doch die Forderungen der Türken ebbten nicht ab. Im Gegenteil! Jetzt so allmählich widmeten sich die Türken ihrer verdeckten Agenda und kamen mit immer neuen und aberwitzigen Forderungen. Die Türken suchten in Dersim 3.700 „Banditen“, die sich mit ihren Waffen stellen sollten. Zudem sollten die Dersimer 200.000 Waffen abgeben. Forderungen, die die Dersimer nicht erfüllen konnten.

Gegen diese Vorgehensweise der Türken formierte sich Protest, der angeblich von *Seyid Rıza* als Wortführer formuliert wurde. Ihm wird zugeschrieben das *Tunceli-Gesetz* abgelehnt und für Dersim, eine der Dersimer-Tradition entsprechende Verwaltungsform eingefordert zu haben[566]. Währenddessen zeigten die Türken an den Grenzen Dersims militärische Präsenz. Um die Dersimer einzuschüchtern, überflogen Kampflugzeuge Dersim. Die Türken wollten ihren Forderungen Nachdruck verleihen.

Nachdem das *Tunceli-Gesetz* am 2. Januar 1936 in Kraft trat, wurde am 6. Januar 1936 das Generalgouvernement

[566] Vgl. H. Çağlayan, Die Schwäche der türkischen Arbeiterbewegung, S. 257.

gegründet[567]. In diesem Generalgouvernement wurde Generalleutnant *Alpdoğan* Gouverneur, Staatsanwalt, Richter und militärischer Oberbefehlshaber.

Am 8. Dezember 1936 trafen sich unter Leitung des Innenministers *Şükrü Kaya* die Generalgouverneure in Ankara, um das weitere Vorgehen in ihren Gebieten mit der Zentralmacht zu klären. Im Wesentlichen ging es bei dem Treffen um die Durchsetzung von Recht und Ordnung in den Gebieten. Was im Detail bezüglich Dersim besprochen wurde, ist nicht bekannt.

## 5.2. Der Militärschlag 1937/1938 – Blitzkrieg á la turca

1937 wurde Dersim hermetisch abgeriegelt und alle Ein- und Ausreisen untersagt. Diese Maßnahme wurde damit begründet, dass die Türken erfahren hätten, dass die Dersimer im nächsten Sommer einen gezielten Aufstand planten. Anzeichen hierfür wären die schleppenden Arbeiten an einer Brücke über den *Harçik-Fluss*. Die Infrastruktur musste aber schnellstmöglich instand gesetzt werden. Daher wurden die „Arbeiter“ auch mit Peitschenhieben zu „Höchstleistungen“ getrieben. Die Abriegelung war eine Vorsichtsmaßnahme, damit Dersim von Außen keine Unterstützung erhalten konnte. Zudem diente sie dazu, die Bevölkerung einzuschüchtern.

Sodann zogen die Türken starke Einheiten auf. Leider geht aus den Quellen nicht hervor, wie viel Tausend Mann Truppenstärke aufgeboten wurde. Nachdem diese Maßnahme abgeschlossen war, warteten die Türken auf einen willkommenen Anlass um loszuschlagen. Nicht alle Dersimer er-

567 Generalgouvernements gab es in der damals jungen Türkischen Republik zuhauf. Daher wurde Dersim das 4. Generalgouvernement.

kannten den Ernst der Lage. Einige nahmen die Umstände mit Gleichgültigkeit auf. Die Dersimer hatten schon viele türkische Truppen kommen und gehen sehen. Danach war zumindest immer für einige Zeit Ruhe. Die wenigen Mahner konnten die Ahnungslosen nicht überzeugen.

## 5.3. Wer sind Seyid Rıza, Ali Şêr und Nuri Dersimi?

### Seyid Rıza

Um *Seyid Rıza* gibt es Mythen, die nur schwer unter wahr oder unwahr zu subsumieren sind. Von Vertretern der Kurden- und Dersim-Organisationen wurde er zum Helden aufgebaut, der der türkischen Willkür die Stirn bot. Er sei derjenige gewesen, der einen heldenhaften Tod im Widerstand gegen das Unrecht starb, anstatt sich der Unterjochung zu beugen.

Hingegen wird er von der offiziellen türkischen Geschichtsschreibung diffamiert als der böse Feudalherr, der seine eigene Bevölkerung unterjochte und gegen die staatliche Autorität kämpfte. Ein wahrer Staatsfeind, der eines besseren belehrt werden musste. Wenn nötig mit Gewalt.

Um ein genaueres Bild und damit eine Einordnung *Seyid Rızas* in den historischen Kontext zu erhalten, ist es wichtig, die wenigen Erkenntnisse über ihn zu studieren. *Seyid Rıza* war der Sohn des *Seyid Ibrahim*. Er wurde in Dersim geboren. Wann genau ist nicht bekannt. Einige Quellen beziehen sich auf das Jahr 1860 oder 1862. Er gehörte dem West-Dersimer Stamm der *Hasanan* an. Seine Familie entstammt einer angesehenen alevitischen Familie. *Seyid Ibrahim* war ein *Rayvêr* (Zazaki für „Vorreiter"; wortwörtlich „ra" = „Weg" und „vêr“ = „vorne“[568]), also ein alevitischer Würdenträger. Vergleichbar ist ein *Rayvêr* mit einem christlichen Pfarrer. *Seyid Ibrahim* erklomm allerdings auch die Stufe des *„Seyit“*. Der *Seyit* ist eines der höchsten Ämter im schiitischen Islam und auch bei den Aleviten. In der Moderne würde man sagen, dass *Seyid Rızas* Vater Karriere gemacht und einen notablen Platz im alevitischen Glauben eingenommen hat[569]. Sicher ist zudem, dass *Seyid Rıza* nach dem Tod seines Vaters in das Dorf *Ağdat* am Fuße des *Dujık-Berges*[570] zog. Von seinen Mitmenschen wurde *Seyid Rıza* als lebensfreudige, muntere und barmherzige Person beschrieben[571].

Sein berühmtester überlieferter Satz lautet: „Qılancık bılbıl nêbena!“ (=Der Rabe wird einfach keine Nachtigall!). Diesen Satz soll er über die Türken gesagt haben. Hintergrund war, dass er die List der Türken durchschaut hatte.

Was sonst so von ihm erzählt wird, kann man in das Reich der Fabelwesen verweisen. Er wird von einigen Quellen als patriotischer Kurde beschrieben, der bei jeder Gelegenheit die Einheit der Kurden beschwor und die gemeinsamen Wurzeln aller Kurden verteidigte. Zudem sei er glühender Anhänger der kurdischen Nationalidee gewesen. Ein unabhängiger Kurdenstaat wäre sein politisches Ziel gewesen. Diese Ziele decken sich aber nicht mit Aussagen historischer Zeitzeugen[572] (s. unten).

Zudem wird ihm durch *Nuri Dersimi* gutgeheißen, dass er während des Völkermordes an den Armeniern Zehntausen-

---

568 *Rayvêr* ist die übliche Form in Ost-Dersim. Der West-Dersimer würde *„Ra(y)bêr“* sagen.

569 N. Dersimi, Kürdistan Tarihinde Dersim, S. 291 ff.

570 Der *Berg Tuzik* wird auch als *Tujık oder Dujık* wiedergegeben.

571 N. Dersimi, Kürdistan Tarihinde Dersim, S. 291 ff.

572 N. Dersimi, Kürdistan Tarihinde Dersim, S. 294.

den Armeniern Asyl[573] gewährte. Des Weiteren soll er versucht haben die Dersimer Stämme zu vereinen, um die Niederlage zu verhindern. Er wird als Basisdemokrat beschrieben. Bei jeder Gelegenheit habe er Andersdenkende toleriert und ihnen aufmerksam zugehört. Eine gern erzählte Anekdote aus dem Kapitel Demokratie soll sich demnach ereignet haben, als sich *Seyid Rıza* mit türkischen Vertretern unterhielt. Sein Knappe *Qomo* soll sich in die Unterredung eingemischt und *Seyid Rıza Anweisungen* gegeben haben. Die Türken wären über diesen Umstand verwundert gewesen, da selbst ein Knappe mitmischen durfte[574].

Ein 2015 in der regierungsnahen Zeitung *Yeni Şafak* erschienener Artikel behauptet, dass Atatürk angeblich vor der Hinrichtung *Seyid Rıza* getroffen habe und ihm gesagt habe, dass er *Seyid Rıza* Amnestie gewähren würde, wenn er sich entschuldige. *Seyid Rıza* habe mit den Worten „Ich habe doch nichts verbrochen!" abgelehnt[575]. Die Glaubwürdigkeit des Artikels aus der *Yeni Şafak* ist mehr als anzuzweifeln. Denn der Zeitzeuge *Çağlayangil* schrieb in seinen Memoiren, dass es solch ein Treffen nicht gegeben habe. Vielmehr sollte *Seyid Rıza* vor Eintreffen *Ataürks* gehängt werden. Auch andere Dersimer geben an, dass es ein Treffen zwischen *Atatürk* und *Seyid Rıza* nicht gab[576].

In türkischen Quellen wird Seyid Rıza als 1863 im Dorf *Lirtik* geborener alevitischer *Dede* wiedergegeben. Er sei der Verfechter eines rückständigen Feudalsystems gewesen. Er soll laut *Doğan Doğan* im Alter von 75 Jahren im Jahre 1937 unter dem Vorwand von Verhandlungsgesuchen nach *Erzin-*

---

[573] Zazaisch „*Bêxt*" genannt.
[574] N. Dersimi, Kürdistan Tarihinde Dersim, S. 293.
[575] http://www.yenisafak.com.tr/gundem/iste-o-gizli-gorusme-2121755 (28).
[576] C. Taş, Roê Kırmanciyê, S. 179.

*can* gelockt worden sein. Als er die Reise antrat, wurde er entgegen der Abmachung in eine Falle gelockt und hinterhältig festgenommen. Diese Falle nennt *Doğan Doğan* eine unehrenhafte List des Staates[577]. Andere türkische Quellen, die nicht mehr unter Verschluss sind, bestätigen wiederum, dass *Seyid Rıza* nicht gefangengenommen wurde, sondern sich den Türken ergab[578].

Laut *Doğan Doğan* soll *Seyid Rıza* ein Bündnis mit weiteren Stämmen geschmiedet haben, um die Übergriffe der *Hamidiye-Brigaden* gegen alevitische Dörfer abzuwehren. Zudem soll er auch gegen Armenier gekämpft und den türkischen Befreiungskampf gegen die Griechen unterstützt haben[579]. Zudem soll es mit *Scheich Said*, einem anderen berühmten Zaza-Anführer zum Zerwürfnis gekommen sein. Es ging angeblich darum, dass die sunnitischen Zazas ein von Aleviten geschlachtetes Opfertier, als Respekterbietung für den eingeladenen Gast, nicht verspeisen wollten, da laut Sunniten ein von Aleviten geschlachtetes Tier nicht den islamischen Geboten konform sein könne[580]. Daraufhin forderte *Seyid Rıza* die Sunniten zum gehen auf. Wie weit dies stimmt, lässt sich nur schwer überprüfen, wird aber in alevitischen Kreisen sehr gerne erzählt[581].

*Seyid Rıza* wurde am 18. November 1937 in Elazığ auf dem Weizenmarkt zum Tod durch den Strang verurteilt, aber aufgrund seines hohen Alters habe man von der ursprünglichen Exekution abgesehen. Dennoch soll es einigen Kreisen gelungen sein, durch fingierte Zeugen sein tatsächliches Alter

---

577 Vgl. D. Doğan, Dersim Olayı, S. 307.
578 Vgl. Yıldız, Dersim'in Etno-Kültürel Kimliği, S. 193.
579 D. Doğan, Dersim Olayı, S. 309.
580 D. Doğan, Dersim Olayı, S. 308.
581 Vgl. H. Aygün, Resmiyet ve Hakikat, S. 53.

unter die Exekutionsschwelle zu senken und er wurde doch hingerichtet[582]. Laut *Doğan Doğan* war *Seyid Rıza* natürlich Türke vom feinsten Schlag[583]. Dabei sprach er noch nicht einmal türkisch.
Laut einer anderen türkischen Quelle (*Uluğ)* war *Seyid Rıza* ein dickköpfiger Opportunist, ohne politischen Willen und Konzept. Er sei ein Todfeind der Türken und Verbündeter der Armenier gewesen[584].

**Ali Şêr**

*Ali Şêr* gehörte dem *Scheich Hasanan* Stamm an. Er war einer der wenigen Dersimer, die an einer türkischen Schule ausgebildet wurden. Er konnte sowohl türkisch als auch kurdisch lesen und schreiben. Zazaki lernte er erst später. Zuvor war er während des *Koçgiri* Aufstandes der persönliche Berater des Stammesfürsten *Mustafa Bey*. *Ali Şêr* war mit *Zarife Xanım* verheiratet, die eine treue Weggefährtin war[585].
*Die Türken werfen Ali Şêr* stets Illoyalität vor. Demnach suchte er angeblich während des I. Weltkriegs das Bündnis mit Russen und Armeniern und reiste zu diesem Zweck nach Russland, um mit zaristischen Offizieren zu verhandeln. Doch er konnte sich mit den Armeniern aufgrund von Grenzstreitigkeiten nicht einigen. Einen Namen machte sich *Ali Şêr* in Dersim, als er im I. Weltkrieg die Versorgung der zaristischen Truppen in *Erzincan* organisierte. Doch schon bald richtete sich *Ali Şêr* gegen seine russischen Gönner und organisierte in *Ovacık* den Widerstand gegen die vorrü-

---

[582] D. Doğan, Dersim Olayı, S. 310; das Hinrichtungsdatum wird im Original falsch genannt mit 05. September bzw. 15. November.
[583] D. Doğan, Dersim Olayı, S. 312 ff.
[584] N. H. Uluğ, Derebeyi ve Dersim, S. 42/43.
[585] C. Taş, Roê Kırmanciyê, S. 203.

ckenden Russen. Nach dem I. Weltkrieg kehrte *Ali Şêr* nach *Koçgiri* zurück. Von da an soll *Ali Şêr* bemüht gewesen sein, eine kurdische Regierung zu gründen. Ob dies tatsächlich so war, lässt sich nicht abschließend klären. Feststeht allerdings, dass er Mitglied der kurdischen *„Kürdistan Teali Cemiyeti*[586] *(KTC)" (= Fördervereinigung Kurdistans)* war.

Nach Dersim gelangte er, nachdem der *Koçgiri-Aufstand* fehlschlug. In Dersim konnte er sich unter vertrauten Stämmen frei bewegen, während die Türken den Tag seiner Verhaftung oder Liquidierung herbeisehnten[587].

In Dersim genoss seine Bündelung der Stammeskräfte im Widerstand gegen die Türken Priorität. Er konnte aber nur eine Handvoll Anführer überzeugen. *Ali Şêr* war nicht nur als Politiker, sondern auch als Dichter bekannt. *Ali Şêr* wurde laut Nazmi Sevgen am 9. Juli 1937 ermordet. Die Ermordung wird von *Rayvêr*, dem Verräter, den *Seyid Rıza* nicht aufnehmen wollte, vollstreckt. Angeblich habe *Alpdoğan Rayvêr* gesagt: „Entweder liquidierst du *Seyid Rıza*, oder *Ali Şêr*!". In Aussicht für den Verrat wurde ihm viel Geld versprochen. *Rayvêr* schaffte es, den Krieger Zeynel in seine Intrige einzuweihen und gegen *Ali Şêr* loszuschlagen. *Ali Şêr* befand sich zu dem Zeitpunkt isoliert vom Rest seiner Männer in einer Höhle. *Zeynel* suchte ihn unter einem Besuchsvorwand auf und schoss auf ihn tödlich. Auch die anwesende *Zarife* wurde getötet. Sodann wurden die abgeschlagenen Köpfe in Säcke gepackt und in *Elazığ* General *Alpdoğan* übergeben. Eine Symbolfigur war tot[588].

---

586 Auch als *„Kürdistan Teali Cemiyeti"* (= türk.: Fördervereinigung Kurdistans) bekannt.

587 Vgl. N. Dersimi, Kürdistan Tarihinde Dersim, S. 278 ff.

588 Vgl. M. Kalman, Dersim Direnişleri, S. 301 f.

Ironie der Geschichte: *Zeynel* kehrte später zu den Aufständischen zurück und kämpfte noch entschlossener gegen die Türken. Er fand den Tod im Kampf gegen die Türken[589].
In türkischen Quellen[590] wird geschrieben, dass *Ali Şêr* etwa 55 Jahre alt war, als er am 9. Juli 1937 getötet wurde. Er soll ein intelligenter, mutiger Störenfried gewesen sein, der nicht nur türkisch fließend sprach, sondern auch die Schriftsprache beherrschte.
In Dersim soll er sich zuerst in *Ovacık* niedergelassen haben, zog dann aber im Jahre 1936 in das Dorf *Seyid Rızas*: *Ağdat*. 1937 zog er in eine Höhle in der Nähe des Dorfes *Gafat*. Er soll bei seinen Rekrutierungsversuchen unter den Dersimern wenig Erfolg gehabt haben. Nazmi Sevgen führt dies darauf zurück, dass die Dersimer Stämme Angst hatten, dass *Ali Şêr* zu mächtig würde. Außerdem sollen die Dersimer in Stammesstrukturen gedacht haben. Da *Ali Şêr* aus *Koçgiri* stammte, folgten ihm kaum Leute. So zumindest die türkischen Quellen.
Auch seine Lebensgefährtin *Zarife Xanım*, die nie von seiner Seite wich und stets bewaffnet war, war der Sache ihres Mannes treuer Untertan. Die Mission des *Alişêr* bestand laut türkischen Aussagen darin, die Dersimer im Namen der Kurden gegen die Zentralgewalt in Ankara aufzuhetzen. Dies sei ihm 1937 gelungen[591]. Doch dann widerspricht sich *Sevgen* selbst. *Ali Şêr* sei letztendlich erfolglos geblieben, da die Dersimer ohnehin keine Kurden seien und sich deshalb der Fördervereinigung Kurdistans (*KTC)* nicht angeschlossen hätten[592].

---

[589] Vgl. M. Kalman, Dersim Direnişleri, S. 301.
[590] N. Sevgen, Zazalar ve Kızılbaşlar, S. 225 f.
[591] Vgl. N. Sevgen, Zazalar ve Kızılbaşlar, S. 225 f.
[592] N. Sevgen, Zazalar ve Kızılbaşlar, S. 81 f.

Laut kurdischen Quellen soll der abgeschlagene Kopf *Ali Şêrs* für *Nazmi Sevgen* bestimmt gewesen sein, der den abgetrennten Kopf auch fotografierte. Die Türken zahlten dem Mörder *Ali Şêrs* 100 Goldthaler als Belohnung. *Nazmi Sevgen* soll beim Fotografieren des Kopfes gesagt haben:

> „Ich fotografierte den abgeschlagenen Kopf *Ali Şêrs*. Ich erschrak und bekam eine Gänsehaut. Der Kopf war in meinen Tagträumen, und nachts in meinen Alpträumen[593]."

Leider schreibt keine Quelle, in welchem Verhältnis *Seyid Rıza* zu *Ali Şêr* stand. Waren sie politisch Gleichgesinnte oder hatte *Ali Şêr* lediglich *Bêxt*, also Asyl als verfolgter Alevit erhalten und wurde dann ziemlich ungewollt in den Strudel der Ereignisse gerissen? Man weiß es nicht.
Allein *Hesen Aliyê Sey Kemali* geht etwas näher auf das Verhältnis *Ali Şêrs* zu *Seyid Rıza* ein. Demnach wollte *Ali Şêr* nach der Niederlage in *Koçgiri* einfach in Ruhe leben. Deshalb gewährte ihm *Seyid Rıza „Bêxt"*, wofür *Ali Şêr*, der angeblich sieben Spachen sprach, sehr dankbar war. Politische Absichten hegte *Ali Şêr* demnach nicht. *Seyid Rıza* lehnte mehrmals das Auslieferungsgesuch der Türken ab und lieferte *Ali Şêr* nicht den Türken aus. Somit verhinderte *Seyid Riza* seinen sicheren Tod[594].

**Nuri Dersimi**

*Nuri Dersimi* hat im März 1892 (oder 1893) im kleinen Dorf *Ağzunik* westlich von *Hozat*, dem Hauptort des Sandschaks

---

593 http://www.navkurd.net/nivisar/mehmet_bayrak/katili_zeynel.htm (14). Der Verfasser zitiert hier aus „Yeni İnci, Nr.: 44/ 1953".

594 C. Taş, Roê Kırmanciyê, S. 203.

Dersim, das Licht der Welt erblickt. Nach eigenem Bekunden war sein Vater *Mıla Ibrahim* vom Stamme *Mılan* Lehrer, Dichter, Sänger und Saz-Spieler und amtierte, wie schon Dersimis Großvater, eine Zeit lang als Sekretär des *Seyid Ibrahim*, des Vaters von *Seyid Rıza*, dem Führer der *Scheich Hasanan-Stämme* in West-Dersim. Viele Absolventen von *Mıla Ibrahim* in *Ağzunik*, darunter zahlreiche Söhne von Stammesführern, studierten später in Istanbul und wurden militante kurdische Patrioten. Die Mutter Dersimis war vom Stamme *Ağuçan*[595].

Ob Dersimi Kurde oder Zaza war, ist nicht ganz geklärt. Nach der Stammeszugehörigkeit seiner Eltern, müsste er Kurmanji als Muttersprache gesprochen haben (vgl. die Stammessprachen, Mılan Hozat und Ağuçan Mazgirt).

*Dersimi* ging bei seinem Onkel *Mıla Hasan* im armenisch-kurdischen Dorf *Sorpiyan*, das zwischen *Hozat* und *Mazgirt* lag, erstmals in die Schule. Die Primarschule besuchte er dann von 1899 an in *Hozat*, wo sein wiederverheirateter Vater sich ein Haus baute. Da dieser die Qualität der Sekundarschule in *Hozat* als ungenügend einstufte, schickte er seinen Sohn in die Militärschule von *Elazığ*, wo er bei seinem Onkel, dem Polizisten *Hüseyin*, wohnte. Doch *Dersimi* fühlte sich dort nicht wohl, woraufhin 1905 die ganze Familie wegen ihm nach *Harput (Elazığ)* zog. Langsam fühlte sich *Dersimi* in *Harput* wohl, sodass die Familie zwei Jahre später zurück nach *Hozat* zog. Während dieser Zeit fing *Dersimi* an, sich für die kurdische Sache zu interessieren[596].

---

595 Vgl. H.-L. Kieser, Mehmet Nuri Dersimi, ein asylsuchender Kurde, S. 4 (26).
596 H.-L. Kieser, Mehmet Nuri Dersimi, ein asylsuchender Kurde, S. 5 (26).

**Seyid Rıza Statue in Dersim (2)[597]** **Pilger am Munzur Fluss (3)**

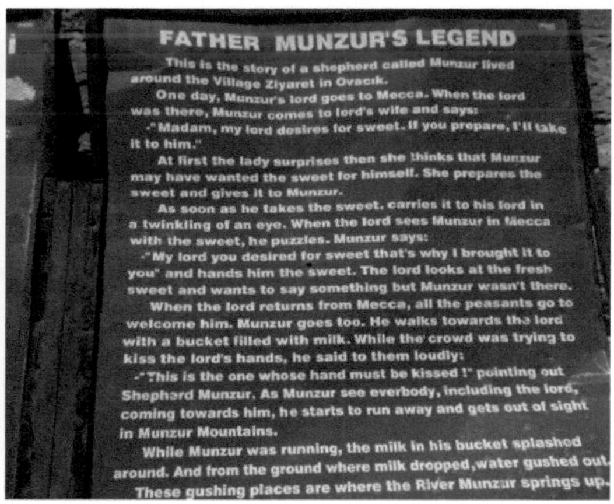


**Eine Holzhängebrücke bei Pax (4)[598]** **Falsche Munzur Sage am Pilgerort (5)**

---

597 Abb. 2: Das durch die pro-kurdische Partei BDP errichtete *Seyid Rıza* Denkmal. // Abb. 3: Pilger am Munzur Wahlfahrtsort. An diesen Stellen werden Kerzen entzündet und Gebete aufgesagt.

598 Abb. 4: Eine ähnliche Brücke in Pax brannten die Dersimer am 21. März 1937 nieder. Dies führte zu den Ereignissen von 1938. // Abb. 5.: Eine Lüge wird zur historischen Wahrheit erhoben. Die Geschichte die Molyneux-Seel 1911 erstmals niederschrieb und Kerbela als Reiseort des Herrn aufführte; der Pilgerort verschwand in der Version von Kemal Aydar. Stattdessen war von

**1984 gebaute Moschee in Nazımıye (6)[599] Enge Schluchten zw. Tunceli-Zentrum und Pülümür (7)**

**Enge Schlucht zw. Nazımıye und Tunceli-Zentrum (8) Düzgün Baba (9)**

---

Mekka die Rede, da dies besser in das Weltbild des türkisch-sunnitischen Staates passte. Durch diese Geschichtsverfälschung wurden die Dersimer ihrer kulturellen Identität beraubt.

599 Abb. 6: Diese Moschee wurde 1984 auf den Ruinen der ehemaligen armenischen Kirche in Nazımıye gebaut. Zweck war die Sunnitisierung der als illoyal erachteten Dersimer Aleviten. Die Moschee steht bis heute leer und hat keinen Imam. // Abb. 7 und 8: Durch diese engen Schluchten mussten sich sowohl Dersimer als auch türkische Soldaten vor 1938 quälen. Ein Durchkommen war fast unmöglich oder wie es Molyneux-Seel schreibt, sehr beschwerlich und nahm einen ganzen Tag in Anspruch, um nur wenige Kilometer zurück zu legen. // Abb. 9: Der Pilgerort *Düzgün Baba*. Aufgenommen vom Süden her.

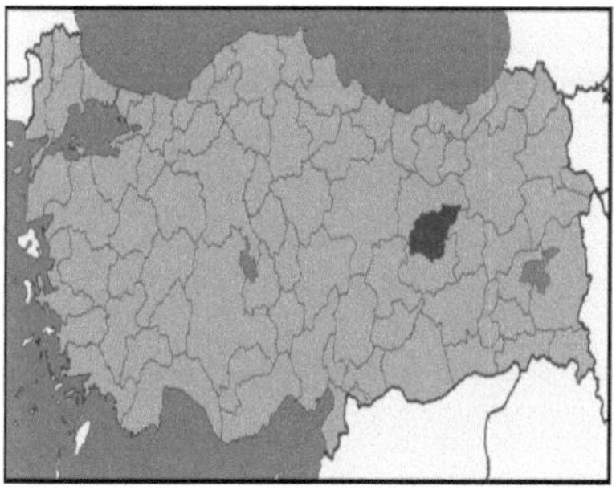

**Provinz Tunceli in der Türkei (10)**[600]

**Düzgün Baba Höhlen (11)**

**Zargovit Stein (12)**

**Das 1994 entvölkerte Dorf Dizik bei Nazımıye (13)**[601]

[600] Abb. 10: Die türkische Provinz Tunceli - ehemals Dersim – im Herzen Anatoliens.
*Abb. 11 und 12: Düzgün Baba* mit dem *Zargovit* Stein. Von diesem Stein aus soll der Vater *Düzgün* beobachtet haben. Auf dem Stein werden die Hörner der Opfertiere abgelegt.

[601] Abb. 13: Das 1994 zwangsgeräumte Dorf *Dizik* bei *Nazımıye* steht als Sinnbild der zahllosen leeren Dörfer in Dersim, die durch den Staat zerstört wurden. Das Dorf *Dizik* wurde nach der Räumung zur Verbotszone erklärt und dem Verfall preisgegeben. Heutzutage ist es unbewohnt. Mit den Einwohnern gingen auch Sprache und Kultur verloren.

**Bava Bertal (links) und Şeuşen (rechts) (14)**[602] **Zarrêvêt (15)**

**Tunceli-Zentrum in den 1980ern (16)** **Seyid Rıza (sitzend) mit seinen Söhnen (17)**

**Dr. Vet. M. Dersimi (18)**[603] **Ali Şêr und Zarife Xanım (19)**

---

[602] Abb. 14: *Bava Bertal* und *Şeuşen*. Zwei Helden der post 1938-Ära.
Abb. 15: Eine Leckerei aus Dersim: Zarrêvêt.
Abb. 16: Tunceli-Zentrum in den 1980er Jahren.
Abb. 17: *Seyid Rıza* (sitzend) mit seinen beiden Söhnen *Fındıq* und *Hüseyin* im Gefängnis in Elazığ. Warten auf den Prozess.

[603] Abb. 18: Der Dersimer Politiker und Historiker Dr. Vet. *N. Dersimi*. Diese Aufnahme entstand in Syrien. *// Abb. 19: Ali Şêr* aus *Koçgiri* mit seiner Gemah-

1938: Gefangene Dersimer (20)

Ein letztes Foto mit den Opfern (21)

Medaille für Teilnahme am Dersim-Feldzug (22)

Tunceli Anfang der 2000er (23)

Als *Dersimi* 1911 zum Studieren nach Istanbul ging, war er bereits politisch im Sinne der Sache der Kurden gefestigt. Er trat die Reise von Dersim aus an. Er schloss sich einer un-

---

lin *Zarife Xanım*. Beide waren stets bewaffnet und unzertrennlich. *Ali Şêr* tat sich auch als Poet hervor.

Abb. 20 und 21: Gefangengenommene Dersimer mit ihren türkischen Bewachern. Wenig später werden die Fotografierten abgeführt und ermordet. 2014 erkannte ein Dersimer seine Schwester auf Foto 20 wieder. Es ist die letzte Erinnerung an seine Schwester. Die Fotos wurden trotz Verbots von einem türkischen Unteroffizier gemacht. Ein Dersimer, der ihn Jahrzehnte später zuhause besuchte, klaute diese Fotos. Sie sind die wenigen Fotos die über die Opfer existieren.

Abb. 22. Türkische Veteranen des Dersim-Feldzugs von 1938 erhielten solche Medaillen, die neben dem Militärmanöver den Namen Atatürks prägen.

Abb. 23: Tunceli Anfang der 2000er. Wenig Veränderung in 10 Jahren.

bewaffneten und zugleich unantastbaren Karawane der *Derwisch Dschemalan* an, die nach Trabzon reiste. Von dort nahm *Dersimi* das Schiff nach Istanbul[604]. In Istanbul angekommen, nahm er das Studium der Veterinärmedizin auf. Er traf in Istanbul viele Dersimer, die er versuchte unter dem Dach des Alevitentums und Kurdismus zu vereinigen. Doch die Gräben zwischen den Stämmen waren auch in der Diaspora vorhanden. Dersimi organisierte *Cems* und knüpfte Kontakt zu anderen kurdischen Studenten, die sich mit ihm für nationalstaatliches Denken begeisterten. Er wurde führendes Mitglied mehrerer kurdischer Organisationen in Istanbul[605].

Mit dem Ausbruch des I. Weltkriegs wurde er von der osmanischen Regierung als Veterinär einberufen und 1914 nach *Erzincan* geschickt. In *Erzincan* wurde er Augenzeuge von Massakern an Armeniern. So schilderte er die Massaker an den Armeniern an der *Kemah-Schlucht*. Wegen politischer Aktivitäten wurde er 1916 nach *Kangal* in *Sivas* versetzt. Dort heiratete er *Selvi*, die Tochter eines Stammesfürsten. Kurz danach wurde er nach *Giresun* gesandt. 1918 kam er nach *Istanbul* zurück und beendete sein Studium[606].

Nach eigenem Bekunden ging Dersimi nach seinem Studium nach *Sivas* und organisierte den *Koçgiri-Aufstand* von 1920 mit. Während dieser Zeit ehelichte er auch seine erste Frau *Selvi*. Nach dem gescheiterten *Koçgiri-Aufstand* ging er nach Dersim. *Dersimi* wurde nach eigenem Bekunden eine wichtige Person des „Aufstandes“ und der Berater von *Seyid Rıza*. Er verlor während den Ereignissen von 1938 drei sei-

---

604 Diesen Weg nahmen die meisten Dersimer jener Zeit, um nach Istanbul zu gelangen. Der Landweg, der beschwerlicher war, wurde vermieden.

605 H.-L. Kieser, Mehmet Nuri Dersimi, ein asylsuchender Kurde, S. 6 (26).

606 H.-L. Kieser, Mehmet Nuri Dersimi, ein asylsuchender Kurde, S. 8 ff (26).

ner Brüder und zuvor in *Koçgiri* seinen Sohn *Ali*. Mit dem 1937 ausbrechenden Ereignissen in Dersim, floh *Dersimi* nach Syrien, musste dann aber 1938 nach Amman gehen, da die französische Mandatsmacht in Syrien ihn auf Druck der Türkei ausgewiesen hätte. Er kehrte aber nach zwei Jahren nach Syrien zurück. In Syrien entstanden seine beiden wichtigsten Werke: *„Kürdistan Tarihinde Dersim"* (=Dersim in der Geschichte Kurdistans) und *„Dersim ve Kürt Milli Mücadelesine Dair Hatıratım"* (=Meine Erinnerungen bezüglich Dersim und der kurdischen Nationalbewegung). Beim Dersim-Massaker verlor er auch seine Tochter *Fato*[607]. Dersimis Ziel war es ein Kurdistan ohne die südlichen Gebiete zu errichten. Das Gebiet sollte *Koçgiri*, *Dersim*, *Elazığ*, *Diyarbakır*, *Van* und *Bitlis* umfassen[608].

Wie beim *Koçgiri-Aufstand*, erzählten die Türken auch hier die Mär vom ausländischen Komplott, obschon sich nach dem Rückzug der Russen, keine Großmacht mehr für jene isolierte Gegend interessierte[609].

Das Vorgehen der Türken in Dersim war keineswegs neu. Schon der Schwiegervater *Alpdoğans*, *Nurettin Pascha* hatte in *Koçgiri* diese Maßnahmen durchgeführt. *Nurettin Pascha* sagte[610]:

> „Man muss das Vertrauen des Volkes gewinnen (...) und die Anstifter verhaften (...) Ihre Güter sollen konfisziert und ihre Häuser verbrannt werden. Wenn es sich nicht um Einzelpersonen handelt, sondern um die Bewohner eines Dorfes, soll mit dem ganzen Dorf

---

607 H.-L. Kieser, Mehmet Nuri Dersimi, ein asylsuchender Kurde, S. 19 (26).

608 H.-L. Kieser, Mehmet Nuri Dersimi, ein asylsuchender Kurde, S. 14 (26).

609 H.-L. Kieser, Mehmet Nuri Dersimi, ein asylsuchender Kurde, S. 14 (26).

610 H. Aygün, Dersim 1938, S. 96.

entsprechend umgegangen werden. Je nach Ergebnis der Militäroperationen wird befohlen werden, entweder den Koçgiri-Stamm so zu schwächen, dass er sich nicht mehr erheben kann oder ihn aufzuteilen und zu deportieren."

*Alpdoğan* konnte sich somit auf die Erfahrungen seines Schwiegervaters verlassen. Denn die Ereignisse und Massaker in *Koçgiri* waren nicht viel anders als in Dersim. Auch dort floss viel Blut.
*Dersimis* Biografie gibt einige Rätsel auf, die aufgrund fehlender Aussagen von Zeitzeugen nicht verifiziert werden können. So soll gegen ihn nach dem *Koçgiri-Aufstand* ein Todesurteil verhängt worden sein, aber gleichzeitig wurde ihm von den Türken ein Gutshof im Dorf *Holvenk* bei *Elazığ* zugesprochen. Angeblich war *Dersimi* auch Chef-Organisator der kurdischen Stämme unter *Seyid Rıza* in Dersim[611]. Jedoch war *Dersimi* 1937 in *Elazığ* und nicht in Dersim bei *Seyid Rıza*. Ob Dersimi hier sich einen Sonnenscheinplatz in der Geschichte sichert? Zwar lebte seine Frau *Selvi* zeitweise im Dorf *Seyid Rızas*, aber *Dersimi* war stets unterwegs[612]. Das *Dersimi* eine führende Rolle in Dersim gehabt habe, wird auch von Dersimern bestritten. Der Dersimer *Hasan Demir* befragte den alten Weggefährten *Seyid Rızas*, *Hemê Boği*, der 1937 mit Seyid Rıza stritt und verurteilt wurde und eine lange Haftstrafe erhielt, ob er *Dersimi* kenne. *Hemê Boği* antwortete, dass er eine Person namens *Nuri Dersimi* nicht kennen gelernt habe und seine Behauptungen gänzlich erfunden seien[613].

---

611 H.-L. Kieser, Mehmet Nuri Dersimi, ein asylsuchender Kurde, S. 15 f (26).
612 H.-L. Kieser, Mehmet Nuri Dersimi, ein asylsuchender Kurde, S. 20. (26)
613 Vgl. M. Yıldız, Dersim´in Etno-Kültürel Kimliği, S. 186.

Während *Nuri Dersimi* sich als Teil der Dersimer um *Seyid Rıza* sah, unterstellen ihm einige Autoren[614], dass er seine Position stark übertrieben habe. Sein Name sei in Dersim nicht gerade beliebt. Zudem soll er den Völkermord an den Armeniern und die Taten der *Hamidiye-Brigaden* verharmlost haben. Überdies soll er ein Agent der Türken gewesen sein, der unbedingt einen Aufstand in Dersim anzetteln wollte[615].

Die Aussage, Dersimi sei Armenier feindlich gewesen kann nicht bestätigt werden, wenn er auch bezüglich des Völkermordes an den Armeniern eine eigenwillige Ansicht hatte[616]. Er bedauerte, dass sich Armenier und Kurden nicht näher kamen und gemeinsame Bündnisse schlossen. Nuri Dersimi sah das Schicksal der beiden Völker eng verbunden und hörte nicht auf, sie als Brudervölker zu bezeichnen[617].

Was wahr ist, kann nicht festgestellt werden, aber in den Werken Dersimis lässt sich oftmals eine geschönte und übertriebene Sicht erkennen. So enthält er seinen Lesern unter anderem ein brisantes Detail seines Gutshofes in beiden Büchern. Der Gutshof gehörte Armeniern[618]. Aufgrund dieser Ungereimtheiten nehmen manche Autoren bezugnehmend auf jüngere Dokumente an, dass *Dersimi* in Wahrheit ein türkischer Spion war. Denn wie sonst ließe sich erklären, dass der Chef-Organisator des Dersim-„Aufstandes" bis September 1937 unbehelligt im vom Staat kontrollierten *Elazığ* lebte[619], wenn genau dieser Staat nach seinem Le-

---

614 Vgl. M. Yıldız, Dersim´in Etno-Kültürel Kimliği, S. 186.
615 Vgl. M. Yildiz, Dersim´in Etno-Kültürel Kimliği, S. 188 und 190.
616 Vgl. M. Yıldız, Dersim´in Etno-Kültürel Kimliği, S. 187 f.
617 H.-L. Kieser, Mehmet Nuri Dersimi, ein asylsuchender Kurde, S. 17 f (26).
618 H.-L. Kieser, Mehmet Nuri Dersimi, ein asylsuchender Kurde, S. 16 (26).
619 Vgl. M. Yıldız, Dersim´in Etno-Kültürel Kimliği, S. 189.

ben trachtete und selbst *Alpdoğan* ihn persönlich kannte[620]? Von vielen werden *Dersimis* Bücher als übertrieben eingestuft. Sehr oft gleite er in einen nationalistischen Diskurs mit entsprechender Mythologisierung ab[621]. Dennoch mindert dies – mit der nötigen Vorsicht – deren Quellenwert nicht. Sie sind im Gegenteil von höchstem Wert für die Geschichte Dersims in der Umbruchzeit zwischen Osmanischem Reich und türkischem Nationalstaat. Gleichwertige Zeugnisse aus jener Zeit fehlen[622].

Als es 1937 gegen Dersim losging, erkannte Dersimi seine ausweglose Lage und bat die Türken im Austausch für seinen Gutshof in *Elazığ*, um eine Alternative im Westen. Anfang September 1937 packte Dersimi seine Koffer und verabschiedete sich von Elazığ[623].

*Dersimi* überquerte am 11. September 1937 die türkisch-syrische Grenze. Zu jener Zeit war Syrien französisches Mandatsgebiet, das bis 1943 bestand. *Dersimi* glaubte, dass die Franzosen den Kurden gegenüber wohlwollend waren. Im syrischen Exil gab er sich stets als alevitischer Kurde aus[624]. Aus jener Zeit stammt sein Brief an den Völkerbund. Der Brief wurde bereits drei Tage nach Überqueren der türkisch-syrischen Grenze, am 14. September 1937 in Aleppo aufgegeben. Er bestand aus einem zweiseitigen französischen Brief an den Völkerbund in Genf, der dort am 19. September eintraf. Adressaten desselben Textes waren die Außenministerien Großbritanniens, Frankreichs und der USA. Er wurde mit *“Seyid Rıza”* unterschrieben, ganz augen-

---

620 N. Dersimi, Kürdistan Tarihinde Dersim, S. 263.
621 H.-L. Kieser, Mehmet Nuri Dersimi, ein asylsuchender Kurde, S. 19 (26).
622 H.-L. Kieser, Mehmet Nuri Dersimi, ein asylsuchender Kurde, S. 19 (26).
623 H.-L. Kieser, Mehmet Nuri Dersimi, ein asylsuchender Kurde, S. 17 (26).
624 H.-L. Kieser, Mehmet Nuri Dersimi, ein asylsuchender Kurde, S. 2 (26).

scheinlich mit derselben Handschrift, wie auf der Rückseite des Umschlages der Absender, *Noureddine Youssuf*, notiert wurde. Der Text wurde unbeachtet zu den Akten gelegt[625]. Genau dieser Brief Dersimis wird später Pate stehen für die Behauptung der Türken, dass die Ereignisse in Dersim von den Briten und Franzosen angezettelt wurden. Was dieser Unkenruf auslösen sollte, ist unklar. *Dersimi* kann nicht im Ernst damit gerechnet haben, dass die Großmächte Großbritannien und Frankreich zugunsten der Dersimer intervenieren würden. Welches Interesse hätten sie gehabt? Und wie hätten sie Waffen in eine Binnenregion schicken können? Wieso hätte *Seyid Rıza* Hilfe von fremden Mächten, die er noch nicht einmal kannte anfordern wollen, wenn er es noch nicht einmal in Erwägung zog, die kurdisch-sunnitischen Nachbarn um Unterstützung zu bitten?[626] Die Briten zogen es noch nicht einmal in Erwägung zu intervenieren, als ihre Kriegsschiffe vor Izmir ankerten, um die christliche Bevölkerung vor den marodierenden irregulären türkischen Truppen zu beschützen. Die Antwort der britischen Admiralität auf die Hilferufe der Christen von Izmir, die vor ihren Augen massakriert wurden, war, die Musikkapelle lauter spielen zu lassen, um das Geschrei der christlichen Opfer nicht zu hören[627]. Und diese Briten sollten jetzt den Dersimern helfen?

Was weniger bekannt ist, dass es einen zweiten Brief *Dersimis* an den Völkerbund gab. Am 20. November 1937, zwei Tage nach *Seyid Rızas* Hinrichtung, schrieb *Dersimi* im Namen der Dersimer einen 6-seitigen Brief. Er endet mit einem Appell und einem Aufruf an den Völkerbund, eine Untersu-

[625] H.-L. Kieser, Mehmet Nuri Dersimi, ein asylsuchender Kurde, S. 2 (26).
[626] Vgl. M. Yıldız, Dersim'in Etno-Kültürel Kimliği, S. 194.
[627] G. Milton, Paradise Lost, S. 320.

chungskommission zu entsenden. Der Völkerbund erhielt dieses Schreiben am 3. Januar 1938. Der Völkerbund verweigerte auf höchster Hierarchieebene das Gehör mit der Argumentation, das Minderheitenproblem der Dersim-Kurden betreffe die Minderheitenklauseln im Vertrag von Lausanne (1923) nicht, da es sich um eine muslimische Minderheit handle. Das Ganze stellte also eine innere Angelegenheit der souveränen Türkei dar[628]. Das britische Außenministerium gab als Reaktion auf das Schreiben Dersimis seinem Botschafter in Istanbul folgenden Tipp: „Wir haben das Gefühl, dass wir einen guten Eindruck erwirken würden, wenn wir die türkische Regierung inoffiziell wissen ließen, dass wir ihm [dem betreffenden Schreiben] keinerlei Beachtung geschenkt haben“[629].
1973 verstarb *Dersimi* in Syrien eines natürlichen Todes. Sein Grab soll er sich 10 Jahre vor seinem Tod selber gegraben haben. Er liegt bei *Afrin* begraben. Seine Heimat hatte er nach seiner Flucht 1937 nie mehr wiedergesehen[630].

## 5.4. Das Ende Dersims

In der Nacht vom 20. auf den 21. März wurde nach übereinstimmenden Berichten, die *Pax-Brücke* über den *Harçik* durch Angehörige der Stämme *Demenan* und *Haydaran* in Brand gesetzt. Dies war der Funke, der übersprang, um die Militäroperation zu rechtfertigen. Warum die Brücke niedergebrannt wurde, ist nicht klar. Einige Dersimer führen das Niederbrennen auf Belästigungen von Dersimerinnen durch

---

628 H.-L. Kieser, Mehmet Nuri Dersimi, ein asylsuchender Kurde, S. 3 (26).
629 H.-L. Kieser, Mehmet Nuri Dersimi, ein asylsuchender Kurde, S. 4 (26).
630 Vgl. H.-L. Kieser, Mehmet Nuri Dersimi, ein asylsuchender Kurde, S. 4 (26).

Soldaten zurück[631]. Über die Ereignisse am 21. März 1937, als die *Pax-Brücke* niedergebrannt wurde, äußerte sich der ehemalige Bürgermeister Dersims, *Süleyman Kırmızıtaş,* etwas ausführlicher. Das Ereignis vom 21. März 1937 war der Auslöser für die Dersim-Massaker, das als 1938 in die Geschichte einging:

> „1937 wurden Dörfer niedergebrannt. Zwei, drei Jugendliche des *Demenan-Stammes* kamen im Hause *Mirzê Hemê Puyis* zusammen und sagten: „Lasst uns die *Pax-Brücke* niederbrennen. Denn die Soldaten kommen über diese Brücke hierhin. Zudem belästigen sie sowohl unsere Mädchen, als auch unsere Frauen."....Sie brannten keine echte Brücke nieder. Die Brücke wurde zu Zeiten der Armenier gebaut......Die Brücke war bereits beschädigt. Sie hing lose. Um die Brücke weiterhin nutzen zu können, verstärkte man die obere Hälfte mit Birnbaumholz und bedeckte sie mit Laub. Diese drei Jugendlichen brannten das Holz ab. Daraufhin kamen die Soldaten erneut und drohten, alle abzuschlachten und dies und das mit den Menschen zu machen. Die Stämme trafen sich zur Lagebesprechung und berieten was zu tun und was zu unterlassen sei. Die Stämme *Khureschan*, *Yusufan*, *Demenan* und *Haydaran* schickten Reiter nach *Gaxmut*, wo sich die Soldaten einquartiert hatten. Die, die Waffen hatten umzingelten die Soldaten und brannten die Telegrafenkabel nieder. Aufgeschreckt von diesem Ereignis legten die Türken los[632]."

---

[631] Vgl. u.a. K. Gündüzkanat, Demokratisierungsprozess in der Türkei, S. 129.

[632] S. Kırmızıtaş, in: Tija Sodiri, 38'ra Jü Pelge, S. 115 f. *S. Kırmızıtaş* gibt die Worte eines *Seyid Hüseyni* wieder, der ein Informant *Abdullah Alpdoğans* war.

Die Aussage *Süleyman Kırmızıtaş´* wird auch von Dokumenten des türkischen Generalstabs bestätigt. Ergo war die Zerstörung der Hängebrücke und die Kappung von Telegrafenleitungen der Auslöser der Ereignisse[633]. Interessant ist zu wissen, dass die Zerstörung laut Vermerk aus dem türkischen Generalstab keine Todesopfer forderte. Die Hinzudichtung von Todesopfern in manchen türkischen Quellen aus der Ära nach 1938 entspringt der reinen Phantasie[634].

Interessant ist auch zu wissen, dass die zerstörte Brücke keine mit staatlichen Mitteln errichtete Brücke war, *sondern* eine von armenischen Dersimern mit eigenen Mitteln errichtete. Folglich zerstörten sie ihr Eigentum und nicht das der öffentlichen Hand.

Türkische Quellen geben an, dass auch Telefonleitungen zerstört wurden. Ob die Telefonleitungen gezielt zerstört wurden ist unbekannt, da die Dersimer die Bedeutung dieser „komischen Seile in der Luft“ nicht kannten.

Tatsache ist, dass das türkische Militär nun erbarmungslos zuschlug. Die ersten Gefechte zwischen türkischen Einheiten und Dersimern brachen aus. Dass das Niederbrennen der Brücke für solch einen großangelegten Militärschlag der Auslöser gewesen war, mag angesichts der sorgfältigen Planung der Unterwerfung wenig glaubwürdig.

---

*Seyid Hüseyni* soll demnach „gesungen“ haben, sobald er betrunken war und brisante Details von den Ereignissen von 1938 preisgegeben haben.

633 http://www.radikal.com.tr/yazarlar/ayse_hur/dersim_hakkinda_kuyruklu_yalanlar-1232341 (20).

634 http://www.radikal.com.tr/yazarlar/ayse_hur/dersim_hakkinda_kuyruklu_yalanlar-1232341 (20).

12 Stämme Dersims[635] versammelten sich sodann, um die Lage zu erörtern. Während einige für offenen Widerstand waren, lehnten dies andere ab. Einige legten einen Eid ab, nachdem sie nach Kräften offenen Widerstand leisten würden. Doch die meisten Stämme waren schon entwaffnet. Eine Waffenlieferung war aufgrund der Blockade nicht möglich. Dennoch war die Beschaffung von Waffen nicht gänzlich ausgeschlossen. Sunnitische Zaza-Schmuggler und Schieber aus Diyarbakır verkauften Waffen. Zudem wurden Waffen bei Überfällen auf Kasernen erbeutet. Zwar war die erbeutete Menge gering, jedoch nicht zu unterschätzen. Wie hier schon zu bemerken ist, war der Widerstand gegen die Türken schwach und schlecht organisiert. Die West-Dersimer Stämme verweigerten mit überwältigender Mehrheit die Teilnahme am Widerstand[636].

Die militärische Unterlegenheit wurde durch den Verrat einiger Stämme verschärft. Der *Yusufan-Stamm* verpfiff die übrigen Eidgenossen an die Türken und hetzte das Militär auf den verfeindeten *Demenan-Stamm*. In einer „Nacht und Nebel Aktion“ errichteten die Türken auf dem *Demenan* Stammesgebiet Stützpunkte. Als Die Demenan diesen Umstand im Morgengrauen bemerkten, griff eine Handvoll Krieger die Türken an. Dabei sollen die *Demenan-Krieger* vorgerückt und Kriegsgut erbeutet haben. Darunter mehrere Maschinengewehre. Doch gab es unter den Kriegern nur einen, der das Maschinengewehr einsetzen konnte: der charismatische *Sılo Phıt*[637]. *Sılo Phıt* hatte kurz zuvor seinen Militärdienst,

---

[635] *Yusufan, Demenan, Haydaran, Scheich Hasanan, Kalan, Karabalan, Kewan, Lolan, Keçelan, Kozan, Koçgiri* und *Bahtiyaran*. **Anmerkung:** Einige dieser Stämme sind oben nicht aufgeführt bzw. anders geschrieben.

[636] Vgl. M. Kalman, Dersim Direnişleri, S. 328.

[637] Zazaki für „Süleyman das Baby“ oder richtiger „der Winzling“.

eine wesentliche Forderung der Türken, abgeleistet und den Nutzen des Feuereisens kennen gelernt. Dies war die erste Front, die die Türken eröffnet hatten und sie lag am *Kutu Fluss*[638].

Eine zweite Front verlief entlang des *Jêle Berges* bis nach Nazımıye. Verteidiger dieser Front waren die *Haydaran*[639].

Die dritte Front verlief um *Ovacık* und *Erzincan*. Hauptziel der Türken war der *Kalan-Stamm*[640] von *Seyid Rıza*. Dieser wurde in den Ereignissen von 1938 niedergemetzelt. An dieser Front waren aber auch andere Stämme wie *Abasan*, *Lolan*, *Haydaran* und *Demenan*.

An der vierten Front kam es zu Gefechten um *Hozat* herum. Das Hauptgeschehen war in den Orten *Ağdat* und *Deşt*. Hier konzentrierte sich *Seyid Rıza* mit seinen Gefolgsleuten[641]. Die Dersimer leisteten hier Widerstand[642].

Die Türken ihrerseits erkannten den Ernst der Lage und schickten an alle Fronten Verstärkung und bauten ihre Stellungen aus. Zudem hatten die Türken einen Informationsvorsprung, der den Dersimer-Verrätern geschuldet war. So standen die Türken bereits am 25. März 1937 auf den Berg-

---

[638] Vgl. M. Kalman, Dersim Direnişleri, S. 245 ff.

[639] Vgl. M. Kalman, Dersim Direnişleri, S. 247.

[640] Oben wird der Stamm *Hasanan* als der Stamm *Seyid Rızas* wiedergegeben.

[641] Angeblich soll der Onkel *Seyid Rızas (Hüseyin)* ein Flugzeug abgeschossen haben. Ich halte das für ausgeschlossen, da die Dersimer nicht die militärischen Mittel hatten, um ein Flugzeug abzuschießen. Eher dürfte das Flugzeug aus technischen Gründen abgestürzt sein. Diese Geschichten tauchten später in ähnlichen Varianten immer wieder auf.

[642] Vgl. M. Kalman, Dersim Direnişleri, S. 249. Zwar kamen die Türken an dieser Front trotz erdrückender militärischer Überlegenheit kaum voran. Allerdings halte ich auch hier eine Anekdote, nämlich das der Stammesfürst *Şahin Bey* vom Stamme *Bahtiyaran* mit 5 Gefolgsleuten die Passierstraßen um den Boğir-Berg und die *Sosın-Weide* gehalten habe, für äußerst unwahrscheinlich. Aber die Geschichten werden bis in die Gegenwart erzählt und geglaubt.

gipfeln um den *Harçik-Fluss*. Zudem wurden sieben Kampfflugzeuge vom Luftwaffenstützpunkt *Elazığ* beordert um die Soldaten abzusichern. In der Nacht vom 26. auf den 27. März 1937 griffen die Dersimer die *Sin* Gendarmeriestation an. Zwar lag diese Station auf dem *Kırgan* Stammesgebiet, aber die Angreifer sollen nicht von diesem Stamm gewesen sein[643].

Spätestens nach diesem Angriff sahen sich die Türken gezwungen, hart durchzugreifen. Das Artillerieregiment in *Elazığ* wurde Richtung *Hozat* in Marsch gesetzt, während die Einheiten in *Hozat* nach *Nazımıye* versetzt wurden. Truppen aus *Erzincan* wurden Richtung Süden in Marsch gesetzt. Doch diese Einheiten reichten bei weitem nicht aus, um den Sieg zu erringen. Reserveeinheiten aus der ganzen Türkei wurden mobilisiert und Richtung Dersim geschickt. Bis April gab es kleinere Scharmützel. Noch hatten die Türken nicht voll zugeschlagen. Sie sammelten noch Informationen, um effizient zuzuschlagen. Die Türken wollten ihre Stellungen weiter ausbauen und die Präsenz erhöhen[644].

Zu dieser Zeit beschränkten die Türken ihre Operationen auf Luftschläge. Stellungen und Dörfer der Aufständischen wurden bombardiert[645]. Unter diesen Umständen zeigten sich die Dersimer verhandlungsbereit und schickten den Sohn *Seyid Rızas*, *Ibrahim* zu Verhandlungszwecken zu General *Alpdoğans* Gesandten. Auf dem Rückweg wurde *Ibrahim*, als er als Gast im Dorf *Deşt* war, ermordet. Daraufhin stürmte *Seyid Rıza* das Stammesgebiet der *Kırgan*, um das *Sin*-

---

[643] Vgl. M. Kalman, Dersim Direnişleri, S. 250.

[644] Vgl. M. Kalman, Dersim Direnişleri, S. 250 f.

[645] Die Türken verfügten zu dieser Zeit über keine modernen Kampfbomber, wie sie die europäischen Staaten schon hatten. Vielmehr waren die Flugzeuge auf dem Stand vom Ersten Weltkrieg. Die Bomben wurden aus den Flugzeugen per Hand abgeworfen.

*Dorf* einzunehmen. Doch der *Kırgan-Stamm* wurde von Einheiten der türkischen Armee beschützt. An eine Einnahme des Dorfes war nicht zu denken[646].

*Seyid Rıza* richtete angeblich noch einmal einen Appell an *Alpdoğan*. Er verlangte die Anerkennung des autonomen Lebensstils der Dersimer, sowie die Bestrafung der Mörder seines Sohnes. *Alpdoğan* verlangte die Abgabe von 80.000 Mauser-Gewehren. Beide Lager standen sich unversöhnlich gegenüber. Daraufhin flammten die Kämpfe wieder auf[647].

Während dieser Zeit tut sich ein Name hervor: *Rayvêr*. Er ist ein Neffe *Seyid Rızas*. Zuerst kämpfte er auf Seiten der Türken. Dann wollte er sich mit der Begründung, „er habe einen großen Fehler gemacht und bereue seine Torheit“ von *Seyid Rıza* begnadigen lassen. *Seyid Rıza* schenkte ihm keinen Glauben und jagte ihn zum Teufel. Doch andere, darunter der aus *Koçgiri* stammende *Ali Şêr*, verziehen ihm und nahmen ihn in seine Reihen auf. Später war *Rayvêr* derjenige, der die abgeschlagenen Häupter *Ali Şêrs* und seiner Frau an die Türken lieferte. Ein Zazaki Sprichwort beschreibt die Charakterzüge des Verräters Rayvêr zutreffend. Es heißt: „Lüyê tüya xo vurnena, xuya xo nêvurnena!“ (=in etwa: Der Fuchs ändert seine Farbe, nicht aber seine Eigenart!)[648].

*Ali Şêr* spielte angeblich eine hervorgehobene Rolle. Er war derjenige, der die Angriffe plante und in der Nähe des Dorfes *Ağdat* gegen die Türken kämpfte. *Seyid Rıza* hingegen blieb in *Halvori Vank* und war die Führungsperson der Stämme[649].

---

[646] Vgl. M. Kalman, Dersim Direnişleri, S. 252.

[647] Vgl. M. Kalman, Dersim Direnişleri, S. 252.

[648] M. Kalman, Dersim Direnişleri, S. 252.

[649] Vgl. M. Kalman, Dersim Direnişleri, S. 253.

Die Dersimer führten ihre Angriffe fort. In der Nacht vom 26. auf den 27. März wurde in der Nähe des *Pax-Flusses* eine Einheit der Türken überfallen. Die Kämpfe dauerten bis in die frühen Morgenstunden[650].

An den Kämpfen gegen die Dersimer nahm auch die Adoptivtochter *Mustafa Kemal Atatürks*, *Sabiha Gökçen*, teil. Sie war eine der ersten türkischen Kampffliegerinnen. Bis zu ihrem Tod verteidigte sie das Vorgehen in Dersim als gerechten Krieg gegen Banditentum und Feudalismus. Mit ihren Bomben habe sie den Dersimern Freiheit gebracht[651]. Ein prickelndes Detail aus ihrem Leben ist, dass sie selber höchstwahrscheinlich Armenierin war und ihre Eltern im Völkermord an den Armeniern verlor. Sie wuchs als Waisenkind auf, bis sie von *Atatürk* adoptiert wurde[652].

Am 27. April griffen Bewaffnete die Türken bei *Têxt* an. Am 28. April flogen die Türken Luftangriffe, um weitere Angriffe zu verhindern. Dabei hilft *Qêmer Ağa* vom Stamme *Yusufan* den Türken. Später kollaborierte *Qêmer* nicht mehr mit den Türken, aber es gab noch viele Kollaborateure, die die Bewaffneten verpfiffen. Trotz ihrer Überlegenheit zogen sich die Türken aus *Sin* zurück. Ziel war es die Kräfte zu bündeln und die neu formierten Truppen zu einem erneuten Vorgehen zu bewegen. Die Türken waren nun darauf aus, die Verbindungen zwischen Ost- und West-Dersim zu kappen[653].

In einer Mitteilung des 4. Generalgouvernements vom 1. Mai 1937 äußerten sich die Türken zum ersten Mal bezüglich der

---

650 M. Kalman, Dersim Direnişleri, S. 253 f.

651 M. Kalman, Dersim Direnişleri, S. 253.

652 http://www.radikal.com.tr/yazarlar/ayse_hur/dersimi_bombalayan_sabiha_gokcen_mi_hatun_sebilciyan_ miydi-1132252 (25).

653 Vgl. M. Kalman, Dersim Direnişleri, S. 254 f.

Truppenstärke. Die Aufständischen wurden mit 1.000 Mann (!) wiedergegeben, während die Türken 5.075 Mann aufboten. Darunter waren 122 Offiziere. Die Türken wurden von 828 Zugtieren und 545 verschiedenen Fahrzeugen begleitet - davon 259 motorisiert. Zur Bewaffnung der Türken gehörten 4.323 Gewehre, davon 261 automatische-, sowie 32 Maschinengewehre. Zudem lagerten im Waffenarsenal 12 Artilleriehaubitze und 709.965 Schuss Munition[654].

In der Folgezeit griffen die Dersimer immer wieder Stellungen der Türken an und diese wehrten sich mit Luftangriffen. Erst am 3. Mai äußerte sich der türkische Generalstab zu Dersim. Die passive Haltung der türkischen Truppen würde die Aufständischen geradezu ermutigen. Damit man in die Offensive gehen könne, bräuchte man mehr Truppen. Am 5. Mai wurde bei einer Kabinettssitzung die Entsendung von weiteren Truppen beschlossen. Diese sollten gegen die Aufständischen hart vorgehen. Zudem sollten die Bewohner der Unruheregionen in ihren Dörfern aufgesucht, entwaffnet und anschließend in andere Regionen der Türkei deportiert werden. Die Deportation war ursprünglich für 2.000 Personen vorgesehen. Durch die Deportation sollte den Aufständischen die lokale Unterstützung entzogen werden. Damit nicht neue Unruhen entstehen konnten, sah man vor, die Aufständischen an Ort und Stelle zu „neutralisieren“, damit sie nicht an neue Aufstände dachten[655].

Die Türken sahen sodann den 12. Mai als den Zeitpunkt, um loszuschlagen. Denn bis zum 12. Mai rechnete man mit dem Eintreffen der frischen Truppen. Trotz dieser frischen Truppen sollte versucht werden, möglichst viele Kollaborateure

---

[654] M. Kalman, Dersim Direnişleri, S. 254.
[655] M. Kalman, Dersim Direnişleri, S. 255.

mittels Geldgeschenken und Sachzuwendungen zu gewinnen. Koste es was es wolle[656].

So sah der Zustand aus, bevor das große Schlachten anfing. Bis heute ist nicht ganz geklärt, warum die *Pax-Brücke* niedergebrannt wurde. Die Türken behaupten, dass die Zerstörung der Beweis des Banditentums der Dersimer war. Kurdische Quellen verweisen darauf, dass die Zerstörung ein Akt des Widerstandes eines unterdrückten Volkes war.

Die Türken schafften es bis zum 12. Mai 8.623 Mann zusammen zu ziehen. Dazu 1.422 Zugtiere, 16 Pferdewagen, 63 Lastwagen, 14 gepanzerte Fahrzeuge, 6.705 Gewehre, 411 automatische Gewehre, 74 Maschinengewehre, 176 Pistolen, 28 Artilleriegeschütze. Zudem gab es 1.501.120 Schuss Munition, sowie 1.684 Artilleriegranaten. Diese Zahlen umfassen nicht die türkischen Truppen in Mazgirt und die zahlreichen Soldaten, die nach dem 12. Mai in Dersim eintrafen[657].

Die Entwicklungen in Dersim entgehen auch nicht der Aufmerksamkeit der Briten. Am 22. Mai 1937 kabelt *Sir Percy Loraine* in die Heimat, dass etwa 1.500 (!) aufständische Kurden Angriffe auf die Türken unternommen hätten. Dabei hätten sie gefangengenommene Offiziere grauenhaft ermordet. Die Türken hätten in *Erzincan* 3.000 Soldaten und Flugzeuge zusammengezogen. Die Türken hätten ihrerseits 3 Dörfer niedergebrannt und 1 Flugzeug verloren. Der britische Militärattaché *Ross* erwähnte, dass detaillierte Einzelheiten nicht verfügbar waren und die türkische Presse das Thema Dersim tot schwieg. Einzig die Zeitung *„Son Telegraf“* habe in der Ausgabe vom 14. Mai auf Unruhen im Osten des Landes hingewiesen und sei dafür für einige Tage

[656] M. Kalman, Dersim Direnişleri, S. 256.
[657] M. Kalman, Dersim Direnişleri, S. 258.

geschlossen worden. Zudem wurde in einer weiteren Depesche der Briten darauf hingewiesen, dass der Aufstand in Dersim auf keinen Fall mit Unterstützung der Franzosen stattfände. Des Weiteren wurde in derselben Depesche die Wirksamkeit der Errichtung des 4. Generalgouvernements infrage gestellt. Entweder sei das Konstrukt des Generalgouvernements gescheitert oder aber, General *Hüseyin Abdullah Alpdoğan* habe nicht die wirksamen Mittel, um den Aufstand im Keim zu ersticken. Eher sei vom letzteren auszugehen[658].

Doch es kommt anders, als die Briten voraussagten. Mit den frischen Truppen gelang es die Bewaffneten buchstäblich an die Wand zu Nageln. Der „Widerstand" wurde auch immer passiver und immer mehr Stämme ergaben sich den Türken. Schon Im Juni 1937 bestand der „Widerstand" nur noch in Form von wenigen schlecht bewaffneten Kämpfern. Der Erfolg der Türken war nur noch eine Frage der Zeit. Daher wurde auch im Juni die Zensur aufgehoben. Die türkischen Zeitungen verkündeten unisono: „Der Aufstand in Dersim wurde niedergeschlagen!"[659].

So hob der türkische Ministerpräsident *Ismet Inönü* am 14. Juni 1937 die Informationssperre auf und verkündete in Festtagsstimmung den Sieg über das „Banditentum" in Dersim. Er bezifferte die Opfer in den Reihen der Türken auf 13 Tote (!) und 18 Verletzte. Sodann verkündete er stolz, dass der Staat endlich die volle Kontrolle über Dersim habe.

Der Justizminister *Şükrü Saraçoglu*[660] erklärte im Nachgang, dass die gefangengenommenen Banditen in einem rechts-

---

[658] M. Kalman, Dersim Direnişleri, S. 253.

[659] M. Kalman, Dersim Direnişleri, S. 261 f.

[660] Nach *Şükrü Saraçoğlu* ist das Fußballstadion von *Fenerbahçe Istanbul* in *Kadıköy* benannt.

staatlichen Verfahren abgeurteilt werden würden. Die gleichgeschalteten Medien des Landes übernahmen dies kommentarlos. Sie gratulierten der Regierung zu diesem „Erfolg". Die Wahrheit in Dersim sah ganz anders aus. Es sollte noch das große Abschlachten beginnen[661].

*Inönü* machte sich auf in die Region, um sich mit *Alpdoğan* zu treffen. Diese Reise offenbarte schon, dass das Dersim-Problem noch nicht gelöst war. Für den 22. Juni 1937 wurde eine weitangelegte Militäroperation geplant. Noch vor dem 22. Juni kehrte *Inönü* nach Ankara zurück. Die Operation fing pünktlich an. Bis zum 24. Juni 1937 wurden strategisch wichtige Punkte in Dersim erobert und die Menschen größtenteils niedergemetzelt. Trotz des gebrochenen Widerstandes gelang es den Türken nicht, die Schlüsselfiguren des „Aufstandes", *Seyid Rıza* und seine engsten Weggefährten zu schnappen. Und das, obwohl *Seyid Rıza* und seine Leute eingekesselt waren. Die Schlinge um *Seyid Rızas* Hals wurde aber von Tag zu Tag enger. Das einzige, was die Türken über *Seyid Rıza* wussten, war, dass er verletzt war. Sein Aufenthaltsort war aber unbekannt[662].

Da die Dersimer aus Angst vor den Türken in die Berge geflüchtet waren, wurden die Felder nicht bestellt. Die Nahrungsvorräte - wenn es welche gab – neigten sich dem Ende zu. Von nun an litten die Dersimer Hunger. In ihrer Not aßen sie alles, was die Wälder und Büsche hergaben. Am 26. Juni 1937 vermeldeten türkische Zeitungen, dass ein Sohn *Seyid Rızas* verletzt gefangengenommen wurde[663].

Am 3. Juli vermeldeten die Briten nach London, dass der Aufstand Geschichte sei. Die Anführer seien entweder getö-

---

661 M. Kalman, Dersim Direnişleri, S. 263.
662 Vgl. M. Kalman, Dersim Direnişleri, S. 264.
663 Vgl. M. Kalman, Dersim Direnişleri, S. 266.

tet, festgenommen oder auf der Flucht. Zuvor hatte sich am 24. Juni eine große Zahl der Aufrührer den Türken ergeben. Die Türken hätten die volle Kontrolle über Dersim erlangt. Die Opferzahlen auf türkischer Seite seien nach türkischen Angaben gering. Jedoch vermuteten die Briten, dass die türkische Luftwaffe schwere Verluste hinnehmen musste. Die Türken hätten verlautbart, dass die Anführer hingerichtet wurden[664].

Die Briten betrachteten den Aufstand der Dersimer mit relativer Gleichgültigkeit. Dieser Standpunkt hatte geostrategische Gesichtspunkte. Man wollte die Türken nicht verärgern. Denn mit Nazi-Deutschland war den Briten ein mächtiger Gegner erwachsen. Eine Zerrüttung des Verhältnisses zur Türkei, hätte die Türken in ein Bündnis mit Nazi-Deutschland treiben können[665].

Während die Medien vom Kriegsende schrieben, gab es selbst im Juli noch Gefechte zwischen Türken und Dersimern. Am 19. Juli versuchten Veteranen des *Scheich Said* Aufstandes, die nach ihrer Niederlage nach Syrien geflüchtet waren, die Grenze zur Türkei zu passieren. Dabei wurden sie von den Türken aufgespürt und in einem Gefecht getötet. Weswegen die Gefolgsleute Scheich Saids die Grenze überquerten ist nicht mit letzter Gewissheit nachgewiesen. Da die Überquerung in die Zeit der Dersim-Ereignisse fiel, nehmen kurdische Quellen an, dass die Überquerung nur ein Ziel gehabt haben könne: nämlich die Teilnahme am „Dersim-Aufstand". Ganz ausgeschlossen ist dies nicht, aber auch nicht nachgewiesen[666].

---

[664] Vgl. M. Kalman, Dersim Direnişleri, S. 283 f.
[665] M. Kalman, Dersim Direnişleri, S. 284 f.
[666] M. Kalman, Dersim Direnişleri, S. 293.

Auch im August gab es noch weitere Gefechte. Mangels noch vorhandener militärischer Ziele griffen türkische Truppen immer brutaler zivile Ziele an und töteten dabei viele Unschuldige. Darunter auch Frauen, Kinder und Greise. Die Militäroperation richtete sich nicht nur gegen bewaffnete Freischärler, sondern immer mehr gegen unbeteiligte Zivilisten. Die Dersimer ergaben sich jetzt immer schneller und legten ihre Waffen in Scharen nieder[667].

Zu dieser Zeit ertrugen immer weniger Dersimer den Staatsterror der Türken. Der Blutzoll der Zivilbevölkerung wurde immer größer. Manche Dersimer waren der Ansicht, dass wenn die von den Türken gesuchten Unruhestifter überstellt würden, könne eine noch größere Katastrophe verhindert werden. So kam die Zeit der Denunzianten und Opportunisten. Nun mussten die Dersimer nicht nur die Morde der Türken erdulden, sondern auch die ihrer eigenen Verwandten und Blutsbrüder. Dabei standen diese Dersimer Mörder den Türken in nichts nach. Manchmal übertrafen sie die Grausamkeit der Türken um ein Vielfaches.

Auch der andere Verräter, *Rayvêr*, fand den Tod durch türkische Truppen. Seine Frau wurde in die West-Türkei deportiert[668]. Der Tod *Rayvêrs* wird mit folgender Anekdote wiedergegeben, dessen Wahrheitsgehalt schwer zu überprüfen ist:

> „Nach getaner Arbeit wird *Rayvêr* zum türkischen Befehlshaber zitiert. Er reitet mit seinem Sohn zum Zelt des Befehlshabers. Die Pferde werden an den Beinen festgebunden, damit sie nicht entlaufen können. Der Sohn wartet draußen, während *Rayvêr* im Zelt split-

---

[667] Vgl. M. Kalman, Dersim Direnişleri, S. 284 f.

[668] M. Kalman, Dersim Direnişleri, S. 303.

ternackt dasteht. Der Befehlshaber sagt ihm, bevor er ihm ins Gesicht schießt: „Wer seine eigenen Leute verrät, kann mir nicht hinreichend dienen!". Nachdem sein Sohn die tödlichen Schüsse hört, versucht er zu Pferd zu entkommen. Doch durch die angebundenen Pferdebeine misslingt ihm die Flucht und auch er wird exekutiert.[669]"

*Rayvêr* ist nur einer der vielen Verräter jener Tage. Die Türken zahlen den Kopfgeldjägern 25 bis 50 türkische Groschen. Damals ein Vermögen. Eine willkommene Einnahmequelle für viele Banditen. Angetrieben werden sie durch Raffgier oder aber um persönliche Rechnungen mit verfeindeten Stämmen oder Personen zu begleichen. Doch nicht immer wurden die Banditen durch die Türken entlohnt. Vielmehr wurden sie nach getaner „Arbeit" durch die Türken hingerichtet.
Für *Seyid Rıza* wurde die Lage immer verzweifelter. Selbst sein eigener Stamm kehrte ihm, angesichts der Übermacht der Türken, den Rücken. Er verließ sein Stammesgebiet. In einem letzten Akt der Verzweiflung versuchte er die noch neutralen Stämme gegen die Türken zu mobilisieren[670]. Währenddessen gingen die Türken immer brutaler vor. Sie besetzen Teile des Dujık-Berges. Die Dersimer flüchteten in Höhlen, um den Türken zu entkommen. Die Türken jedoch betonierten die Höhleneingänge und versahen die Höhlen mit durchlaufenden Nummern. Ein anderer Teil wurde aus den Höhlen gelockt, indem Rauch und toxische Gase das Atmen unmöglich machten. Sobald die Dersimer vor den

---

[669] M. Kalman, Dersim Direnişleri, S. 303. In anderen Quellen steht, dass er Geld erhielt (s.o.).
[670] M. Kalman, Dersim Direnişleri, S. 301.

Höhlen auftauchten, wurden sie von wartenden Soldaten niedergemacht[671]. Ein Teil wurde auch direkt in den Höhlen vergast bzw. verbrannt. Wer Glück hatte, wurde in die West-Türkei deportiert. Einige Frauen und Mädchen zogen den Freitod einer Verhaftung oder möglichen Vergewaltigung vor. Sie sprangen von den Klippen.

Auch wenn in türkischen Quellen über die Massaker von 1938 sehr oft berichtet wird, dass die Armee gegen Banditen in Dersim vorgegangen sei, so traf auch sehr oft der Zorn der Türken Unbeteiligte: Frauen, Kinder und Greise. So wurde unter dem Vorwand, man wolle die Zivilbevölkerung an sichere Orte bringen oder eine Identitätsüberprüfung stünde an, oft ein ganzes Dorf dazu aufgefordert, sich bei den Behörden zu melden. Sobald die Dörfler sich mit ihren Habseligkeiten in die Hände der Türken begaben, wurden sie abtransportiert und an Flüssen mit Maschinengewehrsalben niedergemäht. Ihr Hab und Gut wurde „konfisziert“[672], sprich unter den Soldaten aufgeteilt. Um sicher zu gehen, dass alle tot sind, wurden die Leichen mit Bajonetten traktiert. Die Opfer wurden nicht nur durch einen „Gnadenschuss“ hingerichtet, sondern auch in Gebäude gesteckt und bei lebendigem Leibe verbrannt. Die Türken vergingen sich auch an Frauen[673].

Doch es gab auch Fälle, wo die Todgeweihten ihrem Schicksal um Haaresbreite entkamen. Manchmal erst in letzter Sekunde. Die Dersimer wurden vor den Maschinengewehren aufgereiht, die Schützen hatten ihr Ziel bereits erfasst, einige hatten sich sicherlich mental aus dem Leben

---

[671] Vgl. H. Çağlayan, Die Schwäche der türkischen Arbeiterbewegung, S. 261 f; Vgl. auch K. Aktaş, Ethnizität und Nationalismus, S. 85.

[672] K. Aytaç, Halk Anlatımlarına Göre Dersim, S. 48.

[673] K. Aytaç, Halk Anlatımlarına Göre Dersim, S. 50.

verabschiedet und das Glaubensbekenntnis gesagt, als noch ein Wunder geschah. Anstatt erschossen zu werden, wurden die Dersimer deportiert[674].

Über die Massaker berichtete unter anderem der ehemalige Bürgermeister Dersims, *Süleyman Kırmızıtaş*, in der Zeitschrift *Tija Sodırı*. Das Interview[675] mit ihm führte *Dr. Hüseyin Çağlayan*[676]. Anbei eine Zusammenfassung des Interviews:

> „Die Soldaten kamen in unser Dorf und holten die Menschen aus den Häusern, die sie anschließend aneinander anketteten und in Reihen aufstellten. Es wurde kein Unterschied zwischen jung, alt, Mann, Frau oder Kind gemacht. Alle wurden abgeführt. Ziel des Fußmarsches der Abgeführten waren natürliche Gräben. Vor diesen Gräben waren Maschinengewehre aufgestellt. Schnell Begriff *Alê Qaymeqami*, der 14 Jahre in der osmanischen Armee gedient und unter anderem im Jemen gekämpft hatte und gutes türkisch sprach, dass die Abgeführten der Tod erwartete. Er ergriff das Wort und richtete diese an den türkischen Befehlshaber. *Alê Qaymeqami* gelang es den Türken zu überzeugen. Wir hatten Glück. Wird wurden verschont.
>
> Andere hatten weniger Glück. Sie wurden von den Maschinengewehrsalven niedergemetzelt. Wer über-

[674] K. Aytaç, Halk Anlatımlarına Göre Dersim, S. 50.

[675] S. Kırmızıtaş, in: Tija Sodiri, 38´ra Jü Pelge, S. 110 ff (Übersetzung aus dem Zazaki).

[676] Dr. H. Çağlayan hat zu den Ereignissen von 1938 Zeitzeugen zu Massakern und Ereignissen befragt. Das Buch ist an die jüngere Generation gerichtet, um das Geschehen nicht zu vergessen. Dr. H. Çağlayan, 38´ra Jü Pelge. Vgl. auch das Literaturverzeichnis.

> lebte, musste erst einmal aus den Leichenbergen herauskriechen. Sie hatten das Sperrfeuer überlebt, da nach den ersten Schüssen, die ersten Getroffenen zu Boden sackten und die anderen angeketteten mit sich rissen. So überlebten manche. Einige der Überlebenden verloren aber durch die Massaker ihre ganze Familie. Eltern, Geschwister. Alle tot! Der Überlebende war manchmal der einzige Überlebende einer ganzen Großfamilie."

Andere Dersimer hatten ihr überleben der schroffen Geomorphologie Dersims zu verdanken. So zum Beispiel meine Großeltern. Meine Großmutter musste sich als kleines Mädchen (8 Jahre) im Gebüsch verstecken. Manchmal hörten sie die türkischen Soldaten, die mit ihrer Ausrüstung den Hang nicht hinauf kamen. Mein Großvater erzählte mir, dass sie durchaus Glück hatten:

> „Es war Spätherbst, ich holte mit meinem Vater die Ernte ein, als wir plötzlich von Soldaten umzingelt wurden. Mein Vater schrie mir zu: Lauf! Lauf! Doch ich kam nicht weit. Die Soldaten versperrten mir den Weg. Ein Soldat der unsere Sprache sprach und wohl meinen Vater kannte, bat uns in die Wälder zu fliehen, denn bald würden noch mehr Soldaten kommen. Wir flüchteten in die Wälder und lebten vielleicht ein Jahr dort. Unsere Vorräte waren schnell verbraucht. Mein Vater suchte täglich im Schutz der Dunkelheit nach Essen. Manchmal hatte er Glück, manchmal Pech. Eines Tages tauchten zwei kleine Kinder auf. Sie weinten und bettelten um Essen und verlangten ihre Aufnahme. Wir Kinder sagten: Tötet sie! Wir

> dachten, sie würden uns an die Türken verraten. Die Älteren schickten sie mit etwas Brot wieder weg. Denn wir konnten noch nicht einmal für uns selber sorgen. Ca. eine Woche später entdeckten wir ihre Leichen. Die Würmer hatten schon die Leichen befallen. Wir sahen, dass sie aus Verzweiflung Blätter gegessen hatten, um den Hunger zu stillen. Wir überlebten, sie nicht. Der nahe gelegene Fluss, so erzählt man, floss rot gefärbt. Am Fluss wurden die Menschen massenhaft hingerichtet. Ganze Familien wurden mit Hilfe von Kopfgeldjägern aufgespürt und hingerichtet. 1938 wurde auch von Dersimern genutzt, um pesönliche Rechnungen zu begleichen. Dabei hatten viele kein Erbarmen für Frauen und Kinder. Eine schreckliche Zeit war das damals.“

Die Erzählungen der Opfer über die Massaker decken sich mit den Erzählungen der Täter. *Abdullah Çiftci,* der als Soldat am Dersim-Feldzug teilnahm, bestätigt die Aussage der Opfer[677]:

> „Es war zur Winterjahreszeit. Wir führten Operationen gegen Dörfer durch. Zuerst riegelten wir die Dörfer hermetisch ab. Die Aufständischen außerhalb der Dörfer bewarfen uns mit Steinen. Die Steine lösten Lawinen aus. Durch die Lawinen wurde unsere Formation durchbrochen. Wir erlitten Verluste. Manchmal kam es vor, dass 100 Soldaten durch die ausgelösten Lawinen starben. Während den Operationen kam es

---

[677] D. Doğan, Dersim Olayı, S. 302 f. Anmerkung: Die Wahrnehmung Doğan Doğans an dieser Stelle ist sehr selektiv. Dennoch möchte ich diesen Abschnitt unkommentiert wiedergeben.

zu Schusswechseln. An manchen Tagen gab es bis zu 10 Tote Aufständische.“ Wir hatten keine Versorgungsengpässe. In den Ställen waren Tausende Kühe mit kleinen Eutern. Wir versorgten uns mit ihren Kühen. Wir ließen ihre Hunde und Esel frei und nahmen uns ihr Vieh. Danach setzten wir ihre Häuser in Brand. Zwei Jahre vergingen so.“

“Die Operationen dauerten über Tage. Als wir die Dörfer erreichten, flohen die erwachsenen Männer. Nur Jungen und Mädchen blieben zurück. Danach setzten wir ihre Ställe in Brand. Erst danach trieben wir ihre Frauen, Mädchen und Jungen vor Maschinengewehre zusammen und töteten sie. Ihr Blut floss in Strömen. Wir hörten auf niemanden. Wenn wir sie schnappten, dann kannten wir kein Erbarmen.“

„Möge Allah Keinen so etwas erleben lassen. Muslime töteten Muslime. Die Kinder umarmten sich dabei. Lebewesen halt. Die Schreie stiegen gen Himmel. Ihr Blut floss in Strömen. Ihre Schreie werde ich nicht los. Sie verfolgen mich immer noch.“

„Gegenüber von *Hozat* lag ein Dorf. Dieses wurde nie angerührt. Man sagte, es sei ein türkisches Dorf. Nur unsere Kommandeure, mit denen wir in die Operationen zogen, gingen in das Dorf. Uns wurde das untersagt. Sie holten die Überlebenden raus.“

„Warum wir sie abschlachteten weiß ich nicht. Sie leisteten nicht den Wehrdienst ab. Waren sie Kurden, Ungläubige? Ich weiß es nicht. Wir bekriegten uns.

Sie töteten uns und wir sie. *Atatürk* unternahm alles, um den Krieg zu verhindern. *Atatürk* mordete nicht. Nach *Atatürks* Tod sagte *Inönü*: Tötet sie. 1938 wurde der Aufstand komplett niedergeworfen."

„Was ich gesehen habe ist unbeschreiblich....unbeschreiblich. Aber ich habe es gesehen und erlebt. In den vergangenen Jahren habe ich den Hodscha konsultiert und ihm erzählt, was ich erlebte. Ich sagte ihm allerdings, ich habe auf keinen den Gewehrlauf gerichtet. Als wir sie töteten, fiel uns das nicht leicht. Was hätten wir tun können? Ich war Soldat. Wir zerstörten und brannten die Dörfer nieder. Wir ließen keinen überleben. Etwa 10 Dörfer zerstörten wir......."

„Der Aufstand ging in der Nacht am 21. März 1937 los. Nachdem der Aufstand immer größer wurde, hat der Staat versucht durch einige Maßnahmen Herr der Lage zu werden. Vor allem am *Lac-Wadi* und *Kutu-Fluss* wurden Tausende Frauen und Kinder getötet. Während des Aufstands wurden 9 Kampfflugzeuge eingesetzt. Unter den Kampfpiloten, die die Dörfer bombardierten, war auch die erste Pilotin der Türkei *Sabiha Gökçen*. Während der Aufstand tobte, wurde der Aufstandsverantwortliche von 1937 *Seyid Rıza* hingerichtet. Während der Aufstand lief, wurden 90.000 Menschen getötet. Nach dem Aufstand wurde Dersim in *Tunceli* umbenannt. Tausende Dersimer wurden aus ihrer Heimat vertrieben und deportiert. Die Dersim-Ereignisse werden von vielen als Massaker oder Genozid betrachtet."

Wie die Massaker an den Dersimern aussahen, soll weiter anhand der Aussagen der Täter wiedergeben werden. Der türkische Soldat *Abdullah Coşkun* schilderte seine Erlebnisse über die Massaker in Dersim. In der Zeitung *„Dersim Gazetesi“* wurden seine Schilderungen 2012 zusammengefasst. Demnach wurden

> „Babies mit Bajonetten aufgespießt. Menschen enthauptet und die Köpfe an Bäumen zur Schau gestellt. Die Opfer wurden auf diese Art und Weise verhöhnt[678]. Laut *Abdullah Coşkun* war der Auslöser für die Unruhen in Dersim eine Vergewaltigung einer Dersimerin durch türkische Soldaten. Daraufhin kam es zu Protesten innerhalb der Bevölkerung. Die türkische Armee reagierte darauf, indem sie die Bevölkerung ganzer Dörfer abführte und in der Nähe des *Munzur-Flusses* mit Bajonetten tötete. Die Menschen wurden ins Wasser geworfen. Der Fluss färbte sich zwei Tage lang rot. Danach mieden die Soldaten aufgrund der Leichen den Fluss. Das *Munzur-Wadi* wurde von seinen Bewohnern gesäubert. Anschließend schlugen die Soldaten ihre Zelte an der *Ali-Landenge* auf. Sie stießen auf die Spuren einer sechsköpfigen Familie die sich in einer Höhle versteckte. Der Befehlshaber tötete alle sechs. Nachdem die Dörfler getötet wurden, machten sich die Soldaten auf die Suche nach denen, die sich in den Wäldern versteckten....Befehlshaber, die besonders viele Menschen tö-

[678] F. Arslan, in: Dersim Gazetesi, Nr. 20, September 2012.

> teten erhielten Dienstgradbeförderungen und Sonderzahlungen[679]."

Die Massaker von 1938 sollten nicht nur in Bezug auf die Dersimer Geschichte mit dem türkischen Staat untersucht werden, sondern auch wie es der berühmte Dersimer Musiker und Liedermacher *Mikail Aslan* forderte, genutzt werden um die eigene Geschichte aufzuarbeiten. Ein bisher nur am Rande erwähntes Thema sind die Massaker der Dersimer an Dersimern im Jahre 1938. *Mikail Aslan* sagt:

> „Bisher wurde in Dersim der hausgemachte Verrat nicht hinterfragt. Es gab Leute, die für Gold den Kopf ihres Halbbruders abschlugen und dem Staat übergaben. Staatstreue Dersimer Milizionäre, die während der Massaker die Truppen anführten und den Truppen die Aufenthaltsorte der „Aufständischen" zeigten. Stämme die sich mit Ankara arrangierten[680]."

Diese kritische Auseinandersetzung *Mikail Aslans* mit der Dersimer Geschichte sollte von weiteren Autoren genutzt werden, um die Massaker von Dersimern an Dersimern zu hinterfragen. Denn Dersim 1938 war nicht nur ein Massaker der Türken, also von außerhalb, sondern auch von innen. Viele Dersimer sahen auch aus dem Elend ihrer Nachbarn - oder gar Familienangehörigen - die Möglichkeit, Kapital zu schlagen. Für Luxusgüter wie Gold oder banale Güter wie Lebensmittel, wurden scharenweise Dersimer von Dersimern an die Türken verraten. Oft kam es auch vor, dass die

---

679 F. Arslan, in: Dersim Gazetesi, Nr. 20, September 2012.

680 http://www.radikal.com.tr/kultur/tanri_bir_kayit_aletidir-1097923 (22). Vgl. auch H. Çağlayan, Die Schwäche der türkischen Arbeiterbewegung, S. 258.

Dersimer Kollaborateure selbst Hand anlegten und andere töteten. So wurde oft der Kopf einer beliebigen Person abgeschnitten und den Türken präsentiert. Die Türken zahlten für jeden Kopf eine Prämie. Dersim 1938 war die Nacht der langen Messer. Man musste nicht unbedingt im „Widerstand“ aktiv sein, um von einer türkische Kugel oder einem Dersimer Verräter getötet zu werden. Oft reichte auch die Habgier eines Dersimers aus, um ganze Familien auszulöschen. Das Motiv war Habgier. Denn die Toten hinterließen Hab und Gut und Ländereien, die keinem mehr gehörten. Daher kommt die Kritik *Mikail Aslans* gerade richtig. Auch die Dersimer müssen sich ihrer Vergangenheit stellen.

Was mag wohl die Motivation der Milizionäre/Verräter gewesen sein? F. McLynn schreibt, dass „...die meisten Menschen keine Helden [sind], und aus Angst vor Vergeltung, wenn sie die falsche, die unterlegene Seite unterstützen, sie sich bedeckt [halten], bis klar ist, welche Seite gewinnen wird[681]“. Dieser Gesichtspunkt mag neben Habgier ein Wesentliches Element des Dersimer-Verrats gewesen sein. Man wollte auf der Seite der Sieger stehen. Dies konnte man nur, wenn man an den Massakern teinahm, um den Türken zu zeigen, wir sind einer von euch.

Eine wenig erforschte und wenig erwähnte Tatsache über die Ereignisse ist die Vergewaltigung[682] von Dersimerinnen. Meist wurde dieses Thema in der wertkonservativen Dersimer Gesellschaft totgeschwiegen. Die Opfer wagten es aus Scham nicht, über ihre Pein zu sprechen. Dabei wussten die

---

[681] F. McLynn, Warriors, S. 65.

[682] Auf dieses Thema wurde ich zum ersten Mal durch meine Schwägerin T. B. aufmerksam gemacht. Sie selbst vom Stamme Lolan aus Pülümür, ist mit den Geschichten ihrer Familie bestens vertraut. Ein Teil ihrer Familie wurde 1938 nach Konya – Ereğli, ein anderer Teil nach Isparta deportiert.

betroffenen Familien, dass Frauen vergewaltigt wurden. Schriftliche Quellen geben über dieses Thema wenig her. Gelegentlich findet sich im Zusammenhang mit anderen Themen ein Nebensatz, der direkt Vergewaltigungen erwähnt[683]. Ob das Kriegsmittel der Vergewaltigung durch die Türken systematisch eingesetzt wurde oder ob es sich nur um Einzelfälle undisziplinierter Soldaten handelte, lässt sich nicht erforschen. Auch türkische Militärgerichte geben keinen Hinweis darauf, dass solche Verbrechen sanktioniert und die Täter verurteilt wurden. Einen Hinweis auf eine Vergewaltigung findet man unter anderem bei *Cemal Taş* wieder. In seiner Abhandlung über den tapferen Krieger *Silo Phıt* vom *Demenan-Stamm*, erwähnt er am Rande die Vergewaltigung eines Mädchens. Die Information wird direkt von einem türkischen Kriegsgefangenen namens *Ragıp Gümüşpala* wiedergegeben. Das Opfer soll von Soldaten die ganze Nacht über vergewaltigt worden sein und anschließend erschoss man es[684]. Literarisch setzte sich *Burhan Sönmez* mit diesem Thema auseinander. In seiner Kurzgeschichte *„Tarih Öncesi Köpekler"*, erzählt er die Geschichte eines Mädchens, die mit zehn Jahren von einem türkischen Soldaten vergewaltigt wurde und kurz darauf ein Kind auf die Welt brachte. Dem Kind musste sie erzählen, sie sei ihre Schwester und nicht Mutter. Denn die Verwandten wollten es so. Selbst ihrem Enkelkind gegenüber musste sie sich als Tante ausgeben[685].

---

683 Vgl. http://www.timeturk.com/tr/2011/11/24/dersim-katliaminin-yasayan-taniklar-anlatiyor.html (23). Hier wird in einem Satz erwähnt, dass Frauen vergewaltigt und anschließend getötet wurden.

684 C. Taş, in Tija Sodıri: Heliyê Koê Dersimi (Silo Phıt), S. 30 f. (Übersetzung aus dem Zazaki).

685 B. Sönmez, „Tarih Öncesi Köpekler", in: Bir Dersim Hikayesi, S. 56 – 61.

Die Verbrechen in Dersim wurden im Laufe des Jahres 1937 weiter verübt. Um die Welt auf die Lage in Dersim aufmerksam zu machen, tauchte ein auf den 30. Juli 1937 datierter Brief auf, der versuchte das Schlachten in Dersim mit Hilfe der Diplomatie zu beenden. Der Brief war u.a. an das britische Außenministerium adressiert. Er enthielt folgenden Wortlaut[686]:

„Außenministerium
Dersim – Kurdistan 30. Juli 1937

Sehr geehrter Herr Minister,

seit Jahren versucht die türkische Regierung die kurdische Bevölkerung zu assimilieren. So wird der Gebrauch der kurdischen Sprache sowohl in Printmedien, als auch im privaten Bereich untersagt. Um die Bevölkerung Kurdistans zu dezimieren, werden die Kurden aus ihrem fruchtbaren Heimatboden in die Einöde Anatoliens zwangsumgesiedelt.

Das jüngste Vorgehen dieser Art demonstrieren die Türken gegenwärtig in Dersim. Anstatt auf Deportationszügen zugrunde zu gehen, bevorzugen es die Kurden in Dersim, wie ihre Brüder und Schwestern auf dem Ararat Berg zu den Waffen zu greifen und lieber im Kampf zu sterben.

Seit 3 Monaten nun gibt es Krieg in meiner Heimat. Dieser Krieg ist ein Krieg mit ungleichen Waffen. Obwohl die eine Seite über Bomber, Brandbomben und

---

686 Der Text wurde aus dem Türkischen sinngemäß und nicht wortwörtlich wiedergegeben. Das Original an die Briten wurde in französischer Sprache verfasst und weicht wiederum erheblich von der türkischen Version ab.

> Giftgas verfügt, gelingt es den Dersimern, die Erfolglosigkeit der türkischen Armee aufrechtzuerhalten.
> (……………………)
> Der Brief schließt mit einem Hilferuf an die Briten. Unterzeichnet ist der Brief mit „General Dersims, Seyid Rıza“[687].

Zwar fand der Brief Eingang, aber die Briten ließen das Schreiben unbeantwortet. Stattdessen wurde das britische Konsulat in Istanbul gebeten, die Türken durch einen inoffiziellen Kanal zu informieren, dass der Brief für sie ohne Bedeutung und die Briten nicht interessiert seien, in die inneren Angelegenheiten der Türkei zu intervenieren. Die Authentizität des Schreibens ist bis heute heftig umstritten. Verfasser ist nach einhelliger Auffassung nicht *Seyid Rıza*, sondern der Veterinär *Nuri Dersimi*. Dies wird unter anderem auch von *Kalman, Kieser* und *Yıldız* bestätigt[688].
*Seyid Rızas* Name taucht im September nochmals auf: er wird festgenommen. *Dersimi* gibt irrtümlich den 5. September 1937 als Gefangennahme *Seyid Rızas* an. *Seyid Rıza* wurde nach türkischen Quellen am 9. September 1937 gefangengenommen. Zuerst schrieben türkische Quellen, dass sich *Seyid Rıza* auf Druck seiner Gefolgsleute, die hofften das alles vorbei ist, wenn *Seyid Rıza* sich ergibt, stellte. Die Anklage vor Gericht sah allerdings eine Verhaftung *Seyid Rızas* als gegeben an. Demnach soll *Seyid Rıza* versucht haben, sich in die benachbarten Regionen abzusetzen. Dabei wurde er an der Brücke nach *Erzincan* von Wachhaben-

---

687 N. Dersimi, Kürdistan Tarihinde Dersim, S. 295 ff.

688 M. Kalman, Dersim Direnişleri, S. 310; http://www.hist.net/kieser/mak7/NuriDersimi.pdf (26); M. Yıldız, Dersim´in Etno Kültürel Kimliği, S. 193.

den Gendarmen verhaftet und sofort nach *Erzincan* gebracht. Erst am 13. September verkündete die türkische Presse stolz die Gefangennahme des Rädelsführers. Am 14. September 1937 brachte man *Seyid Rıza,* eskortiert von 30 Soldaten und einem Offizier, von *Erzincan* nach *Elazığ*. Ihm sollte der Prozess gemacht werden[689].

Die Festnahme *Seyid Rızas* wird von *Nuri Dersimi* als Hinterhalt dargestellt. Er habe sich bereit erklärt in *Erzincan* zu verhandeln und sei dabei in die Falle der Türken getappt[690]. Diese Darstellung dürfte mit aller Wahrscheinlichkeit nicht der Wahrheit entsprechen. *Seyid Rıza* kannte seine ausweglose Lage, da die Türken an allen Fronten vorgerückt waren. Die Niederlage war kaum noch zu übersehen. Wieso sollten sich die Türken zu Gesprächen bereit erklärt haben? Hätte sich *Seyid Rıza* zu diesem Zeitpunkt auf Verhandlungen eingelassen, wäre er unglaublich hochmütig, ja geradezu naiv gewesen. Wer verhandelt schon mit einem geschlagenen Gegner? Auch *Hesen Aliyê Sey Kemali* gibt an, dass sich *Seyid Rıza* im Gendarmerieposten in *Zerranige* ergab[691].

Die Festnahme *Seyid Rızas* veranlasste die Briten, am 27. September 1937 folgenden Text in die Heimat zu kabeln:

> „In der Türkei gibt es von nun an kein Kurden-Problem mehr![692]"

---

689 M. Kalman, Dersim Direnişleri, S. 312.

690 Vgl. H. Çağlayan, Die Schwäche der türkischen Arbeiterbewegung, S. 248; Vgl. K. Aktaş, Ethnizität und Nationalismus, S. 85.

691 C. Taş, Roê Kırmanciyê, S. 175.

692 M. Kalman, Dersim Direnişleri, S. 316.

Eine weitere Person wird mit den Dersim-Ereignissen in Verbindung gebracht: der Veterinär *Nuri Dersimi*. Dieser befand sich aber 1937 in Elazığ. Als die Niederlage immer deutlicher wurde, machte er sich auf Richtung Istanbul. Im Zug lernte er einen syrischen Rechtsanwalt kennen, der ihm half Asyl in Syrien zu beantragen. *Dersimi* versuchte von Syrien aus auf das Kurden-Problem aufmerksam zu machen und wies auf die Lage in Dersim hin. Seine Anstrengungen trugen keine Früchte. Selbst kurdische Intellektuelle schenkten dem Dersim-Krieg wenig Aufmerksamkeit.

Doch zurück zur Militäroperation. Während die türkische Presse im Dezember 1937 das Ende der militärischen Konfrontation suggerierte und die aus türkischer Sicht erfolgten Fortschritte wie Erlangung der staatlichen Autorität und den Aufbau einer Zivilverwaltung lobte, war die Situation im harten Winter für die Dersimer alles andere als amüsant. Da der Winter vor der Tür stand, beschlossen die Türken ihre Truppen zurückzuziehen. Doch das Einsammeln von Waffen ging weiter und auch der Prozess gegen *Seyid Rıza* war in Vorbereitung. Der Prozess war nur reine Formsache und das Urteil war schon längst gefällt. Dennoch wollte die Obrigkeit dem Dersim-Feldzug ein menschliches, ja absurd-demokratisches Antlitz verleihen. Daher konnte mit dem Ende des Jahres 1937 wahrlich nicht vom Ende der Militäroperation die Rede sein. Denn für 1938 standen neue Offensiven der Türken an. Allein dieser Umstand zeigte schon, dass die Türken nicht alle Ziele erreicht hatten[693].

Als *Seyid Rıza* der Prozess gemacht wurde, lautete die Anklage auf Tod durch Erhängen. *Seyid Rıza* sagte im Prozess zu seiner Verteidigung, dass er keinerlei Befehle von Außen,

---

[693] M. Kalman, Dersim Direnişleri, S. 319 ff.

erst-recht nicht von Drittstaaten erhalten habe. Zeugen im Prozess gegen *Seyid Rıza* und seine Weggefährten waren Verwaltungsbeamte aus Dersim. Allesamt Türken. Dies machte sie natürlich nicht schon aus ethnischen Gründen unglaubwürdig, allerdings war schon klar, dass sie parteiisch, ja sogar befangen waren. Die Zeugen sagten einstimmig aus, dass der „Aufstand" allein von *Seyid Rıza* angezettelt wurde[694].

Der Staatsanwalt *Hatemi Şahanoğlu* gab in seiner Anklageschrift ein bemerkenswertes Bild aus türkischer Sicht ab. Nachdem er auf die politische Großwetterlage des Osmanischen Reiches einging und darauf hinwies, dass das Dersim-Geschwür eine Nachlassenschaft dieses Reiches war, erwähnte er, dass der Staat 1936 damit begann, dieses Problem zu lösen. Sodann führte er eine Art Kriminalstatistik des Jahres 1936 auf: 71 Morde, 11 Mordversuche, 55 Fälle von Plünderungen und Raub, 2 Diebstähle, sowie 9 Fälle von Mädchenraub. Diese Vorfälle sollen 148 Akten gefüllt haben. Der Staatsanwalt verwies darauf, dass *Pertek* als Teil Dersims nicht mit solchen Fällen zu kämpfen hatte. Im Rest Dersims würden noch 2.700 dringend Tatverdächtige gesucht. Von den Tatverdächtigen habe man bisher lediglich 150 ergreifen können. Er führte danach die Gründe für Verbrechen an: Rache und Territorialstreitigkeiten. Endlich kam der Staatsanwalt zum Schlüsselsatz, der für das Verfahren maßgebend war. Die Auslöser dieser Taten waren nicht menschliche Gründe wie Habgier usw., sondern die ausdrückliche Ermutigung bzw. Anstiftung durch die *Seyits*. Diese *Seyits* hätten Dersim in ein Schlachthaus verwandelt. Da *Seyid Rıza* auch ein *Seyit* war, passte er perfekt in das

---

[694] M. Kalman, Dersim Direnişleri, S. 324 ff.

Bild des blutrünstigen *Seyits*, der Mordbefehle erteilt. *Seyid Rıza* war der perfekte Sündenbock, dem man das Märchen vom Aufstand in die Schuhe schieben konnte. Er passte perfekt in das Rechtfertigungsmuster für den Feldzug. Danach ging der Staatsanwalt in die Offensive und versuchte das Amt des *Seyits* zu delegitimieren, indem er darauf hinwies, dass sich die *Seyits* diese Ämter unter Ausnutzung der religiösen Gefühle der Dersimer ergaunert hätten. Daher sei es unumgänglich eine zivilisierte Macht über Dersim und seine Einwohner auszuüben. Denn Dersim müsse aus dem Mittelalter in die Moderne katapultiert werden. Der Prozess endete mit einem Todesurteil gegen *Seyid Rıza* und einige andere Dersimer, die wegen Mittäterschaft angeklagt waren[695].

In *Ankara* beschloss *Atatürk* die Region zu besuchen. Doch man beschloss *Seyid Rıza* noch vor der Ankunft Atatürks zu hängen. Einige interessante Details zu diesem Punkt liefert der tscherkessisch-stämmige spätere Außenminister der Türkei *Ihsan Sabri Çağlayangil*. *Çağlayangil* war während der Dersim-Ereignisse Sicherheitsverantwortlicher in *Elazığ* und mit der Vollstreckung der Exekution von *Seyid Rıza* beauftragt. So gibt er das Gespräch mit dem Richter wieder und erklärt ihm, dass *Seyid Rıza* unbedingt vor Eintreffen *Atatürks* gehängt werden musste. Er fragte den Richter auch, wie viele Leute gehängt werden sollten, damit er alle Maßnahmen ergreifen konnte. Der Richter konnte ihm hierauf keine Antwort geben, erwähnte aber, dass laut Anklageschrift die Staatsanwaltschaft den Tod von 27 Personen beantragt habe. Als die Exekution anstand, war alles penibel vorbereitet. Das türkische Gesetz sieht es vor, dass die zu

---

[695] M. Kalman, Dersim Direnişleri, S. 328 f.

Tode Verurteilten getrennt und ohne Kontakt zueinander gehängt werden. Daher wurden vier Exekutionsbühnen aufgestellt. Zudem wurde eiligst ein *„Zigeuner“*[696] als Henker organisiert[697].

Die Show konnte beginnen. Mitternachts um Zwölf wurden die 72 Angeklagten aus ihren Zellen geholt und zur Anklagebank geführt. Keiner von ihnen sprach ausreichend türkisch, um die Anklagepunkte bzw. das Urteil zu verstehen. Dies waren tolle Voraussetzungen für einen fairen Prozess. Aber hier musste auch nichts verstanden werden, da die Messe für sieben Angeklagte bereits gelesen war. Sie wurden zum Tod durch den Strang verurteilt[698]. Ein anderer Teil erhielt lange Haftstrafen, während andere freigesprochen wurden. Nun sollte *Seyid Rıza* gehängt werden[699].

Als er zum Galgen geführt wurde, fragte er *Çağlayangil*, ob er aus Ankara gekommen sei, um ihn zu erhängen. *Çağlayangil* erschrak. Er wurde zum ersten Mal mit jemandem konfrontiert, der zu Tode verurteilt war. *Seyid Rıza* lehnte das Angebot des Staatsanwalts, ein letztes Gebet zu verrichten ab und drehte sich Richtung *Çağlayangil* mit folgenden Worten: „Ich habe noch 40 Lira und eine Uhr. Geben sie sie meinem Sohn“. Damit *Seyid Rıza* die Exekution seines Sohnes *Fındıq Hafız* nicht sehen konnte, stellte sich *Çağlayangil* vor das Zellenfenster. Nach der Erhängung seines Sohnes

---

[696] Das Wort „Zigeuner“ wird von *Cağlayangil* gebraucht.

[697] Vgl. M. Kalman, Dersim Direnişleri, S. 343 ff.

[698] Zu den zum Tode verurteilten gehörten:
1. *Seyid Rıza* 2. Sein Sohn *Reşik Hüseyin* 3. Der Scheichan Stammesführer *Seyid Hüseyin* 4. Der Sohn des Yusufan Stammesführers *Fındıq* 5. Der Sohn des Demenan Stammesführers *Hasan* 6. Vom Stamme Khureschan *Hasan* und 7. *Mirza Ali* (hier ist leider kein Stamm erwähnt). Fındıq Hafız wird hier nicht erwähnt, obwohl auch er gehängt wurde.

[699] M. Kalman, Dersim Direnişleri, S. 348.

war *Seyid Rıza* dran. Nun schlug die letze Stunde *Seyid Rızas*. Er wurde Richtung Galgen geführt. *Çağlayangil* schildert die letzten Minuten im Leben *Seyid Rızas* mit einem Gänsehaut-Gefühl:

> „Das Wetter war kalt und weit und breit war keiner zu sehen. Aber *Seyid Rıza* verhielt sich so, als ob der Platz mit Menschen gefüllt war und sprach Richtung Leere und eisiges Schweigen: „Wir sind die Söhne Kerbelas! Wir sind ohne Tadel! Das ist eine Schande, ein Verbrechen, ein Mord!". Ich bekam eine Gänsehaut. Dann ging der alte Mann festen Schrittes. Er stieß den „Zigeuner" beiseite. Legte den Strick um den eigenen Hals. Den Stuhl unter ihm Stieß er selber um und fällte sein eigenes Urteil"[700].

Später wird *Nuri Dersimi* die Worte *Seyid Rıza* umdichten, zu:

> „Ich bin 75 Jahre alt und werde Märtyrer. Ich werde ein weiterer Märtyrer für die Sache Kurdistans. Dersim erleidet eine Niederlage. Doch werden Kurdistan und das Kurdentum weiterleben. Denn die kurdische Jugend wird Rache nehmen. Nieder mit den Unterdrückern. Nieder mit den Hinterfotzigen und Lügnern!"[701]

Laut *Dersimi* sollen diese Worte nicht mit überliefert worden sein, da *Seyid Rıza* diese auf Zazaki gesagt habe und von

---

[700] Vgl. M. Kalman, Dersim Direnişleri, S. 347 f.

[701] N. Dersimi, Kürdistan Tarihinde Dersim, S. 290.

den Türken nicht verstanden worden sei. Wer ihm dies allerdings überlieferte, teilt Dersimi nicht mit.

*Ihsan Sabri Çağlayangil* schildert auch das Vorgehen des Militärs in seinen Memoiren. Sie decken sich im Wesentlichen mit den Aussagen der Überlebenden und der Soldaten:

> „Sie [die Dersimer] fanden Zuflucht in den Höhlen. Das Militär setzte Giftgas durch die Höhleneingänge ein. Sie vergifteten sie wie Mäuse. Sie schlachteten diese Dersim-Kurden komplett ab. Es wurde eine blutige Operation durchgeführt. Danach war Dersim Geschichte[702]."

Diese grausame Vernichtungsmethode war keine Erfindung der Türken, sondern stammte von einem französischen General. *Thomas Robert Bugeaud* war seit 1840 Generalgouverneur von Algerien. Er war der Erfinder der *Enfumades*, der Ausräucherungen. Bei den *Enfumades* wurden die Einwohner ganzer Dörfer in Höhlen getrieben und an deren Eingang Feuer entzündet. Während die Soldaten in die Flammen schauten, ihr Brot aßen und Schnaps tranken, drangen aus dem Höhleninneren die Schreie der vom Rauch eingeschlossenen Frauen und Kinder. Wenn das Stöhnen des letzten Erstickenden verstummt war, mauerten die Soldaten die Eingänge der Höhlen zu[703]. Und genau dies geschah auch in Dersim.

---

[702] Aus M. Yıldız, Dersim´in Etno-Kültürel Kimliği, S. 176; http://www.radikal.com.tr/yazarlar/ayse_hur/dersim_hakkinda_kuyruklu_yalanlar-1232341 (20).

[703] J. Ziegler, Der Hass auf den Westen, S. 48.

Dass bei der Operation in Dersim viel Blut floss, bestätigt auch Hauptmann *Şefik Bey*, der auch eine Begründung liefert, warum Dersim angegriffen wurde:

> „Sie beauftragten uns damit, den Dersim-Aufstand zu zerschlagen. Das was sie [die Regierung] Aufstand nannten, war die Weigerung einiger Bergdörfer Steuern zu zahlen. Der Befehl, der uns erteilt wurde bestand aus einem Wort: Vernichtung!....Lasst nichts am Leben. Frauen, Kinder usw. Die meisten von ihnen waren Häretiker[704]."

Die Dersimer wurden also angegriffen, weil sie „Häretiker" waren. Sie waren dem sunnitischen Islam ein Dorn im Auge. Daher verwundert es nicht, dass das Ziel der Militäroperation von Anfang an das alevitische Ordenssystem war[705]. Zudem sollte der Begriff „Häretiker" dazu dienen, dass Gewissen der Soldaten rein zu waschen. Denn sie sollten ja „nur" Häretiker töten, die den Tod aufgrund ihrer Häresie verdienten.

Doch wie kam es, dass gewöhnliche Wehrdienstleistende der türkischen Armee erbarmungslos Frauen, Kinder, Babies und Greise töteten und dabei skrupellos waren? Schließlich töteten sie unschuldige Menschen. Die Soldaten müssen die Dersimer nicht mehr als Menschen betrachtet haben, als sie sie massakrierten.

Denn das letzte Kriterium für ein gebilligtes Massaker ist die Entmenschlichung der Opfer. Soldaten sind eher bereit, sich an systematischen Morden zu beteiligen, wenn sie den Op-

---

[704] Vgl. C. Demir, Dersim, S. 257; M. Yıldız, Dersim´in Etno-Kültürel Kimliği, S. 176.

[705] H. Aygün, Resmiyet ve Hakikat, S. 69.

fern in ihrer Wahrnehmung den Status als Menschen und ihre individuelle Identität aberkennen können. Dieser Vorgang der Entmenschlichung wird beschleunigt, wenn er sich gegen eine Gruppe richtet, die bereits eine lange Geschichte der Diskriminierung und Unterdrückung aufweist[706]. Die Dersimer hatten eine lange Geschichte der Diskriminierung und Unterdrückung. Daher entstand bei den Türken das Bild vom unzivilisierten und blutrünstigen Wilden, dessen Unterwerfung als zivilisatorische Tat zu sehen war[707].
Der ehemalige UN-Sonderberichterstatter für das Recht auf Nahrung *Jean Ziegler* schreibt zur Aberkennung der Menschenwürde[708]:

> „Doch ohne Rassismus keine koloniale Eroberung. Die Unterjochung eines Menschen setzt die Negation seiner Menschlichkeit voraus. Wenn der Herr (der Eroberer) den Menschen, den er in Eisen legt, als seinesgleichen und ebenbürtig sähe, könnte er sein Verbrechen weder rechtfertigen noch seelisch verkraften."

Als Aleviten wurden die Dersimer seit Jahrhunderten ihrer Menschenwürde beraubt. Sie abzuschlachten war seit der Fatwa des Scheich-ul-Islam legitim und dem Schlächter war ein Platz im Paradies sicher. Somit hatten die Soldaten keine moralischen oder ethischen Skrupel zu bedenken. Sie sahen sich im Recht.

---

706 Zitiert aus R. Scheck, Hitlers Afrikanische Opfer, S. 21. Die Feststellung hat Scheck selber aus „Kelman, Herbert C./V. Lee Hamilton, Crimes of Obedience: Toward a Social Psychology of Authority and Responsibility, New York 1989, S. 15 und 19".

707 M. Quiring, Der vergessene Völkermord, S. 59.

708 J. Ziegler, Der Hass auf den Westen, S. 49.

Doch trotz all der Massaker und Gräuel, gab es auch einen Lichtblick, einen Engel. Er hieß *Dr. Mutemit Yazıcı*. 1938 leistete Yazıcı seinen Wehrdienst in *Pülümür* ab und diente auch als Truppenarzt. Seine Ehefrau hielt die Massaker nicht mehr aus und verlangte von ihm, dass er sich für ein Ende der Massaker einsetzte. Daraufhin sendete *Yazıcı* ein Telegramm nach *Ankara* und bat um die Beendigung der Massaker. Danach hörten die Massaker in Pülümür auf[709]. Falls dieses Telegramm in Ankara in der Tat eintraf, so waren die Stellen im Machtzentrum des Staates von den Massakern informiert, zogen es aber vor, still zu halten.

Man mag sich fragen, welchen Sinn es hatte gegen einen übermächtigen Gegner Widerstand zu leisten. Die Türken hatten Ressourcen eines Staates. Quasi unerschöpfliche Quellen an Sach- und Menschenmaterial, während die Dersimer ein paar leichte Schusswaffen hatten. Die wenigen Krieger die Widerstand leisteten, verfügten noch nicht einmal über Vorräte an Kriegsmaterial oder Verpflegung. Der Widerstand der wenigen Dersimer war von Anfang an zum Scheitern verurteilt. Wieso wurde dennoch Widerstand geleistet? Hätte man nicht mehr Menschenleben retten können, indem man passiv blieb oder sich ergab?
Eine Erklärung könnte ein anderer historischer Aufstand gegen eine Übermacht liefern. Der sogenannte *Spartakus-Aufstand*. Im alten Rom kämpften befreite Sklaven unter ihrem charismatischen Anführer *Spartakus* gegen das Römische Imperium, die damalige Supermacht seiner Zeit. *Spartakus* und seine Mitstreiter bereiteten den Römern und ihren Legionen schlaflose Nächte. Allerdings war auch der

[709] Vgl. H. Aygün, Resmiyet ve Hakikat, S. 186.

*Spartakus-Aufstand* von Anfang an zum Scheitern verurteilt, da er nicht über die Ressourcen der Römer verfügte und politisch kein Ziel verfolgte (von Sklavenbefreiung mal abgesehen). Weitere Beispiele, wo Unterlegene mit dem Mut der Verzweiflung einen Aufstand gegen eine Übermacht wagten, gibt es in der Geschichte zuhauf. So zum Beispiel der Aufstand der Juden im Warschauer-Getto. Schlecht bewaffnet wagten die Juden im Getto einen Aufstand gegen die Deutschen. Anfangs waren die Deutschen überrascht und mussten Verluste hinnehmen. Doch dann kam die Waffen-SS und ertränkte den Aufstand in Blut. Warum also auch hier der Versuch?
Zugegeben, der historische Vergleich mit Spartakus und dem Aufstand im Warschauer-Getto hinkt, da es in Dersim keinen Aufstand, sondern einen einseitig verübten Genozid gab. Dennoch stellt sich die Frage, warum die letzten bewaffneten Krieger nicht den Versuch unternommen hatten, durch Niederlegung ihrer Waffen, Menschenleben zu retten?
Um die Aussichtslosigkeit der widerstandleistenden Krieger und die Passivität der Stämme besser zu verstehen, kann eine Zusammenfassung von *F. McLynn* helfen. Er schreibt in Bezug auf verzweifelte Auflehnungen gegen einen überlegenen Gegner:

> „Aufständische wie die schottischen Highlander oder die Gladiatoren[710] können professionelle Truppen besiegen, wenn sie Überraschungsangriffe starten und das Schockmoment ausnutzen. Bei länger andauernden Auseinandersetzungen gehen ihnen – im Gegensatz zum Staatsapparat – Vorräte, Ausrüstung,

---

[710] Gemeint ist der Spartakus-Aufstand, über den F. McLynn primär schreibt.

Kämpfer und Geld aus. Ein Staat kann, falls nötig, zusätzliche Söldnerheere rekrutieren, Anleihen aufnehmen...und durch den reichen Schatz seiner Ressourcen Krise um Krise überstehen, während Aufständische auf Spenden und Beute angewiesen sind, keine gesicherte Lebensmittelversorgung und bei Verlusten kaum weitere Rekrutierungsmöglichkeiten haben, sodass sie immer weniger werden und am Ende schon deshalb unterliegen[711]."

Warum es dennoch einige Wenige wagten, könnte man mit einer Erklärung des Dersimer Buchautors *H. Karataş*[712] versuchen. Der letzte verzweifelte Akt der Dersimer, die Waffen gegen die Türken zu erheben, kann als kollektiver Selbstmord eines ohnehin moribunden Volkes gesehen werden.

## 1938 – Oder Blitzkrieg reloaded

Mit dem Beginn des Jahres 1938 hatten die Dersimer keine Chance durchzuatmen. Die Türken hatten mit der militärischen Unterwerfung nicht alle Ziele erreicht. Jetzt kam es darauf an, dass Staatswesen in Dersim zu etablieren und die Türkisierung zu forcieren.
Die Dersimer waren durch den Militärschlag 1937 stark geschwächt. Dennoch wagten es einige Stämme – durch Hunger getrieben -, Plünderungen zu unternehmen. Sie gingen auch soweit, Soldaten anzugreifen. Das 4. Generalgouver-

---

[711] F. McLynn, Warriors, S. 64 f.

[712] H. Karataş, 38 öncesi Dêrsim bir sırdır: http://www.haydarkaratas.com/38-oncesi-dersim-bir-sirdir-ozgur-politika-deniz-bilgin-basindan-36.aspx (2); http://www.yeniozgurpolitika.org/index.php?rupel=nuce&id=10866#.T_PqMM31gAQ.facebook (13).

nement sah diese Ereignisse mit Sorge. Folglich beschloss es, neue Militärschläge durchzuführen, sobald sich die Wetterlage besserte. Zeitgleich hatte sich in *Ankara* die politische Großwetterlage geändert. *Ismet Inönü* war nicht mehr Ministerpräsident. Vielmehr waren für Dersim direkt, wenn auch nicht offiziell, *Atatürk* und der Generalstabschef *Fevzi Çakmak* verantwortlich[713].
1938 richtete sich die Wut der Türken gegen die Stämme, die 1937 unparteiisch, ja sogar mit den Türken verbündet waren. Während die offizielle türkische Geschichtsschreibung das Dersim-Unternehmen mit dem Jahr 1937 für beendet erklärt, gab es 1938 weitere Militäroperationen. Denn in Wahrheit mussten die Türken ihren Militärschlag mit Wintereinbruch 1937 unterbrechen. Erst 1938 konnte der Militärschlag fortgesetzt werden. So schrieb *Naşit Uluğ*, der als Journalist getarnt, aber in Wahrheit ein türkischer Geheimdienstmann war, dass die *Kalaner*, die bisher artig waren, den *Diztaş* Gendarmerie-Stützpunkt überfallen hatten. Als die Wetterlage sich änderte, hätten die türkischen Truppen zurückgeschlagen. Die Truppen wurden nicht mehr aus der ganzen Türkei herangekarrt. Vielmehr wurden die jetzt niedergeworfenen Stämme gezwungen bzw. aufgefordert, Truppen zu stellen. Wenn freiwillig keine Truppen gestellt wurden, wurde mit Soldaten Druck ausgeübt. Doch die Soldaten wurden bei der Rekrutierung teilweise angegriffen. Solange die Wege in Dersim schneeverschneit waren, konnten die Türken wenig ausrichten. Doch die Türken planten schon den Gegenschlag[714].

---

[713] M. Kalman, Dersim Direnişleri, S. 353 f.
[714] Vgl. M. Kalman, Dersim Direnişleri, S. 356 ff.

Hierfür wurde ein Budget in Höhe von 979.007[715] Lira bereit gestellt. Die *Kalaner* wurden über Flugblätter gewarnt. Am 19. Februar 1938 wurde das 4. Generalgouvernement angewiesen, Informationen über die Aktivitäten der Stämme zu sammeln und sich für einen Militärschlag im Frühling 1938 bereit zu halten[716].

Das Ziel war *Ovacık*. Die türkische Propaganda erreichte nun ihre Blütezeit. In Flugblättern wurde auf die angeblichen Erfolge des türkischen Staates im Zivilleben verwiesen und das der Widerstand infolge der Erfolge stark zurückgegangen sei. Noch einmal betonten die Türken, nur Verantwortliche verfolgen zu wollen. Diese könnten auf Wohlwollen der Sieger hoffen, wenn sie sich dem Staat stellten. Trotz der Ankündigung oben, war der Militärschlag im Frühjahr 1938 beschlossene Sache. Dieses Mal sollte auch der Fehler aus dem Jahr 1937 vermieden werden. Es sollten nicht Fronten sondern ganze Einkesselungen erfolgen, damit der Feind kein Rückzugsgebiet erhielt. Unter dem Militäraufgebot gab es jetzt auch einige Panzer und Pionierbrigaden, die Brückenköpfe errichteten. Die neuen Truppen sollten spätestens bis zum 1. Juni nördlich von Pülümür und in der Mitte in Mamêki (Dersim-Zentrum) und Hozat auflaufen. Ziel war es erstens, die Kämpfer, die der Wintereinbruch 1937 gerettet hatte zu vernichten und dann noch nicht erreichte Ziele, wie die vollständige „Befriedung" zu erreichen. Hierzu wurden Broschüren gedruckt, die bei der Ausbildung der Soldaten

---

[715] Eine generelle Anmerkung zu Werten in Türkischer Lira: leider ist mir eine Umrechnung in einen vergleichbaren Wert in Euro nicht möglich. Zudem fehlen auch Vergleichswerte zu materiellen Bezügen, so dass letztendlich nicht gesagt werden kann, ob die Summen viel Geld sind oder nicht. Sicherlich kann aber gesagt werden, dass die Summen eine große finanzielle Belastung der jungen Türkischen Republik darstellten.

[716] Vgl. M. Kalman, Dersim Direnişleri, S. 358 f.

als Unterrichtsstoff dienten. Die Broschüren schilderten detailliert und gaben Anweisung, wie Dörfer zu durchsuchen und bei Widerstand niederzubrennen waren. Des Weiteren beschlossen die Türken die Verbannung von 2 bis 5 Tausend Personen und einige Gebiete Dersims zu Verbotszonen zu erklären[717]. Zu dieser Zeit verfolgten die Türken ein zusätzliches Ziel verbissen: Das Fußfassen in Dersim. Sie wollten die Dersimer, die nicht an den Ereignissen beteiligt waren mit Grundstücken milde stimmen[718].

Währenddessen vermeldete die Soldateska, dass am 10. Juni die Kampfbereitschaft vorliegt. Die Operationen sollten entlang der Flüsse *Mercan*, *Merxo* und *Kalan* erfolgen und nach Zentral-Dersim führen, wo die verbliebenen Kämpfer zerrieben werden sollten. Doch es kam zu einer zeitlichen Verzögerung. Nun sollte es am 12. Juni losgehen und am 10. August alles vorbei sein. Doch die Türken waren überrascht, als in einer längst als befriedet geglaubten Region, am *Koê Jêle (zwischen Tunceli-Zentrum und Pülümür)*, eine Gendarmerie-Einheit angegriffen wurde. Daraufhin wurde das Operationsgebiet auf die Region um den *Koê Jêle* ausgeweitet[719].

Die Türken hatten aus den Erfahrungen aus dem Jahr 1937 besser gelernt als gedacht. Durch ein engmaschiges Spionagenetz und Dersimer-Überläufern (sogenannten Milizionären), kannten sie alle Planungen und Rückzugsgebiete der Dersimer. Die Falle war enger als 1937. Die Türken wussten, dass sie es allenfalls mit 300 (!) Bewaffneten zu tun hatten. Viele Stämme waren neutral, pro-türkisch oder hatten

---

[717] S. Avar, Dağ Çiçeklerim, S. 282. Dies deckte sich auch mit dem 1934 erlassenen Zwangsniederlassungsgesetz: http://ejts.revues.org/2123#tocto1n3 (8).

[718] Vgl. M. Kalman, Dersim Direnişleri, S. 359.

[719] M. Kalman, Dersim Direnişleri, S. 359 f.

ihre Waffen bereits Jahre zuvor abgegeben. Nur die Haydaran und Demenan hatten noch einige wenige bewaffnete Kämpfer. Die Kräfteverhältnisse sprachen eindeutig für die Türken. Doch wozu so eine gigantische Armee, wenn der Feind kaum zuschlagen konnte? Allein schon die Zahlen verraten, dass es nicht nur um die Vernichtung der Kämpfer gehen konnte. Die Türken hatten viel mehr vor: Dersim zu entvölkern. Hierfür war eine Invasion notwendig. Dies konnte nur mit einer großen Streitmacht erreicht werden[720].

Am 16. Juni erhielten die türkischen Truppen den Befehl, die Bevölkerung in den Operationsgebieten zu liquidieren (töten). Hierfür erhielt die Gebirgsjäger-Einheit am *Koê Jêle* den Befehl, die Bevölkerung zu töten und das obwohl die Bewaffneten die Dörfer längst verlassen hatten und sich in den unzugänglichen Wäldern und Schluchten verschanzt hatten[721].

Die Dörfler die nichts ahnten, ergaben sich den Türken. Denn schließlich hatten die Türken garantiert, dass die, die sich ergaben, allenfalls in die Verbannung geschickt würden. In Wahrheit wurden viele die sich ergaben in Kolonnen abgeführt und an Flüssen bzw. Schluchten niedergemetzelt. Nur wenige wurden in die Verbannung geschickt. Die Türken plünderten und vergewaltigen auch. Die Zivilisten wurden nicht verschont, indem sie ihre Habseligkeiten an die Soldaten überreichten, in der Hoffnung verschont zu bleiben. Die Türken brannten nicht nur Dörfer nieder, sondern setzen auch Wälder in Brand, die in der trockenen Jahreszeit schnell zu Flächenbränden ausarteten. Den geflüchteten

[720] M. Kalman, Dersim Direnişleri, S. 360.

[721] M. Kalman, Dersim Direnişleri, S. 360.

und in den Wäldern Schutz suchenden Dersimern wurde das Leben zur Hölle gemacht[722].
Die Türken brannten ein Dorf nach dem anderen nieder. Ein Rapport über die Opferzahlen vom 29. Juni ist erwähnenswert. Demnach beziffern die Türken ihre Opfer mit 33 Toten und 60 Verletzten. Die „Banditen“ hätten 163 Tote zu verzeichnen und 866 Personen hätten sich ergeben. Die Zahl der niedergebrannten Dörfer wird mit 60 angegeben[723]. Wie war diese Zahlen sind, ist schwer zu überprüfen. Eventuell lag die Dunkelziffer der getöteten Dersimer viel höher.

Mitte Juli 1938 konnte in Dersim nicht mehr von offenem Widerstand gegen die militärische Übermacht der Türken gesprochen werden. Vielmehr „verkrochen“ sich die bewaffneten und unbewaffneten Dersimer in Höhlen bzw. Wälder. Der Staat hatte nun leichtes Spiel. Die Dersimer saßen nun erst recht in der Falle. Entkommen war nun nicht mehr möglich. Wer sich in der Höhle mit Kind und Kegel verschanzt hatte, wurde nun an Ort und Stelle getötet[724].
Die Widerstandnester existierten zu dieser Zeit kaum noch. Nur der *Haydaran* Stamm wehrte sich noch mit den bescheidenen Waffen, die ihm zur Verfügung standen. Doch am 30. Juli 1938 starteten die Türken eine Offensive und drängten die *Haydaraner* an den Abgrund. Sie wurden in die Zange genommen und mit ihrem Vieh niedergemacht. Am 3. August übergab das Generalgouvernement die militärische Befehlshoheit der 3. Armee. Fortan führte sie die Massaker

---

[722] M. Kalman, Dersim Direnişleri, S. 360. Kalman schreibt hier, dass die Soldaten bei Raub, Mord und Vergewaltigung keine rechtlichen Konsequenzen zu befürchten hatten. Ihnen wurde sogar eine Straffreiheit garantiert. Beweise führt er nicht an.
[723] M. Kalman, Dersim Direnişleri, S. 364.
[724] M. Kalman, Dersim Direnişleri, S. 364 f.

und Verbrechen gegen die Menschlichkeit durch. Die Übergabe wurde offiziell als Militärmanöver in *Elazığ* getarnt, um nach außen nicht den Verdacht entstehen zu lassen, dass Dersim ein militärisches Problem größeren Ausmaßes sei. Die 3. Armee startete am 15. August eine Operation und durchkämmte mit 43 Brigaden und 6 Reitereinheiten ein etwa 20 Quadratkilometer großes Areal um den *Koê Jêle*. Der Plan der 3. Armee wurde offiziell vom türkischen Generalstab genehmigt. Die Operationen sollten bis zur Siegesfeier der Türken im Befreiungskrieg am 30. August[725] abgeschlossen sein[726].

Am 6. August 1938 beschlossen die Türken in einer Kabinettssitzung fünf bis sieben Tausend Dersimer in den Westen zu deportieren. Darunter die gesamte geistige Elite – falls sie überleben sollte. Denn wer sich weigerte in den Westen deportiert zu werden, wurde an Ort und Stelle getötet. Die entvölkerten Dörfer wurden zu verbotenen Zonen erklärt. Niemand durfte sich dort aufhalten. So entstanden in Dersim Geisterdörfer. Es gab einzelne, versprengte Dersimer-Kämpfer, die überlebten und erst 1942 die Waffen niederstreckten. Dies war der Grund, warum es 1939 noch Massaker in Dersim gab. Die Türken berichteten am 01. August 1938, dass bisher 13 Offiziere und 104 Gefreite getötet, sowie 162 Gefreite verletzt wurden[727]. Die geringe Opferzahl offenbart, dass es sich in Dersim um keinen Aufstand handelte. Wie sonst sind die geringen türkischen Verluste zu erklären?

---

725 tr. = *„30 Ağustos Zafer Bayramı"*.

726 M. Kalman, Dersim Direnişleri, S. 367 ff.

727 M. Kalman, Dersim Direnişleri, S. 374. Hier widersprechen sich die Opferzahlen erneut.

Auch aus britischen Quellen lässt sich nicht erkennen, dass die Türken größere Verluste an Mensch und Material hinnehmen mussten. So kabelte die britische Botschaft zwar am 22. Mai 1937, dass „die 1.500 kämpfenden Kurden den Türken ernsthafte Verluste zufügten und die Körper gefangen genommener türkischer Offiziere grausam verstümmelten. Allerdings sind die Verluste der Türken eher gering. So verloren sie ein Kampfflugzeug, einen Offizier und 12 Reservisten[728]". Aber bereits einen Tag später mussten die Briten zurückrudern. Nun hieß es, dass „die Datenbasis kärglich und eine detaillierte Information nicht möglich ist". Dies sei darauf zurück zu führen, dass die türkische Presse bis auf eine Ausnahme schweige[729].
Bis zum 30. August schreibt die Geschichte Kämpfe, Tod, Mord, Leid und Tränen. Danach verstummte Dersim. Dersim war von nun an nie mehr das, was es mal war: Die quasi autonome Hauptstadt der Aleviten mit eigener Kultur und Sprachen.
Die Türken führten aber auch nach dem 30. August ihre Suchaktionen fort und gingen weiterhin brutal vor. Die Aktionen hielten bis zum Oktober 1938 an. Viele Alte, Frauen und Kinder fielen den Massakern zum Opfer. Die Türken betrieben eine Politik der verbrannten Erde, damit sich keiner in sein Dorf retten konnte. Obwohl das Morden in Dersim weiterging, verkündete der neue türkische Ministerpräsident *Celal Bayar* zur Parlamentseröffnung am 2. Oktober 1938 triumphierend, dass das Banditentum in Dersim endgültig der Vergangenheit angehöre[730].

---

728 Siehe S. Ceviz, Kurdische Bevölkerungsgeographie, Anhang.
729 Vgl. S. Ceviz, Kurdische Bevölkerungsgeographie, Anhang.
730 M. Kalman, Dersim Direnişleri, S. 387 ff.

So titelten auch viele türkische Printmedien triumphierend: „Dersim nach 108 erfolglosen Militärexpeditionen“[731]. An dieser Schlagzeile sah man sehr schön, was eigentlich einer der Hintergründe der Militäroperation gegen die Dersimer war. Die junge türkische Republik musste schnell einen Erfolg vorweisen. Während die Osmanen 108 Mal erfolglos blieben, schaffte es die junge Republik mit einem Schlag das Problem zu lösen. Somit war die junge Republik besser als das morsche Osmanische Reich.

## 5.5. Vertreibungen und forcierte Türkisierung

Nachdem Dersim 1938 okkupiert wurde, übernahm das Militär die Verwaltung. Die Verwaltung arbeitete nur auf ein Ziel hinaus: die Assimilierung der Dersimer. Alle anderen Ziele wurden diesem Vorhaben untergeordnet. Mittel zum Zweck war die Schule. In ganz Dersim wurden Schulen gebaut, um die Kinder in türkischer Sprache auszubilden und sie von ihren eigentlichen Wurzeln zu entfremden. Der Bruch mit der Vergangenheit erfolgte auch über die Türkisierung der über Jahrhunderte gebräuchlichen Dorfnamen. So sollte die Geschichte Dersims im Sinne der Eroberer umgeschrieben und ihre Einwohner ihrer Geschichte beraubt werden[732].
Ab 1938 war das Schicksal von Vertreibungen und der erzwungenen Türkisierung geprägt. Schon vor 1938 gab es Vertreibungen und Deportationen von Dersimern. Die Dersimer wurden bis auf den Balkan deportiert. Neu an den Deportationen 1938 war, dass noch nie eine so große Zahl an Dersimern in Viehwagons durch Anatolien gen Westen de-

[731] Zeitung TAN vom 11. August 1937; aus Akgül, Amerikan ve Ingiliz Raporları Işığında Dersim, S. 150.
[732] K. Aktaş, Ethnizität und Nationalismus, S. 89.

portiert wurde. Insbesondere sollte die überlebende Elite Dersims, also die Stammesoberen und die *Pirs* in die Verbannung geschickt werden. Die hierfür nötigen Gesetze wurden schon vor 1938 brav abgenickt. Die Deportierten durften oft nichts mitnehmen. Nur wenige Soldaten erlaubten die Mitnahme von Vieh[733]. Die in den Westen deportierten sollten in türkischen Dörfern angesiedelt werden und nirgendswo mehr als 10-Prozent der Bevölkerung stellen[734]. Manche hatten Glück und wurden als Familien zusammen deportiert. Wer nochmals Glück hatte, bekam in der „neuen Heimat“ ein fruchtbares Stück Land. Wer Pech hatte wurde als Kind ohne Verwandte deportiert und landete ohne Türkischkenntnisse und unter dem Schmerz des Erlebten im Westen. Ihnen drohte als „Banditenkind“ Prügel durch Adoptiveltern oder ein lausiges Leben in einem Waisenheim oder ein Leben als billige Arbeitskraft. In beiden Fällen wurden sie zu braven sunnitischen Türken umerzogen. Mit 1938 hatten diese Kinder nicht nur den bestialischen Tod ihrer Eltern zu beklagen, sondern auch ihr junges Leben durch einen Schicksalsschlag verloren[735].

Doch was ging eigentlich der Deportation voraus? Die Türken beschlossen ein Zwangsniederlassungsgesetz. Ziel dieses Gesetzes war die türkische Kultur und Population zu mehren. Hierfür wurden 3 Regionen ausgewählt, in denen das Türkentum gefestigt werden sollte.

Die erste Region war die Ost-Türkei. Hier sollten vermehrt ethnische Türken angesiedelt werden. Zudem sollten Gebiete dieser Region, in denen Minderheiten mit ethnischen Türken zusammenlebten zu einem Schmelztiegel verwandelt

[733] H. Aygün, Dersim 1938, S. 119.

[734] H. Aygün, Dersim 1938, S. 85.

[735] Vgl. M. Kalman, Dersim Direnişleri, S. 392; C. Demir, Dersim, S. 192 ff.

werden, um die Minderheiten im Türkentum aufgehen zu lassen. Die zweite Region war die West-Türkei. Die dritte Region betraf all die Gegenden, in denen aufgrund des Ortes, der Gesundheit, der Wirtschaftlichkeit, der Kultur, der Politik, des Wehrdienstes und der Sicherheit wegen entvölkert werden sollten. Zu diesen Gegenden gehörten neben *Ağrı*, *Bitlis*, *Bingöl*, *Diyarbakır*, *Muş*, *Sason* und *Zilan*, auch Dersim. Menschen dieser Gegenden, also fast ausschließlich Menschen, deren Muttersprache nicht türkisch war, sollten in den Westen deportiert werden. Dort sollten sie türkisch erlernen und ihre Muttersprache verlernen. Mit anderen Worten assimiliert werden[736].

Um all dies verwirklichen zu können, erließen die Türken am 14. Juni 1934 das Zwangsniederlassungsgesetz[737], dass 1935 reformiert und einen noch schärferen Ton erhielt als die Urversion. Das Gesetz lobte der damalige Innenminister der Türkei *Şükrü Kaya* in einer Parlamentsrede mit den Worten: „Dieses Gesetz wird eine Heimat formen, die eine Sprache, einen Gedanken und ein Gefühl artikuliert“[738].

Die ersten Opfer dieses Gesetzes wurden die wenigen Überlebenden des Völkermordes an den Armeniern in Anatolien. Diese wurden nach Istanbul zwangsumgesiedelt. Dann traf es die Juden von Thrazien. Sie waren zwar zahlenmäßig gering, aber wirtschaftlich durchaus bedeutend. Am 24. Juni 1934 kam es zu Pogromen an der jüdischen Bevölkerung in Thrazien. Die Staatsmacht schaute nur zu und ermutigte die marodierenden Banden. Als sie interve-

---

[736] Vgl. M. Kalman, Dersim Direnişleri, S. 423 ff.

[737] tr: *„Mecburi Iskan Kanunu“: http://www.scribd.com/doc/27633198/14/%C4%B0skan-Kanunu-ve-1934-Trakya-olaylar%C4%B1yla-Yahudilerin-Surulmesi (3).*

[738] http://www.scribd.com/doc/27633198/14/%C4%B0skan-Kanunu-ve-1934-Trakya-olaylar%C4%B1yla-Yahudilerin-Surulmesi (3).

nierte, waren schon 10.000 der vormals 13.000 Juden aus Thrazien nach Istanbul geflüchtet. Über Nacht war das jüdische Leben erloschen[739].

Dersim und Kurdistan waren dann die letzten Opfer des Zwangsniederlassungsgesetzes, da Artikel 11 des Gesetzes vorsah, dass mit allen, deren Muttersprache nicht türkisch war, ähnlich verfahren werden sollte. Also Ansiedlung in Gebieten, die mehrheitlich von ethnischen Türken bewohnt wurden[740]. Einer der entschiedensten Befürworter des Zwangsniederlassungsgesetzes war ein türkischer Parlamentarier aus *Kütahya*, der sich seit langem mit Dersim beschäftigte und die Region Dersim als eingebetteter Journalist besucht hatte: *Naşit Hakkı Uluğ*. Aus der völkischen Sicht *Uluğs* war das Gesetz das Beste um das Türkentum zu verteidigen und die türkischen Werte zu etablieren. Dies formulierte er dann im Parlament auch so[741].

Dieses Gesetz war die Rechtsgrundlage für die Deportation der Überlebenden in den Westen. Wer mit seiner Familie im Westen angesiedelt wurde, musste den Hohn und Spott seiner türkischen Nachbarn ertragen. Eine der seltsamsten Geschichten in diesem Zusammenhang ist die Verleumdung der türkischen Nachbarn, dass die Kurden Schwänze wie Affen oder Hunde hätten. Allen Ernstes schauten dann die Türken auf das Hinterteil der Kurden/Zazas, in der Hoffnung einen Schwanz zu sehen[742].

---

739 http://www.scribd.com/doc/27633198/14/%C4%B0skan-Kanunu-ve-1934-Trakya-olaylar%C4%B1yla-Yahudilerin-Surulmesi (3). Als der Staat nach 10 Tagen (!) von den Pogromen hörte, wollte er Wiedergutmachung anbieten. Allerdings war dies bereits zu spät.

740 http://ejts.revues.org/2123#tocto1n3 (8).

741 C. Demir, Dersim, S. 193 f.

742 Vgl. die Schilderung bei S. Avar, Dağ Çiçeklerim, S. 289.

Wie erst jüngst bekannt wurde, wurden die zwangsumgesiedelten Dersimer mit Ausweisen versehen, die speziell für sie ausgestellt wurden. Der Ausweis erhielt den Zusatz „Vorgesehen für die Einwohner der Provinz Tunceli". So sollte eine Kenntlichmachung oder Stigmatisierung seitens der Behörden vereinfacht werden[743]. Denn auch in der Verbannung galten die Dersimer noch als potentielle Störenfriede.
Nicht nur die alltäglichen Demütigungen waren unerträglich, sondern auch der Schmerz, den man durch die Trennung von Familie und Heimat erdulden musste. Familien wurden entzweit. Bis heute suchen Dersimer nach Verwandten in der ganzen Türkei. Kinder wuchsen im Exil mit den Geschichten der alten und schönen Heimat auf. Eine Anekdote ist die vom *„Hêniyê Bınê Gozu"*[744]. Ein verbannter Dersimer erzählte tagtäglich seinem Sohn von den Vorzügen des Wassers vom *Hêniyê Binê Gozu* in seiner Heimat. So wuchs der Bursche nichtsahnend aber idealistisch über die Vorzüge des Wassers vom *Hêniyê Bınê Gozu* auf. Als eines Tages die Vertriebenen zurückkehren durften, stürzte sich der Vater in eine Pfütze, um aus dieser Wasser zu trinken. Der Bube zog den Vater am Arm hoch und sagte erbost: „Nein, Papa! Nicht hier! Lass uns Deinen Durst bitte am *Hêniyê Binê Gozu* löschen! Du hast all die Jahre durchgehalten und machst kurz vor dem Ziel schlapp?". Der Vater antwortete etwas verschämt: „Dies ist der *„Hêniyê Bınê Gozu"*. Diese Anekdote veranschaulicht sehr schön, wie wertvoll immaterielle Sachen für die Dersimer jener Zeit waren.
10 Jahre lang wuchsen Dersimer Kinder mit solchen Geschichten auf, bis im Jahre 1947 eine Amnestie erlassen

---

[743] http://www.aksam.com.tr/guncel/dersimliler-ozel-kimlikle-izlenmis--127970h/haber-127970 (1).
[744] Za.: „Brunnen unter den Wallnüssen".

wurde und die Dersimer zurück durften. Die Amnestie fiel auf den Winter 1947[745]. Da Dersim auf einem Hochplateau liegt, ist der Winter besonders hart und schneereich. Trotz dieser widrigen Umstände zogen viele Dersimer noch im Winter 1947 zurück. Die Rückkehrer wurden beim Wiederaufbau ihrer zerstörten Dörfer durch den Staat nicht unterstützt. Es ist anzunehmen, dass der Staat insgeheim hoffte, dass die Dersimer nicht zurückkehren werden[746].

Bei der Rückkehr beobachtete die Missionarin *Sıdıka Avar* Szenen, die sie zutiefst berührten. So hätten sich die Menschen, die in Scharen auf LKW-Ladeflächen standen, beim Betreten des Heimatbodens hingeworfen und den matschigen Boden geküsst und sich das Gesicht damit eingerieben[747]. Aber es kehrten nicht alle zurück. Einige blieben im Westen und sorgten dafür, dass das Zwangsniederlassungsgesetz Früchte trug. Denn die gebliebenen assimilierten sich und wurden zu guten Türken und zu teilweise noch besseren Sunniten.

Doch wer zurückkehrte entging nicht automatisch der Assimilation. Die Rückkehrer fanden ihre alte Heimat in einem türkisierten Zustand wieder. Die Türken hatten Fuß gefasst und Schulen errichtet. In den Schulen wurde ausschließlich auf Türkisch unterrichtet. Der Gebrauch der Muttersprache war strengstens verboten. Die alten Werte zählten nicht mehr. Unter den Schullehrern befanden sich sehr viele eifrige Missionare für die türkische Sache. Unter ihnen war auch die Idealistin *Sıdıka Avar*, die ihre Erinnerungen an diese

---

745 M. Kalman, Dersim Direnişleri, S. 452. In anderen Quellen wird das Jahr 1948 angegeben.

746 H. Aygün, Dersim 1938, S. 127.

747 S. Avar, Dağ Çiçeklerim, S. 282 f. Frau Avar weiß nicht, dass es sich hierbei um einen Ritus der alevitischen Konfession handelt. Vgl. die Ausführungen zum Pilgerort *Düzgün Baba*, wo Pilger ihr Gesicht an den Steinen reiben.

Zeit in ihrem Buch *„Dağ Çiçeklerim“*[748] zusammenfasste. *Sıdıka Avar* war ab 1942 damit beauftragt, so viele Mädchen wie möglich aus Dersim, *Bingöl* und *Elazığ* zu rekrutieren und am Mädcheninternat in *Elazığ* zu „erziehen“. Diese Zielgruppe wurde bewusst ausgesucht, da Erziehung ausschließlich Frauensache war. Eine türkisierte Mutter würde ihr Kind in türkischer Sprache erziehen und dadurch die Assimilationsanstrengungen der Türken erfolgreich abschließen. Für diesen Zweck klapperte sie auf Maultierrücken, Lastwagen und manchmal zu Fuß die besagte Region ab und überzeugte – vor allem in Dersim – die Eltern der Kinder. Sie betrieb ihre Mission bis 1954[749]. Neben einigen melancholisch-romantisierenden Berichten in ihrem Buch, finden sich auch schockierende Berichte wieder. So erzählt sie von traumatisierten Kindern, die nachts Albträume hatten. Sie konnten nicht durchschlafen, weil sie als kleine Kinder mit ansehen mussten, wie nahe Angehörige vor ihren Augen ermordet wurden[750]. Oder manchmal als einzige eine Exekution überlebten und anschließend aus einem Leichenberg herauskletterten. *Sıdıka Avar* sah in diesen traumatisierten Knirpsen erst dann ein menschliches Antlitz, wenn sie anfingen türkisch zu sprechen[751]. Zuvor waren sie in ihren Augen nur Wilde. Denn *Atatürk* gab die Losung aus: „Durch die Mutter erhält türkisch und Bildung Einzug ins Haus“[752]. Sie überzieht *Abdullah Alpdoğan*, den Schlächter von Dersim

---

[748] Türkisch für: Meine Bergblumen.

[749] *Sıdıka Avar* kam bereits 1939 nach Elazığ, kehrte aber kurze Zeit später nach Istanbul zurück. Dann kam sie 1942 zurück und blieb bis 1954. 1955 kehrte sie erneut nach Elazığ zurück und verlies es endgültig 1959. Die wichtigste und erfolgreichste Periode war die von 1942 bis 1954.

[750] S. Avar, Dağ Çiçeklerim, S. 31.

[751] S. Avar, Dağ Çiceklerim, S. 17.

[752] S. Avar, Dağ Çiçeklerim, S. 46 und S. 64.

mit Lobhudeleien[753]. Sie gibt auch einen Einblick, wie militaristisch die Erziehung in der Türkei in jenen Tagen war. Als sie einmal vor Erstklässlern stand, grüßte sie mit „Guten Morgen!". Doch die Erstklässler antworteten wie beim türkischen Militär mit: „Danke!". Später fand *Sıdıka Avar* heraus, dass diese Grußform auf expliziten Wunsch von *Abdullah Alpdoğan* eingeführt wurde[754]. Wohlgemerkt! Hier geht es um ein Mädcheninternat und keine Militärakademie.

Das Mädcheninternat hatte nicht unerheblichen Erfolg in Sachen Türkisierung und den damit einhergehenden Verlust der Muttersprache. Ältere Jahrgänge des Internats weigerten sich Erstklässlern Fragen zu beantworten, die nicht auf Türkisch gestellt wurden. Ironie der Geschichte: Selbst *Sıdıka Avar* wurde Opfer ihrer eigenen Sprachpolitik. Immer wenn ein Dolmetscher gebraucht wurde, zogen die Mädchen den Kopf aus der Schlinge, indem sie sagten, dass sie weder Kurdisch, noch Zazaki sprachen. Die Sprachpolitik sorgte dafür, dass die Mädchen sich für ihre Muttersprache schämten[755]. Diese Sprachpolitik führte dazu, dass die Sprachen Dersims akut vom Aussterben bedroht sind.

Doch zurück zu den Deportierten. Diese fassten in der neuen „Heimat" langsam Fuß. Manche fanden Arbeit und fruchtbare Böden, die ein durchschnittliches Leben ermöglichten. Ihre Kinder gingen in Schulen und nutzen im Alltag nur noch türkisch. Die Werte aus der verlorenen Heimat waren schon längst Geschichte. Doch auch die gebliebenen

---

[753] S. Avar, Dağ Çiçeklerim, S. 32.

[754] S. Avar, Dağ Çiçeklerim, S. 35.

[755] S. Avar, Dağ Çiçeklerim, S. 100. Laut *„Dağ Çiçeklerim"* ist *Sıdıka Avar* positiv anzurechnen, dass sie vehement gegen körperliche Züchtigung war. Immer wenn sie prügelnde Erzieher antraf, beendete sie das Prügel-Ritual. Dahinter steckte Kalkükl. Sie wollte die Knirpse durch Liebe zum Türkentum erziehen. Dies gibt sie auch offen zu.

sahen in der neuen Ordnung die Möglichkeit, Arbeit in weit entfernten Gebieten, abseits von Dersim, zu suchen. Viele machten sich nicht nur auf nach Istanbul, sondern auch nach Europa. Dersim verlor seine Menschen und mit ihnen ihre Sprachen und Kultur. Die Emigration in die West-Türkei verursachte auch eine Selbstleugnung der Identität. Viele zogen es vor, sich aus *Elazığ* oder *Erzincan* auszugeben, anstatt *Tunceli*. Dersim war verpönt, weil es mit Banditentum und Tribalismus gleichgesetzt wurde.

Dass das alte Dersim bereits 1948 nicht mehr bestand, stellte auch der türkische Journalist *Osman Mete* fest. In einer Reportage für die Zeitung *„Son Posta"* schrieb er etwas bestürzt: „Während meiner Reise von *Kalan* bis zum *Ararat*, habe ich mich mit den Dörflern unterhalten. Diese haben vom Staat außer Steuereintreibern und Gendarmen nichts gesehen. Ich habe die Dörfer besucht um Zeugnisse vergangener Tage zu sehen. Enttäuscht musste ich feststellen, dass es aus dieser Zeit keine Zeugnisse mehr gibt". Sodann stellte er fest, dass in Dersim nichts an ein modernes Leben in der türkischen Republik erinnerte. Keine bedeutende Wirtschaft, nichts! Die Menschen würden immer noch von ihren Ziegenherden leben. Eigentlich sollte doch die Militäroperation von 1938 gerade das rückständige Dersim aus der Steinzeit in die Moderne katapultieren. Doch auch nach der Türkisierung änderte sich nichts. Die einzige Änderung war, dass die ursprüngliche Kultur verschwunden war[756].

Nach der Militäroperation von 1938 wurden in Dersim alle nicht-türkischen Sprachen in ihrer Nutzung zurückgedrängt und dienten immer weniger als Verkehrssprache[757]. Nach *Gülsün Fırat* hat das damit zu tun, dass die Eltern, die selber

---

[756] M. Kalman, Dersim Direnişleri, S. 453.
[757] G. Fırat, Herkesin Bildiği Sır, S.147.

kein türkisch sprachen, ihre Kinder dazu ermutigten türkisch zu lernen, um ihnen Probleme im Alltag zu ersparen. Durch die türkische Sprache konnten die Kinder einen guten Posten in der türkischen Gesellschaft ergattern und damit auch den Aufstieg der Eltern ermöglichen. Dadurch unterstützten die Eltern die Assimilierungspolitik des Staates und sorgten dafür, dass die jüngeren kein Zazaki mehr lernten[758].

Doch in den folgenden Jahrzehnten - insbesondere ab 1960 - kam eine Form der Auto-Assimilation ans Tageslicht. Wie im Rest der Welt, drangen linke, sozialistische Ideen nach Dersim durch. Die Jungen Menschen, die fließend türkisch Sprachen, diskutierten marxistische Ideen in neugegründeten Zirkeln. Sie implementierten diesen Gedanken in Dersim. Fortan wurde auch die eigene Sprache und Kultur als feudalistisch angesehen und als anti-marxistisch deklariert. Die eigene Identität war nun verpönt. Die Dörfler wurden dazu aufgerufen, nicht mehr die eigene Muttersprache, also die Sprache der Feudalherren zu sprechen, sondern die Sprache ihrer türkischen Proletariatsbrüder. Der Status des Kurdischen oder Zazaki nahm rapide ab. Fortan galten diese Sprachen nur noch als die Sprachen der ungebildeten Frauen. Wer was auf sich zählte, sprach türkisch und wie die Mädchen in *Sıdıka Avars* Internat, schämten sich diese Linken, dass sie eine Muttersprache namens Kurdisch oder Zazaki hatten[759]. Neben der Vernichtung des klassischen Dersim durch türkische Truppen, hatten diese Revoluzzer den kulturellen Zerfall Dersims beschleunigt.

---

758 Vgl. G. Fırat, Herkesin Bildiği Sır, S.148.

759 Vgl. K. Aktaş, Ethnizität und Nationalismus, S. 89.

## 5.6. 1938: Nachlese und Diskussion in der Gegenwart

Nachdem die Verbrechen gegen die Dersimer lange Zeit tabuisiert und allenfalls in einigen Fachzeitschriften diskutiert wurden, brach am 23. November 2011 der türkische Ministerpräsident *Recep Tayyip Erdoğan* eine Lanze. In einer Rede vor der AKP-Fraktion im türkischen Parlament, las Erdoğan ein offizielles Regierungsdokument vom 8. August 1939 vor. Darin wird die Zahl der getöteten Dersimer mit 13.806 wiedergegeben und die der Deportierten mit 11.683. *Erdoğan* sagte bezogen auf die Massaker, dass es sich hierbei um eines der schwärzesten Kapitel der Türkischen Republik handelt. Falls man eine Entschuldigung wünsche, so sei er bereit sich zu entschuldigen[760]. Trotz der Angaben über die Opferzahlen durch die Türken, ist nicht bekannt, wie viele Menschen tatsächlich dem Gemetzel zum Opfer fielen[761].
*Uluğ* schreibt in seiner 1925 erschienen Schrift, dass Dersims geographische Grenze etwa 5.800 Quadratkilometer umfasst[762]. Die Einwohnerdichte wäre mit der von *Gümüşhane* gleichauf: 11 Einwohner pro Quadratkilometer. Dersim sei etwas bevölkerter als *Konya* oder *Erzurum*[763]. Wenn man die Quadratkilometer mit der Einwohnerdichte multipliziert, so ergibt sich eine Gesamtbevölkerungszahl für das Jahr

---

[760] http://www.radikal.com.tr/politika/dersim_icin_ozur_diliyorum-1070478 (12). Bei dem Dokument handelt es sich um einen Bericht der Gendarmerie an die Ministerpräsidentenkanzlei, in dem die Zahl der Toten, Überlebenden und Gefangenen aufgelistet wird. Demnach wurden im Zeitraum 1936-1938 in Dersim 13.806 Menschen getötet. Der Bericht wurde vom damaligen Innenminister *Faik Öztrak* unterschrieben. Des Weiteren enthält der Bericht die Zahl der Zwangsdeportierten. Sie wird mit 11.683 angegeben.

[761] M. Yıldız, Dersim'in Etno-Kültürel Kimliği, S. 201.

[762] N. H. Uluğ, Derebeyi ve Dersim, S. 20.

[763] N. H. Uluğ, Derebeyi ve Dersim, S. 21; Vgl. auch für Konya: http://konyakutuphanesi.gov.tr/konya/39-konya-nufusu.html (15).

1925 von 63.800 Personen. Uluğ gibt die Einwohnerzahl von Dersim im Jahre 1925 mit 65.000 Personen an. Wenn man *Çemişgezek*, *Pertek* und *Mazgirt* abzieht, da sie von den Massakern 1938 nicht betroffen waren und diese die bevölkerungsreichsten Siedlungen in Dersim darstellten, so liegt man laut *Uluğ* bei 47.000 Personen, die Opfer der Militäraktion wurden[764]. In dieser Summe *Uluğs* ist das Bevölkerungswachstum bis 1937 nicht mit einberechnet. Wenn Man ein Wachstum von 2% in zehn Jahren annimmt, so kommt man bezüglich der Opfer von 1937 – 1938 auf eine Zahl von 48.000 Personen. Wenn man sich die offizielle, staatlich ermittelte Zahl der Toten (13.806 Personen) und Deportierten (11.683 Personen) vergegenwärtigt, dann sind durch die Militäraktion in Dersim von 1937 – 1938, ca. 29% der Einwohner getötet – also fast jeder Dritte – und ca. 25% deportiert worden (fast jeder Vierte). Also wurden mehr als 50% der Bevölkerung getötet oder vertrieben. Man darf nicht vergessen, dass die Dunkelziffer höher sein könnte. Nach einer Schätzung, die von einer wesentlich höheren Einwohnerzahl ausgeht (200.000 Personen), sollen 65.000 Personen getötet und 100.000 Personen deportiert worden sein[765].

Angesichts der offiziellen Zahlen lässt sich aber kaum leugnen, dass es in Dersim einen Genozid gab, der die Auslöschung der Kultur- und Sprachträger zur Folge hatte. Die Vorgänge fallen somit mit Leichtigkeit unter „Die Konvention über die Verhütung und Bestrafung des Völkermordes", die durch die Generalversammlung der Vereinten Nationen als Resolution 260 A (III) am 9. Dezember 1948 beschlossen wurde. Sie trat am 12. Januar 1951 in Kraft[766]. Die Türkei

[764] N. H. Uluğ, Derebeyi ve Dersim, S. 22.
[765] Vgl. H. Çağlayan, Die Schwäche der türkischen Arbeiterbewegung, S. 248.
[766] http://www.hrweb.org/legal/genocide.html (17).

hat die Konvention bereits in den 50er Jahren des 20. Jahrhunderts unterzeichnet. Allerdings trat das Gesetz erst am 1. Juni 2005 in Kraft[767].

Was auch immer der Grund für eine Entschuldigung *Erdoğans* gewesen war, er war ein mutiger Schritt. Zwar steckte definitiv machtpolitisches Kalkül hinter der Entschuldigung *Erdoğans*. Denn zu jener Zeit war Vorsitzender der CHP *Kemal Kılıçdaroğlu*, ein Dersimer, der selber Angehörige im Dersim Massaker verlor. Von diesem verlangte nun Erdoğan eine Entschuldigung für die von der CHP begangenen Verbrechen in Dersim. Im Grunde verlangte *Erdoğan* von den Nachfahren der Opfer eine Entschuldigung. *Kemal Kılıçdaroğlu* lehnte unter dem Hinweis ab, dass die Ereignisse von 1938 nichts Besonderes seien, für die man sich entschuldigen müsse. Nach allem Anschein wollte *Kılıçdaroğlu* seine nationalistischen Wähler nicht verärgern.

*Erdoğan* gelang ein Tabubruch und die Verbrechen in Dersim in den Jahren 1937-1938 schafften es bis in die Mainstream-Medien der Türkei. Doch der Mann, der das Tabu gebrochen hatte war der Dersimer CHP Parlamentsabgeordnete *Hüseyin Aygün*. Fortan schrieben Medien in der Türkei über die Ereignisse in Dersim. Durch diesen Umstand gelangte die Diskussion in den Medien in die öffentliche Wahrnehmung. Mit einem Schlag wurde über Nacht ein Tabu gebrochen. Es werden immer mehr Dokumente zu diesem Thema veröffentlicht. Dennoch befinden sich viele Dokumente unter Verschluss.

Herr Erdoğan reduzierte die Verbrechen in Dersim auf eine Machenschaft der Republik, sprich CHP. Ihm dürfte es primär um die Delegitimierung der laizistischen Republik und

---

767 http://taayayinlari.gov.tr/upload/makale/taad1/7.pdf (19).

ihres Gründungsvaters *Atatürk* gegangen sein. Dass die Massaker von 1938 tatsächlich eine Fortführung der Politik der Osmanen war, erwähnt Herr Erdoğan nicht. Ziel war es wie damals zur Osmanen-Zeit, das alevitische Dersim endgültig zu vernichten. In dieser Hinsicht bestand Kontinuität bezüglich der Politik der Osmanen und der Republikaner. Diese Gründe erwähnte Herr Erdoğan nicht.

Nach der Rede *Erdoğans* wurde Anfang 2012 die Geheimhaltung für einige Akten über Dersim aufgehoben. Es kamen brisante Details über den Feldzug zum Vorschein. Demnach sollte der Feldzug am 1. März 1932 beginnen. Der damalige Generalstabschef *Fevzi Çakmak* beantragte ein Budget aus dem Haushalt, um die Kosten der Operation zu decken. Doch im April 1932 wurde sein Antrag abgelehnt. Die junge Türkische Republik hatte nicht die Geldmittel um den Feldzug zu finanzieren[768].

Die türkische Seite sieht in den Dersim-Ereignissen in der Regel eine von Franzosen und Briten organisierte Spaltungsaktion, um die damals noch junge türkische Republik ins Chaos zu stürzen. Dabei sollen die Briten den in Istanbul ansässigen *„Kürdistan Teali Cemiyeti" (= Fördervereinigung Kurdistans)* als Instrument schon vor dem Aufstand eingesetzt haben. Die Franzosen hätten ihre Zentrale im damaligen französischen Mandatsgebiet Syrien gehabt. Zunehmend sei Dersim zum Hotspot für separatistische Aktivitäten geworden[769].

Was die Verwicklung bzw. Anstiftung durch fremde Mächte anbelangt, weisen britische Quellen jegliche Verantwortung von sich. Nach britischen Quellen wurden die Briten wohl gar nicht der Anstiftung verdächtigt. Vielmehr sahen die Tür-

---

[768] Vgl. M. Yıldız, Dersim'in Etno-Kültürel Kimliği, S. 47 f.

[769] Akgül, Amerikan ve Ingiliz Raporları Işığında Dersim, S. 49.

ken in der „Dersim-Revolte“ das Machwerk der Franzosen. Doch diese Annahme schlossen die Briten aus. Vielmehr sahen sie in den Ereignissen ein taktisches Moment. Die Kurden hätten die Gunst der Stunde genutzt um zuzuschlagen, während die Türken mit den Franzosen stritten[770]. Nach Lesart der Briten wurden die Dersimer nicht von außen angestachelt, sondern nutzten den Überraschungseffekt.
Die türkische Ansicht hat einen Schwachpunkt: wenn Dersim in der Tat ein Hotspot für Unruhen war, warum haben die Dersimer bei den anderen Aufständen gegen die Türken vor 1938 nicht mitgemacht? Wieso sollten fremde Mächte wie Großbritannien und Frankreich ein Interesse an Dersim gehabt haben, um die Türkei zu zerschlagen? Hätten sie solch ein Interesse gehabt, so hätten sie schon kurz nach dem I. Weltkrieg die Gunst der Stunde genutzt und die Türkei zerschlagen. Dies wäre auf jeden Fall einfacher gewesen. Stattdessen haben sie die Türken sogar unterstützt, indem sie Waffen lieferten und die Türkei vor dem Untergang bewahrten. Wieso sollte sich diese Meinung fast 20 Jahre später geändert haben, wo mit Nazi-Deutschland ein neuer Rivale erwuchs und eine Türkei als Partner notwendig wurde? Diese Ansicht wurde auch von den Amerikanern geteilt, die zu jener Zeit im Nahen Osten neutral waren. 1937 kabelte das amerikanische Konsulat, dass die Vorfälle in Dersim auf keinen Fall auf eine Anstachelung durch ausländische Kräfte zurückzuführen sei[771].
Obwohl selbst der türkische Staat die Massaker in *Dersim* im Jahre 1938 zugibt, gibt es weiterhin türkische Autoren, die das Vorgehen versuchen zu rechtfertigen bzw. Atatürk als unschuldig darzustellen. Einer der noch „moderaten“

---

770 Vgl. S. Ceviz, Kurdische Bevölkerungsgeographie, Anhang.
771 Akgül, Amerikan ve Ingiliz Raporları Işığında Dersim, S. 53.

Rechtfertiger ist *Doğan Doğan*. Auf Seite elf seines Buches *„Dersim Olayı ve Dersim'in Türklüğü Üzerine“*[772] stellt er seine Weltsicht dem Leser vor. Demnach ist er pro-Atatürk und säkular. Nach ihm war der Aufstand der Dersimer gegen die Osmanen progressiv, da sich die Dersimer gegen Ungerechtigkeit erhoben. Dagegen sei der Widerstand gegen die Türkische Republik regressiv, da man mit der Auflehnung den Feudalismus verteidigt habe. Zudem versteht er nicht, warum auf den Ereignissen von 1938 herumgeritten wird: „als ob es unter den Osmanen keine Aleviten-Massaker gegeben hätte“[773].

Neben der öffentlichen Diskussion in der Türkei, sollte man sich als Dersimer die Frage stellen, warum die Vorfahren so agiert haben. Hätte man nicht einfach beigeben und somit das Leben vieler unschuldiger retten können? Haben die wenigen bewaffneten Widerstandskämpfer etwa verantwortungslos gehandelt? Die Dersimer-Elite wusste ganz genau, dass sie militärisch keine Chance gegen die Übermacht der Türken hatte. Warum haben sie dennoch gekämpft und damit den Türken einen Vorwand gegeben? Waren die Ereignisse von Dersim etwa ein Akt der Verzweiflung?

Man könnte das Verhalten der Dersimer wie bereits oben erwähnt mit einer kollektiven Sehnsucht nach Selbstmord[774] erklären, wenn man der offiziellen Sprachregelung vom Aufstand in Dersim folgt. Die Wahrheit dürfte aber zwischen kollektivem Selbstmord und Ausweglosigkeit liegen. Denn einerseits war die Vernichtung Dersims längst beschlossene

---

[772] tr. = Dersim Ereignis und über das Türkentum Dersims.

[773] D. Doğan, Dersim Olayı, S. 11.

[774] So ein Erklärungsversuch des Dersimer Schriftstellers *Haydar Karataş*, der die Ereignisse von 1938 in mehreren Romanen verarbeitet hat.

Sache und andererseits kam die archaische Welt Dersims durch die Moderne unter Zugzwang.
Schon die Osmanen hatten entschieden Anatolien radikal umzukrempeln. Anatolien sollte die Heimat der Sunniten werden. Später gesellte sich noch der türkische Nationalismus hinzu. Während die Osmanen die erste Etappe der Vertreibung der christlichen Armenier, Assyrer und Griechen mit Hilfe ihrer kurdischen Steigbügelhalter erreichten und Anatolien quasi christenfrei machten, reichte ihre Zeit bezüglich der alevitischen Dersimer nicht mehr. Dieses Vorhaben konnte erst mit der Machtergreifung der säkularen und nationalistischen Republikaner erfolgen. Ob zahlreiche Menschen hätten gerettet werden können, wenn die wenigen übriggebliebenen bewaffneten Dersimer ihre Waffen wie die Bewohner *Perteks* oder *Çemişgezeks* niedergestreckt hätten, spielt hier keine Rolle. Die Wahrscheinlichkeit, dass die Türken weniger getötet und deportiert hätten, kann hier ausgeschlossen werden. Die Türken hätten lediglich weniger Widerstand erfahren. Die Assimilationspolitik inklusive der Deportationen wäre ohnehin weitergegangen. Schließlich war dieses Kapitel bereits beschlossene Sache und das, bevor ein Schuss fiel. Die hastig erlassenen Gesetze (Zwangsniederlassungsgesetz, Tunceli-Gesetz) sind ein Spiegel dieser Tatsache.
Die Rolle der Dersimer kann in diesem Zusammenhang als Ausprägung ihres archaischen Denkens gesehen werden. Heldentum und Männlichkeit wurden großgeschrieben. Die Dersimer wussten, dass sie untergehen. Da dachten wohl einige: „Wenn schon, dann wehre ich mich bis in den Tod!“. Der Tod gehörte damals zum Alltag. Die Stämme zogen ihre eigenen Grenzen und kein Angehöriger eines anderen Stammes durfte diese Grenzen tangieren. Wagte sich doch

mal einer, so wurde er getötet. Es herrschte Anarchie pur. Vor Gewaltexzessen war keiner sicher. Auch nicht Frauen und Kinder. Vielleicht lässt sich auch hiermit erklären, warum die Dersimer bereit waren sich zu opfern. Ohnehin hatten die Türken wenig Rücksicht auf Zivilisten genommen.

Doch stimmen die türkischen Anschuldigungen überhaupt? Dersim sei immer ein Unruheherd gewesen. Wie sah es im Rest der Türkei aus? Gab es dort kein Banditentum? Hielten sich dort alle Bürger brav an die Gesetze? *Giles Milton* schreibt in seinem Buch *„Paradise Lost"*, dass Banditen die reiche Küstenstadt *Izmir* unsicher machten und ihren Lebensunterhalt durch Lösegelderpressung bestritten. Ihren Unterschlupf hatten die Banditen in den gesetzlosen Bergen hinter *Izmir*[775]. Wie wir sehen war das „Banditentum" nicht nur in Dersim ein Problem, sondern selbst im damaligen kosmopolitischen Izmir, dass wesentlich näher an der westlichen Zivilisation war als das rückständige Dersim. Daher war Dersim definitiv nicht der einzige Unruheherd, der den Türken Kopfzerbrechen bereitete. Es gab aber einen entscheidenden Unterschied zwischen den Banditen von *Izmir* und Dersim. Die *Izmirer* waren Türken, die Dersimer nicht. Die letztgenannten mussten hierfür einen hohen Preis zahlen. Wesentlich höher als den, den die Banditen um *Izmir* zahlen mussten. Wurden die Banditen um *Izmir* von Regierungssoldaten gefasst, so wurden sie im Stadtzentrum geköpft und ihre Köpfe am Geländer des Gouverneurspalasts in *Izmir* zwecks Abschreckung aufgespießt[776]. Dennoch pflegt der Volksmund in der Türkei zu sagen: *„Efelik, efendi-*

[775] G. Milton, Paradise Lost, S. 41.
[776] G. Milton, Paradise Lost, S. 42.

*liktir!"* (=in etwa: Banditentum ist Heldentum). Während der Dersimer Bandit ein Staatsfeind ist.
In osmanischen Quellen tauchen sehr oft die Bezeichnungen „Banditen", „Räuber" etc. auch für andere Regionen im Osmanischen Reich auf. Das Problem war also definitiv nicht auf Dersim begrenzt, sondern ein Problem der schwachen Zentralgewalt. Türkische Quellen zeigen auch, dass nicht wie in manchen Quellen oft behauptet wird, alle Dersimer-Stämme raubten und plünderten, sondern „nur" 6 von 50[777].
Wie steht es mit der anderen Aussage, dass die Dersimer ihren staatsbürgerlichen Pflichten wie Steuern zahlen und Wehrdienst ableisten nicht nachkamen?
Wer Steuern zahlen soll, muss auch Einnahmen haben. Wer keine Einnahmen hat, der kann auch keine Steuern zahlen. Folglich musste Dersim Einnahmen gehabt haben. Wie bereits oben durch *Antranik* beschrieben, gab es in Dersim fast gar keine funktionierende Wirtschaft. Das Wenige, das erwirtschaftet wurde, reichte oft nicht aus, um den eigenen Bedarf zu decken. Folglich hätten die Dersimer keine Steuern zahlen können – auch wenn sie gewollt hätten[778].
Um überleben zu können sahen sich die Dersimer genötigt, auf Raubzüge zu gehen. Folglich war das Banditentum eine Folge der schweren wirtschaftlichen Not. Dies erkannten bereits osmanische Verantwortliche, die als Ursprung allen Übels die Notlage der Dersimer ausmachten[779]. Einen

---

[777] http://www.radikal.com.tr/yazarlar/ayse_hur/dersim_hakkinda_kuyruklu_yalanlar-1232341 (20).

[778] K. Gündüzkanat, Demokratisierungsprozess in der Türkei, S. 47.

[779] http://www.radikal.com.tr/yazarlar/ayse_hur/dersim_hakkinda_kuyruklu_yalanlar-1232341 (20).

Schritt weiter ging *Kazim Karabekir*, der anmerkte, dass die Dersimer den kargen Ertrag ihrer Parzellen ausglichen, indem sie auf Raubzüge gingen. Dazu sollte man wissen, dass 80% der Fläche Dersims aus unfruchtbarem Bergland besteht. Der Boden warf also wenig ab (Vgl. Moylneux-Seel). Dieses Schicksal teilten sich die Dersimer mit anderen Gebieten in Anatolien. Da die Dersimer nichts Einnahmen und folglich keine Steuern zahlen konnten, flohen sie in die Berge Dersims, um dort vor den Steuereintreibern der Türken in Ruhe gelassen zu werden[780]. Dadurch bildete sich ein Teufelskreis, an dem die Türken eine Teilschuld trugen. Denn durch das ständige Verlangen nach Steuern sahen sich die Dersimer gezwungen, in unwirtliche Gegenden zu fliehen, die wiederum Raubzüge notwendig machten, um zu überleben.

Mahnende Stimmen aus dem türkischen Lager stießen auf taube Ohren. Eine türkische Stimme *(Cemal Bardakcı)* verwies darauf, dass bis auf „drei bis fünf" Stammesfürsten alle Dersimer inklusive den Stammesoberhäuptern in unglaublicher Armut lebten. Um ihr Leben und Eigentum zu verteidigen, würden sie sich gezwungen sehen, sich zu bewaffnen. Damit die Dersimer ihren Lebensunterhalt bestreiten könnten, müssten sie in Brot und Arbeit kommen[781]".

Bleibt zu erwähnen, dass die Aussage der Türken, dass Dersim keine Steuern zahlte und deshalb die Militäroperation gerechtfertigt war, den historischen Tatsachen nicht

---

780 http://www.radikal.com.tr/yazarlar/ayse_hur/dersim_hakkinda_kuyruklu_yalanlar-1232341 (20);
K. Gündüzkanat, Demokratisierungsprozess in der Türkei, S. 47.

781 http://www.radikal.com.tr/yazarlar/ayse_hur/dersim_hakkinda_kuyruklu_yalanlar-1232341 (20).

entspricht. Schon Molyneux-Seel schreibt 1911, dass Inner-Dersim Steuern zahlte und diese regelmäßig von türkischen Beamten, die sich in Inner-Dersim niedergelassen hatten, eingezogen wurden[782]. Allein für das Jahr 1936 wurden – wenn auch gering – 148.721 türkische Lira Steuern aus Dersim einkassiert. Im selben Jahr zahlte das selbst viel reichere *Seyhan* (Provinz *Adana*) nicht vollständig die ihm aufgebürdete Steuerlast. Bis in die Gegenwart ist die Steuerzahlungsmoral in der Türkei erschreckend schwach. Von 100 Lira fließen 82 am türkischen Fiskus vorbei[783].

Auch die Behauptung, dass die Dersimer keinen Wehrdienst ableisteten, stellt sich als unwahr heraus. Erstens ist nicht belegt, wer vor 1938 mit welcher Häufigkeit eingezogen wurde, zweitens war das türkische Militär gerade gegenüber alevitischen und kurdischen Rekruten misstrauisch. Wenn möglich, sollten Aleviten und Kurden nicht an der Waffe ausgebildet werden. Nur wenn Bedarf bestand, wurden auch Aleviten und Kurden eingezogen. So wurden auch fast keine Dersimer *Hamidiye-Brigaden* aufgestellt. Dennoch sollte nicht unerwähnt bleiben, dass aus türkischen Dokumenten hervorgeht, dass aus Orten wie *Hozat* und *Nazımıye* 10 Prozent bzw. 25 Prozent ihren Wehrdienst in der türkischen Armee ableisteten[784]. Somit lässt sich sagen, dass die Dersimer den Wehrdienst sehr wohl ableisteten – vorausgesetzt die Türken hatten Bedarf.

---

[782] Molyneux-Seel, A Journey in Dersim, S. 54.

[783] http://www.radikal.com.tr/yazarlar/ayse_hur/dersim_hakkinda_kuyruklu_yalanlar-1232341 (20). Für das Jahr 1903 schreibt M. Kalman, dass 50 Tausend Goldthaler gezahlt wurden (M. Kalman, Dersim Direnişleri, S. 206).

[784] http://www.radikal.com.tr/yazarlar/ayse_hur/dersim_hakkinda_kuyruklu_yalanlar-1232341 (20).

Die These der Türken, dass Dersim stets illoyal war, hält einer weiteren historischen Betrachtung nicht stand. Fehlt nur noch zu ergänzen, dass die Dersimer, als 1925 der *Scheich Said* Aufstand ausbrach, der die Wiedereinführung der Scharia zum Ziel hatte, nicht mit diesem gegen die Türken zog, sondern diesen auch für die Türken angriff. Bei einem Angriff der Dersimer bei *Kertê Derê Besteke* wurden 40 Soldaten *Scheich Saids* getötet. Daher kann schwerlich behauptet werden, dass die Dersimer die neugegründete Türkische Republik von Anfang bekämpften[785].
Wie wir sehen halten die türkischen Aussagen, wie

- *„Nur die Dersimer bestreiten ihren Lebensunterhalt durch Raubzüge"*,
- *„Sie zahlen keine Steuern und leisten keine Wehrpflicht ab"*,
- „Die Dersimer waren stets illoyale Staatsbürger"

einer historischen Prüfung nicht stand.

Was waren also die eigentlichen Gründe für einen Genozid der Türken in Dersim? Und war *Atatürk* in der Tat unschuldig? Gab nicht er, sondern *Celal Bayar* oder *Ismet Inönü* die Befehle zur Tötung von wehrlosen Zivilisten, wie es einige türkische Autoren[786] behaupten? Die Verantwortlichen für das Massaker in Dersim 1938 sind laut *Doğan Doğan* Marschall *Fevzi Çakmak* und Ministerpräsident *Celal Bayar. Atatürk* sei hingegen unschuldig und habe mit den Massakern nichts zu tun. *Fevzi Çakmak* sei ein Feldherr gewesen, der stets der osmanischen Militärtradition verpflichtet gewesen

[785] H. Aygün, Resmiyet ve Hakikat, S. 49 f.
[786] Stellvertretend hierfür: D. Doğan, Dersim Olayı, S. 274 ff.

sei. Demnach sei seine Sicht auf die Aleviten, die der Osmanen gewesen: also verachtend und von Vorurteilen geprägt[787]. Auch *Inönü* spricht er von jeder Mitverantwortung frei, da er in den entscheidenden Jahren nur einfacher Abgeordneter gewesen sei[788]. Schon dies stimmt nicht. Als die Operationen in Dersim 1937 losgingen und es zu ersten Massakern kam, war *Inönü* noch Ministerpräsident.
Türkische Quellen sprechen ihn hingegen frei. Gerade *Ismet Inönü* soll gegen einen Feldzug in Dersim gewesen sein. Der ehemalige türkische Staatspräsident *Süleyman Demirel* gibt die Erinnerung *Celal Bayars* an den Dersim-Feldzug mit folgenden Worten wieder:

> „*Atatürk* und *Fevzi Çakmak*[789] trafen und berieten sich. Man kam überein, dass *Tunceli* gesäubert werden musste. Da *Inönü* diesbezüglich keine Absicht hatte, wurde *Celal Bayar* gefragt, ob er es tun würde. Er antwortete: Ja, ich würde es tun.[790]"

Allein diese Aussage beweist, dass *Atatürk* und *Inönü sehr wohl* wussten was Dersim erwartete. *Inönü* höchstpersönlich bereiste den Osten der Türkei und stattete im Rahmen dessen Dersim einen Besuch ab. Sodann verfasste er einen sogenannten Kurden-Rapport, den er Atatürk am 21. August 1935 vorlegte. Darin schlägt er *Atatürk* folgende Maßnah-

---

[787] D. Doğan, Dersim Olayı, S. 235 f; vgl. auch S. 274.
[788] D. Doğan, Dersim Olayı, S. 301.
[789] *Fevzi Çakmak* war der damalige Generalstabschef der türkischen Armee und seit dem türkischen Unabhängigkeitskrieg gegen die Griechen enger Weggefährte *Atatürks*.
[790] http://nisanyan1.blogspot.de/2012/01/agan-kudursa-ne-yaparsn.html (21).

men vor, um die Region – den gesamten Osten der Türkei – in Sinne der Türken umzugestalten[791]:

1. Neugliederung Dersims und Verwaltung durch Offiziere a. D.
2. Aufbau einer Infrastruktur, wie Straßennetze
3. Einsammlung aller Waffen
4. Türkisierung der Kurden durch das Schulwesen[792]

Wie man sieht, unterscheidet sich der Rapport *Inönüs* nicht im Wesentlichen von den Berichten der Osmanen. Lediglich eine weitere Komponente, nämlich die Assimilierung der Kurden wird ergänzt. Daher hatten *Atatürk* und *Inönü* weitergehende Pläne für die Kurden und Dersimer als das die Osmanen geplant hatten.
Wer wie *Atatürk* eine Säuberung anordnet, der muss auch die Konsequenzen tragen. Zumal er *Bayar* einen Blankoscheck ausstellte. Interessant ist, dass *Atatürk* ausgerechnet eine Personalie wie *Celal Bayar* aussuchte, um Dersim zu säubern. *Celal Bayar* war laut *Sevan Nişanyan* in den Jahren 1913 bis 1919 damit „beauftragt“ irreguläre Truppen aufzustellen, um die christliche Bevölkerung der Ägäis-Region (West-Türkei) zu terrorisieren[793]. Er war also ein erfahrener Mann, wenn es darum ging Minderheiten zu töten. Daher wurde er nicht zufällig, sondern gezielt ausgesucht. Schließlich war *Bayar* ein Meister des Todes und des Terrors gegen Minderheiten.
*Atatürk* plante höchstpersönlich den Feldzug gegen Dersim. Er gab unter anderem die Marschrouten der türkischen

---

[791] D. Doğan, Dersim Olayı, S. 243.
[792] D. Doğan, Dersim Olayı, S. 244.
[793] http://nisanyan1.blogspot.de/2012/01/agan-kudursa-ne-yaparsn.html (21).

Truppen vor und zeichnete die Aufmarschgebiete seiner Truppen in eine Landkarte. Zu sehen ist diese Landkarte heute noch in einem *Trabzoner Museum*[794]. Das *Atatürk* von den Geschehnissen in Dersim, inklusive der Massaker nichts gewusst haben könnte, ist fernliegend. Eher scheint es so, dass *Atatürk* seine Hände in Unschuld waschen wollte, indem er andere wie *Bayar* vorschickte, um selbst als Saubermann da zustehen. So hielt sich *Atatürk* bereits bei den Massakern an Griechen und Armeniern nach Einnahme der west-türkischen Stadt Izmir im Jahre 1922 im Hintergrund. Nach dem Fall der Stadt an türkische Truppen schrieb er an den Völkerbund, dass er sich an das Völkerrecht halten werde, er aber keine Verantwortung für Verbrechen an der Zivilbevölkerung übernehme, die durch irreguläre Truppen verübt werden[795]. So ermordeten irreguläre Truppen die christlichen Einwohner Izmirs, während Atatürks Armee mit weißer Weste dastehen konnte. Das er als Oberbefehlshaber der Armee jederzeit die Massaker hätte stoppen können, war ihm wohl gleichgültig. Ebenso dürfte es in Dersim gewesen sein. Daher ist *Atatürks* Schuld nicht von der Hand zu weisen. Er war ein Schreibtischtäter, der die Drecksarbeit von anderen erledigen ließ. Diese Strategie verfolgte bereits der osmanische Sultan mit den *Hamidiye-Brigaden (siehe oben)*.

Was *Atatürk* dazu bewog, dass Vorgehen in Dersim zu erlauben oder zu dulden, war vielleicht seine eigene historische Erfahrung. Er wurde in Saloniki geboren und musste hilflos mit ansehen, wie Teile seiner Heimat auf dem Balkan

---

[794] http://www.haberx.com/ahmet_altan_katliam_emrini_ataturk_verdi%2817,n,10802469,199%29.aspx (18).

[795] G. Milton, Paradise Lost, S. 266.

aus dem Osmanischen Reich herausgerissen wurde. Dabei kam es oft zu Massakern an ethnischen Türken. Deshalb sah er jede nicht-türkische Minderheit als Gefahr für die türkische Nation. Ihm lag es am Herzen, einen ethnisch homogenen Staat zu schaffen, indem Minderheiten keine Zukunft hatten, wenn sie sich der türkischen Kultur nicht bedingungslos unterordneten, sprich vorbildliche Türken in seinem Sinne wurden. Sein Misstrauen gegenüber Minderheiten auf türkischem Boden äußerte *Atatürk* schon recht früh. 1905 besuchte er *Izmir* und war über die hohe Anzahl an Griechen und Christen insgesamt verärgert. Über *Izmir* wird er mit folgenden Worten zitiert:

> „Ich sah diesen schönen Kai voll mit Angehörigen eines Menschenschlags, der unser eingefleischter Feind war und ich schlussfolgerte, dass *Izmir* aus den Händen seiner wahren, noblen türkischen Einwohner geraten war[796].“

Anscheinend war *Atatürk* die Anwesenheit nichttürkischer Minderheiten auf türkischem Boden ein Gräuel. Und wenn etwas aus den Händen seiner türkischen Einwohner geriet, so sah es *Atatürk* als seine Aufgabe, dies den „rechtmäßigen“ Herren wieder zurück zu geben. Ähnlich muss er wohl über Dersim gedacht haben. Um aber Dersim seinen rechtmäßigen Besitzern zurückgeben zu können, musste man militärisch vorgehen. Als Legitimation für das militärische Vorgehen wurde vom Dersim-Aufstand gesprochen.
So fand der Mythos vom Dersim-Aufstand Eingang in die Geschichtsbücher. An der Entstehung des Mythos sind vor

---

796 G. Milton, Paradise Lost, S. 311.

allem zwei Parteien maßgeblich verantwortlich. Die Türken und kurdische Autoren. Die Türken brauchten einen Vorwand um in Dersim zu massakrieren. Nur wenn sie nach außen (und wahrscheinlich auch um ihr Gewissen reinzuwaschen) eine Rechtfertigung für ihre Verbrechen fanden, hatten sie eine Legitimation. Was war da schöner als: „Sie hatten sich erhoben. Daraufhin mussten wir reagieren. Was hätten wir tun sollen?“, zu propagieren?
Die kurdischen Autoren, die sich fast alle auf *Nuri Dersimi* beziehen[797], fanden die Idee vom „Kurden“, der sich brav zur Schlachtbank führen lässt, nicht heroisch. Stattdessen wurde der Mythos geboren, „die Kurden sind in einem heldenhaften Kampf untergegangen, anstatt sich feige ihrem Schicksal zu fügen“. Laut *Dersimi* hätte auch die freiwillige Unterwerfung der Dersimer sie nicht vor der Vernichtung gerettet. Gerade weil die Dersimer vom Schicksal der anderen Gebiete Kurdistans gehört hätten: Massendeportationen, Exekutionen, erdrückende Steuern usw. Darum wollten die Dersimer bis zum bitteren Ende Widerstand leisten[798]. Für die Geschichtsbücher mag der Mythos „Aufstand“ ein interessanter Eintrag sein, hat aber mit der Realität nichts zu tun. Womit hätten die Dersimer auch kämpfen können[799]? Sie hatten ihre Waffen bereits 1936 abgegeben. Nur einige wenige hatten noch Waffen. Die Türken schreiben selber, dass die Dersimer pro bewaffneter Stamm (und davon gab es kaum noch welche) 10-15 Mann unter Waffen hatten. Die meisten hatten primitive Waffen wie Äxte. Womit hätten die Dersimer kämpfen können? Dies wird auch von Zeitzeugen

[797] Vgl. M. Yıldız, Dersim'in Etno-Kültürel Kimliği, S. 158.
[798] Vgl. H. Çağlayan, Die Schwäche der türkischen Arbeiterbewegung, S. 257.
[799] Vgl. H. Aygün, Resmiyet ve Hakikat, S. 121.

bestätigt[800]. Selbst die Türken sprechen von bestenfalls 1.000 Banditen. Bei einer Einwohnerzahl von etwa 60.000 bis 70.000 haben sich noch nicht einmal 2% erhoben. Dersim 1938 war kein Aufstand sondern ein Massaker. Es begann im Osmanischen Reich und endete in der Türkischen Republik[801]. Auch wenn das Dersim Problem oft als Aktion zur Wiederherstellung der öffentlichen Ordnung dargestellt wird, kann nicht von der Hand gewiesen werden, dass es eigentlich nur um die Identität der Dersimer ging[802]. 1938 war das Ziel der Türken von Anfang die Zerstörung des alevitischen Ordenssystems[803]. Denn will man ein Volk auslöschen, so muss man seine Elite ausradieren. Die Elite Dersims waren die alevitischen Würdenträger. *Seyid Rıza* war der perfekte Sündenbock in diesem Zusammenhang und sein Einfluss wesentlich geringer als dargestellt.
Kurz gesagt: Die Staatslogik, mit der sich die Türkische Republik den Dersimern näherte, war eine Fortführung der osmanischen Logik. So wie der Osmane, kannte auch die Republik keine andere Politik als „Straße, Schulen und Polizeiwachen"[804].

---

[800] M. Yıldız, Dersim'in Etno-Kültürel Kimliği, S. 163. Dies wird auch von mir befragten Dersimern bestätigt. Zu weiteren Zeitzeugenberichten sei auf das *„Dersim 38 Sözlü Tarih"*-Projekt verwiesen, das sich zur Aufgabe gemacht hat, die letzten Zeugen zu befragen.

[801] Vgl. H. Aygün, Resmiyet ve Hakikat, S. 119.

[802] M. Yıldız, Dersim'in Etno-Kültürel Kimliği, S. 56.

[803] Vgl. H. Aygün, Resmiyet ve Hakikat, S. 69 f.

[804] H. Aygün, Dersim 1938, S. 97.

## 6. Die Entwicklung nach 1937/1938

Nach 1938, genauer gesagt Ende der 1940er Jahre kehrte das Leben langsam zurück. Die zerstörten Dörfer wurden nach und nach aufgebaut. Die Dagebliebenen und die Rückkehrer bauten sich ein bescheidenes Dasein auf. Aufgrund der verbesserten medizinischen Versorgung wuchs auch die Bevölkerung. Insbesondere die Kindersterblichkeit verringerte sich wie im Rest der Türkei stark.

Bereits 1940 weist die offizielle türkische Statistik 94.639 Einwohner aus[805]. Dennoch entwickelte sich die Bevölkerung konstant. Erst nach 1975 kam es bedingt durch Binnenmigration in die West-Türkei und Europa[806] zu einer starken Abnahme der Bevölkerung. Gerade Kinder die nach dieser Zeit geboren wurden, sprechen die Muttersprache ihrer Eltern nicht mehr. Die Landflucht und der damit bedingte Bevölkerungsrückgang sind auch auf die geringen ökonomischen Perspektiven in Dersim zurückzuführen. Während es bis heute keine nennenswerte Industrie gibt, werfen die kargen Böden keine üppigen Ernten ab, die eine große Anzahl hungriger Mäuler ernähren kann. Als Alternative bleibt nur die Landflucht.

Heutzutage hat sich das Bevölkerungswachstum in Dersim verringert. Die Gründe hierfür sind neben dem Krieg der 1990er Jahre, die vernünftige Familienpolitik. Junge Familien haben selten mehr als zwei Kinder.

Während vor 1938 die Zahl der Menschen die Lesen und Schreiben konnte wie in der gesamten Türkei gering war, zählt sie heute zu den höchsten in der Türkei. Sie ist das Ergebnis der Türkisierungspolitik. Bis 1965 gab es in Dersim

[805] M. Kalman, Dersim Direnişleri, S. 456.

[806] Hier ist insbesondere Deutschland als Auswanderungsland zu erwähnen.

nur eine weiterführende Oberschule. Erst ab 1980 stieg die Zahl dieser Schulform auf neun[807].

Während früher viele Häuser kein fließendes Wasser, geschweige denn ein Badezimmer besaßen, verfügen in jüngster Zeit immer mehr Häuser über die wichtigsten sanitären Einrichtungen.

## 6.1. Ära nach 1938 – Das Leben floriert bis Anfang der 1990er

Nach 1938 ist die Geschichte Dersims noch enger mit der Geschichte der türkischen Republik verknüpft. Eine Zäsur in der politischen Landschaft erfolgte durch die Rückkehr der 1938 Zwangsdeportierten. Diese brachten nicht nur die türkische Sprache mit, sondern auch neue Ideen. Insbesondere durch die zunehmende Verstädterung in der Türkei ab 1960, wanderten viele Dersimer erneut Richtung West-Türkei aus. Dieses Mal waren die Dersimer auf der Suche nach einem besseren Leben. In der West-Türkei kamen sie in Berührung mit linken und marxistischen Ideen. Dieser Prozess intensivierte sich, indem sich viele Dersimer zwecks Bildungserwerbs an die türkischen Universitäten begaben. Der linke Zeitgeist inspirierte viele Dersimer. Insbesondere nach Ende der Einparteienherrschaft der CHP in der Türkei (beginnend 1946 und abgeschlossen mit dem Erdrutschsieg der Opposition) kam es zur politischen Willensbildung in der Türkei[808].

Die in türkischen Schulen und Universitäten ausgebildeten Dersimer sahen sich durch diese revolutionären Ideen inspiriert, den bewaffneten Kampf aufzunehmen. Dabei standen

[807] M. Kalman, Dersim Direnişleri, S. 462.

[808] K. Gökalp, PKK´nın Dersim Sorunu, S. 13.

sie im Konflikt mit ihren Eltern. Die Eltern waren noch durch die Ereignisse von 1938 schwer traumatisiert. Sie wollten ihre schmerzhaften Erfahrungen ihren Kindern ersparen. Enttäuscht von der Haltung ihrer Eltern, wandten sich die Dersimer von ihren Eltern ab. Von nun an war ein Generationenkonflikt geboren. Der Konflikt wurde zwischen den „Verlierern" von 1938 und denen, die annahmen eine siegreiche Revolution der Arbeiterklasse in die Welt tragen zu können, ausgetragen. Die jungen Dersimer sahen nun die globalen Probleme als ihre eigenen Probleme an[809].

Insbesondere nach dem Militärputsch 1960 wurden die Dersimer vermehrt Anhänger links-revolutionärer Ideen. Im türkischen Parteiensystem, besonders auf dem linken Flügel, sind Politiker aus Dersim stark vertreten[810]. Die Steigerung gipfelte in den 1970ern in unüberschaubaren Spaltungen aller linksgerichteter Gruppen. Fortan konnte man zwischen Moskautreuen Stalinisten, Maoisten, Enver Hodscha-Getreuen und den sogenannten Frontlern unterscheiden[811]. Hinzukam mit Beginn der 1960er Jahre neben der türkischen Linken, der aufstrebende kurdische politische Diskurs. In den 1960er Jahren war er noch schwach, fand aber bereits eine Dekade später einen robusten Unterbau unter kurdischen und zazaischen Studenten[812]. So ging aus mehreren Verbotenen kurdischen Organisationen eine politische Aktivität hervor, die 1978 in der Gründung der PKK gipfelte. Bereits in der zweiten Hälfte der 1980er Jahre wurde die PKK zu einem ernst zu nehmenden politischen Zirkel in Der-

809 K. Aktaş, Ethnizität und Nationalismus, S. 90.
810 K. Gündüzkanat, Demokratisierungsprozess in der Türkei, S. 45.
811 K. Gökalp, PKK'nın Dersim Sorunu, S. 31 f.
812 K. Gökalp, PKK'nın Dersim Sorunu, S. 35 f.

sim. Die politischen Kader die hierfür verantwortlich waren, hießen *Şahin Dönmez* und *Ali Haydar Kaytan*[813].

Somit wird ersichtlich, dass in Dersim oder unter Dersimern populär gewordene politische Parteien, ausnahmslos alle aus dem extrem-linken Lager stammten. Viele dieser linken Parteien und Organisationen griffen schnell zu den Waffen und führten einen erbitterten Kampf gegen die Staatsmacht. Dabei machte der bewaffnete Kampf auch nicht Halt vor den eigenen Leuten. Auch verfeindete linke Gruppen bekämpften sich erbarmungslos. Aber auch die PKK ging gegen ihre politischen Widersacher aus dem linken Spektrum vor. Die Scharmützel forderten auf beiden Seiten einen nicht zu unterschätzenden Blutzoll[814]. Die Auseinandersetzungen dauern bis heute an. Zwar wird der Konflikt nicht mehr mit Waffengewalt ausgetragen, aber die rhetorischen Reibereien dauern an. Gerne wird seitens der PKK-Anhänger in Dersim behauptet, dass die Dersimer, die sich um die CHP scharen, dem Stockholm-Syndrom ergeben sind. Diese Dersimer wären in ihren Henker vernarrt[815]. Das Stockholm-Syndrom zeichnet sich dadurch aus, dass das Opfer Sympathien für den Täter hegt und wissend und wollend gemeinsame Sache mit dem Täter macht. Den CHP-Dersimern wird hier vorgeworfen, dass sie sich freiwillig zur Schlachtbank führen lassen.

Aber nicht nur die CHP-Dersimer werden von den PKK-Anhängern angegriffen, sondern auch die eigenen Kader wurden Opfer der innerparteilichen Konflikte der PKK. So wurden einige führende Kader der PKK Opfer von parteiinternen Säuberungsaktionen. Zu ihnen gehören: *Çetin Gün-*

---

[813] K. Gökalp, PKK'nın Dersim Sorunu, S. 45 und 49.
[814] K. Gökalp, PKK'nın Dersim Sorunu, S. 71 f.
[815] K. Gökalp, PKK'nın Dersim Sorunu, S. 97.

*gör*, *Şahin Dönmez*, *Kamer Özkan* und *Dr. Baran* alias *Müslüm Durgun*[816]. All diese Opfer teilten ein Schicksal: Sie wurden durch die Parteiführung der PKK zu Verrätern erklärt und zum Abschuss freigegeben[817].
Glaubt man *Kağan Gökalp*[818], so wurde die Linke inklusive des bewaffneten Kampfes gegen das Establishment unter den Dersimern so beliebt, weil die Linke den Dersimern eine Möglichkeit bot, mit dem System, das 1938 ihre Väter massakrierte abzurechnen[819]. Zudem hätten die Berge den Kämpfern die Freiheit versprochen, die ihnen die Gesellschaft verwehrte[820]. Diese staatstreue Sicht *Gökalps* ist zu kurz, da sie mit keinem Wort auf die Unterdrückung der Menschen und ihrer kulturellen Identität eingeht.

Die kurdische Nationalbewegung politisierte auch Dersim. So fanden im Stadtzentrum Dersims, initiiert von der 68er

---

816 K. Gökalp, PKK'nın Dersim Sorunu, S. 99; 118; 127; 147.

817 Hierbei ist jeder Fall mit besonderer Vorsicht zu genießen. *Şahin Dönmez* gehörte zu den Mitbegründern der PKK-Keimzelle in den 1970ern. Nach seiner Gefangennahme durch den türkischen Staat, „sang" er unter schwerer Folter und gab den Namen seiner Weggefährten preis. *Çetin Güngör* war bis zu seiner Ermordung PKK linientreu. Allerdings erhob er gegen den PKK-Vorsitzenden *Abdullah Öcalan* schwere Vorwürfe, wie „er habe diktatorische Züge angenommen". Mit dieser Aussage hatte er sein eigenes Todesurteil unterschrieben. Auch *Dr. Baran* blieb bis zum letzten Atemzug der Partei treu ergeben. Mit der Zeit missfiel er jedoch *Öcalan*. Somit waren seine Tage gezählt. *Kamer Özkan* gehörte anfangs dem Führungskreis der PKK an. Allerdings schloss er sich bereits Ende der 1970er Jahre der PKK-Abspaltung TEKOŞIN an. Vor seinem Tod sympathisierte er immer mehr mit den Gedanken der Zaza-Bewegung. Er wurde getötet, weil er PKK-Abweichler war.

818 *Kağan Gökalp* ist nach eigenem Bekunden das Enkelkind des türkischen Nationalisten *Ziya Gökalp*. Dass er eine staatsfreundliche Haltung einnimmt, braucht wohl nicht gesondert erwähnt zu werden. Ironie des Schicksals: *Ziya Gökalp* selber war kein ethnischer Türke, sondern Zaza aus Diyarbakır.

819 K. Gökalp, PKK'nın Dersim Sorunu, S. 67.

820 K. Gökalp, PKK'nın Dersim Sorunu, S. 171.

Bewegung, sogenannte Ost-Märsche *(Doğu Mitingleri)* im Jahr 1967 statt[821]. Diese Märsche waren große Massenkundgebungen im Osten der Türkei, um auf das Schicksal der zazaischen und kurdischen Bevölkerung aufmerksam zu machen und sie gegen die Unterdrückung zu sensibilisieren. Im Fokus der Kundgebungen stand damals eine Alternative zu Ausbeutung, ethnischer und nationalistischer Ausgrenzung und dem vorherrschenden Nationalismus zu finden[822]. Die Ost-Märsche waren nicht nur in den Kurdengebieten, sondern auch in Dersim ein großer Erfolg. Sie waren das erste politische Lebenszeichen seit 1938[823].

Diese Kundgebungen wirkten auf Dersim elektrisierend, da die Dersimer immer noch in bitterer Armut lebten. Die Türken gaben bei der militärischen Eroberung Dersims an, mit der Vernichtung des *Pir-Dede-Systems* werde auf lange Sicht die Zivilisation in Dersim Fuß fassen und die Dersimer profitieren und letztendlich in Wohlstand leben. Dersim sollte laut *Ismet Inönü* aus der Unterdrückung durch die *Seyits* befreit werden[824] um zu Wohlstand zu gelangen. Aus türkischer Sicht waren die *Seyits* und *Pirs* Scharlatane, die die Bevölkerung durch Magie an sich banden. Dieser Aberglaube sollte nach Ansicht der Türken verschwinden[825].

Doch materiell hatte sich nichts geändert. Dies bestätigte auch ein Zeitungsartikel aus der *Milliyet* vom 20. November 1963, also 25 Jahre nach 1938. Unter der Überschrift „Menschen, Tiere und Leichen“, schilderte er die tiefe Armut der Dersimer am *Kutu-Fluss*. Die Menschen würden in Höhlen

821 A. Gündoğan, Herkesin Bildiği Sır, S. 481.
822 A. Gündoğan, Herkesin Bildiği Sır, S. 483.
823 A. Gündoğan, Herkesin Bildiği Sır, S. 492.
824 K. Gündüzkanat, Demokratisierungsprozess in der Türkei, S. 49.
825 N. Sevgen, Zazalar ve Kızılbaşlar, S. 95.

wohnen und sich von dunklem Gerstenbrot und Blumenknospen ernähren[826]. Also änderte sich in materieller Hinsicht rein gar nichts. Dies wurde auch bezüglich des öffentlichen Personennahverkehrs in einem weiteren Bericht der *Milliyet* Zeitung aus dem Jahr 1967 deutlich. Demnach verfügte Tunceli mit 15.000 Einwohnern über eine Pferdekutsche und ein Taxi zur Personenbeförderung. Hinzu kam noch ein aus Deutschland importierter Kleinbus[827].

So war es nicht verwunderlich, dass die Kundgebungen unter dem Motto „Im Westen Arbeit und Brot, im Osten Polizei und Not!"[828] stattfanden. Dieser Slogan sollte vor Augen führen, wie sich die Zazas und Kurden behandelt fühlten. Sie empfanden eine Förderung des Westens inklusive einer Verbesserung der Lebensbedingungen dort und einer Unterdrückung und wirtschaftlichen Kleinhaltung im Osten.

Einer der Führungsköpfe der Ost-Märsche in Dersim war der aus Dersim stammende Rechtsanwalt *Kemal Burkay*, der sich einen Namen damit machte, dass er seine mittellosen Mandanten kostenlos vertrat. Er wurde 1938 in Dersim geboren und absolvierte die rechtswissenschaftliche Fakultät 1965. 1965 war auch das Jahr, in dem er der Türkischen Arbeiterpartei, einer linken Partei, beitrat[829]. Später sollte *Burkay* in verschiedenen kurdischen Parteien aktiv werden. Er schaffte es für die Kundgebung fünf bis sechs Tausend Personen zu mobilisieren. Wenn man bedenkt, dass im Stadtzentrum Dersims 1965 gerade einmal 15.000 Men-

---

[826] Vgl. A. Gündoğan, Herkesin Bildiği Sır, S. 490. Im türkischen Original heißt es anstatt Blumenknospen, *„güllük otu"*.

[827] Vgl. A. Gündoğan, Herkesin Bildiği Sır, S. 491.

[828] Im türkischen Original heißt es: *„Batıya Fabrika-Yol, Doğuya Karakol"*. Wortwörtlich übersetzt heißt das: Im Westen Fabriken und Wege, für den Osten Polizeistationen.

[829] A. Gündoğan, Herkesin Bildiği Sır, S. 495.

schen lebten, dann ist dies ein bemerkenswerter Erfolg. Selbst den Türken entging diese Entwicklung nicht. Die Ost-Märsche wurden das alles beherrschende Thema beim Nationalen Sicherheitsrat der Türkei[830].

Die 70er Jahre waren von nun an politischer als die Jahrzehnte zuvor. Der politische Geist war geprägt von marxistischen Idealen, der sozialistischen Weltrevolution und der klassenlosen Gesellschaft. Derart beschäftigt, blieb kaum noch Zeit für die eigenen kulturellen und historischen Belange[831]. Immer mehr Dersimer wurden in den Bann der Linken gezogen. So verwundert es nicht, dass dann auch viele Führungsfiguren der türkischen Linken aus Dersim kamen und Dersim zu einem wichtigen Rekrutierungsgebiet für die türkische Linke wurde[832]. Verblüffend an dieser Entwicklung war, dass in Dersim im Gegensatz zur vorherrschenden Meinung keine Arbeiterklasse existierte, die man vorgab verteidigen zu wollen. Da es in den 1970er Jahren keine nennenswerte Industrie gab, entstand auch kein Proletariat. Das einzige was in den 70er Jahren anstieg, war weiterhin die Auswanderung[833]. Dennoch wurde die Linke in Dersim immer stärker. Die Türken reagierten mit Repressalien. Die Stimmen, die nach der Ausrufung des Ausnahmezustandes für Dersim riefen, wurden immer lauter[834]. So kam es dann auch im April 1980, noch vor dem Militärputsch im September[835]. Während sich die Linke in Dersim Ende 1970 zersplitterte,

---

[830] Vgl. A. Gündoğan, Herkesin Bildiği Sır, S. 500 ff.
[831] Vgl. H. Ercan, Herkesin Bildiği Sır, S. 508 f.
[832] Vgl. H. Ercan, Herkesin Bildiği Sır, S. 512 f.
[833] Vgl. H. Ercan, Herkesin Bildiği Sır, S. 514.
[834] H. Ercan, Herkesin Bildiği Sır, S. 519.
[835] Vgl. H. Ercan, Herkesin Bildiği Sır, S. 529.

tauchte auch ein neuer Akteur auf: die kurdische Arbeiterpartei PKK.
Aber auch das bereits vergessene *Alevitentum* erlebte seine Wiedergeburt in den 1980er bzw. 1990er. In diesen Dekaden fiel das staatliche Monopol über die Presse. Die neuaufkommenden Medien boten ein willkommenes Spektrum für *alevitische* Publikationen, um insbesondere der offiziellen sunnitischen Staatsdoktrin entgegenzuwirken. Nicht zuletzt wurden die *Aleviten* durch den erstarkenden kurdischen Nationalismus befeuert. So wurde letztendlich auch der Schleier der Unsichtbarkeit über dem Alevitentum gelüftet[836].
Die Assimilierungspolitik der Türken wurde bis in die Neuzeit betrieben. Nach dem Militärputsch am 12. September 1980 wurden durch den von *Ankara* eingesetzten Gouverneur *Kenan Güven* zahlreiche Moscheen gebaut, ohne die Dersimer zu fragen, ob für diese Sakralbauten überhaupt Bedarf besteht. *Güven* wusste, dass die Dersimer die Moscheen nicht aufsuchten, um ihre Gebete zu verrichten. Aber für die vom Staat betriebene Assimilierungspolitik war dies sehr notwendig.
Aber die Türken beließen es nicht dabei, nur Moscheen zu bauen und einige Imame nach Dersim abzukommandieren. Sie gingen noch einen Schritt weiter, indem sie 5.000 Dersimer Kinder in Religionsschulen, genannt *Imam-Hatip*, zwangseinschulten. Die Kinder sollten sunnitisiert werden. Nur so konnten sie nach Ansicht der Putschisten vom 12. September 1980 dem „Vaterland dienen“. Nach Aussage des sunnitischen Dersimers *Erdem Koçoğlu* war der Gouverneur *Kenan Güven* für diese Maßnahmen verantwortlich. *Koçoğlu* weist darauf hin, dass die Zeit nach 1980 nicht nur

---

[836] Vgl. H. Ağuiçenoğlu, Herkesin Bildiği Sır, S. 128.

für Aleviten, sondern auch für Sunniten schwierig war. Er habe während seiner Zeit in den Religionsschulen nicht erlebt, dass die alevitischen Kinder die Schule freiwillig absolvierten. Vielmehr seien sie aufgrund des Drucks vorzeitig „abgehauen“[837].

Der Dersimer *Mesut Özcan*, der die Archive aus der Putschphase untersuchte, weist darauf hin, dass binnen viereinhalb Jahren ca. 5.000 Dersimer-Kinder in diesen Religionsschulen außerhalb Dersims eingeschult wurden. Wie viele Kinder innerhalb Dersims auf diese Schulen geschickt wurden, ist nicht bekannt. *Özcan* bestätigt, dass das Ziel der Zwangseinweisung die Türkisierung und Sunnitisierung der Kinder aus politisch illoyalen Regionen war[838]. Die Region Dersim stand da ganz oben auf der Liste. Durch die Umerziehung der Kinder zu braven Türken und Sunniten, hofften die Türken für Ruhe in Dersim sorgen zu können. Ihr Ziel verfehlten sie nicht zuletzt durch den Widerstandswillen der Dersimer.

Die Dersimer waren aus Sicht der Türken *„Kizilbaschen, Kommunisten und Kurden“* (Die 3 K´s), also eine Minderheit, die die Einheit des Staates bedrohte. Sie mussten bekehrt, also assimiliert oder verhaftet werden[839]. Die Dersimer werden heute noch von ihren Gegnern stigmatisierend als *Kizilbaschen* bezeichnet. Sie selbst bezeichnen sich als Aleviten. Der Begriff *Kizilbasch* wird als Reaktion auf die Stigmatisierung mit Stolz verwendet[840].

---

837 http://www.radikal.com.tr/turkiye/darbeciler_5_bin_cocugu_imam_hatibe_surdu-1105436 (7).

838 Vgl. M. Özcan, in: http://www.radikal.com.tr/turkiye/darbeciler_5_bin_cocugu_imam_hatibe_surdu-1105436 (7).

839 Vgl. K. Aktaş, Ethnizität und Nationalismus, S. 104.

840 K. Aktaş, Ethnizität und Nationalismus, S. 105.

Doch es waren auch die 1980er Jahre, als Dersim mit *Bava Bertal und Şeuşen* zwei Ikonen feierte, die vorsichtig gesagt, in anderen Provinzen der Türkei in eine psychiatrische Anstalt gesteckt worden wären. Beide waren vom Stamm *Khureschan* und geistig verwirrt.
Während *Şeuşen* ursprünglich aufgrund seiner Abstammung vom Stamm *Khureschan* und seines *Ağa* Vaters aus Mazgirt *Seyid Uşen* genannt wurde, bog man den Namen solange zu Recht, bis nur noch *Şeuşen* übrig blieb. *Şeuşen* war einer der Wenigen seiner Familie, der ein Massaker der Türken 1938 überlebte. Seine Familie wurde mit anderen Dörflern in ein Zimmer gepfercht. Wenig später warfen die Soldaten die Fenster ein und schleuderten Handgranaten rein. Um sicher zu gehen, dass alle tot waren, schossen die Soldaten rein und traktierten die Körper mit Bajonetten. Der kleine *Şeuşen*, der eng bei seiner Mutter am Kamin stand, überlebte als einer der wenigen sowohl die Handgranate als auch die Schüsse mit einigen Verletzungen. Es war eigentlich sein älterer Bruder, der auf raten seiner Großmutter in die Wälder geflüchtet war, der *Şeuşen* nach seiner Rückkehr aus dem Leichenberg befreite. Aufgrund dieser Traumatisierung war *Şeuşen* sein ganzes Leben lang von Angstzuständen geprägt. Doch die Dersimer glaubten, dass dieser Mann ein Heiliger war. So wurde ihm nachgesagt, dass er eine Todkranke geheilt und weitere Wunder vollbracht habe. In die Ruhmeshalle der berühmtesten Dersimer wurde er kurz nach dem Militärputsch 1980 aufgenommen. Die Putschisten hatten kurz nach ihrer Machtergreifung eine Ausgangssperre verhängt und die Straßen waren wie leergefegt. *Şeuşen,* der vergeblich seine Leute in den Straßen suchte, zog mit Wut im Bauch vor die Polizeistation und bewarf diese mit Steinen und schrie immer wieder: „Wo ist mein Volk hin?

Habt Ihr sie umgebracht wie 1938?“. 1994 wurde *Şeuşen* von einem anderen geistig verwirrten Mann erschlagen. Ihm zu Ehren stiftete der Dersimer CHP Abgeordnete *Kamer Genç* eine *Şeuşen-Statue*[841].

*Bava Bertal*, der sowohl Zazaki als auch Türkisch nur stotterte, war ein Zwei-Meter-Hüne, der schon aufgrund seiner ungewöhnlichen Statur hervorstach. Auch ihm wurden Wunder zugeschrieben. Im Gegensatz zu *Şeuşen* war er von Geburt an geistig verwirrt. In Dersim lief er stets in Hemd und Krawatte, sowie Pluderhose herum. Eines Tages überkam ihn der Wunsch sein Anfang der 1990er Jahre zwangsgeräumtes Dorf zu besuchen. Doch es lag in einer verbotenen Zone. *Bava Bertal* wäre nicht *Bava Bertal*, wenn er sich nicht über das Verbot hinweggesetzt hätte. Er lief schnurstracks auf die wachhabenden Soldaten vor seinem Dorf zu. Diese verlangten von ihm sich zu entfernen, doch er setzte seinen Weg fort. Daraufhin eröffneten die Soldaten das Warnfeuer und als er sich davon auch nicht beirren ließ, schossen die Soldaten gezielt. *Bava Bertal* rettete sich vor den Kugeln in den nahen Wald. Der Befehlshaber befahl die Leiche *Bava Bertals* aus dem Wald zu holen. Doch man fand trotz intensiver und lang anhaltender Suche keine Leiche im Wald. Daraufhin kehrten die Soldaten am nächsten Tag ins Dorf zurück und trauten ihren Augen nicht. Der Totgesagte überlebte den Kugelhagel und hockte in der Mitte seines zwangsgeräumten Dorfes. Von da an glaubten die Dersimer, er sei eine Art Matrix aus Dersim. Er verstarb 2012 eines natürlichen Todes[842].

---

[841] http://ovacikradyo.tr.gg/%26%23350%3BEU%26%23350%3BEN.htm (36); http://www.haberturk.com/yasam/haber/187768-size-bir-dersim-hikayesi-anlatayim (37).

[842] http://dersimnews.com/manset/bir-bava-bertal-hikayesi.html (38).

## 6.2. Der endgültige Todesstoß - Die Entvölkerung der Dörfer in den 1990ern

Während sich Dersim, wenn auch unter geänderten Vorzeichen von 1938 erholte und der seit 1975 einsetzende stetige Bevölkerungsrückgang Kopfschmerzen verursachte, traf Dersim ein Schlag, von dem es sich nie wieder erholen sollte. In den 1990ern gingen die Türken dazu über, ganze Ortschaften zu schleifen und die Menschen zu vertreiben. Wer Glück hatte durfte sich in der Nähe einer Kaserne oder Stadt nieder lassen. Viele waren aber ihrer Existenzgrundlage beraubt und sahen nur noch die Flucht in den Westen als Lösung. Mit ihnen gingen nicht nur Menschen und Vieh, sondern eine ganze Sprache und Kultur unter. Am schönsten beschreibt diesen Zustand *Heqiê Mergariji* in seinem Buch *„Budelaê Gırsi"*. In seiner Kurzgeschichte *„Hewnê Mı"* schreibt er[843]:

> „Die Zyklopen haben unsere Heimat entvölkert. Keiner durfte zurückbleiben, um uns unsere Märchen und alten Geschichten zu erzählen."

Hintergrund der Zwangsräumung war der seit 1984 tobende Krieg im Süd-Osten der Türkei. In einer Nacht und Nebel Aktion am 15. August 1984 nahmen Kämpfer der Arbeiterpartei Kurdistans (PKK) die beiden Kleinstädte *Şemdinli* und *Eruh* in den Provinzen *Hakkari* und *Siirt* für einen Tag ein und attackierten dort türkische Polizeistationen und Militäreinrichtungen. Fortan brach ein Krieg aus, der bis heute anhält und nach vorsichtigen Schätzungen 40.000 Menschen

---

[843] H. Mergariji, Budelaê Gırsi, S. 60.

(Zivilisten, PKK-Kämpfer und Soldaten) das Leben gekostet hat. Bis heute scheint es eine politische Lösung nicht zu geben bzw. sind die Konfliktparteien für eine gütliche Beilegung des Konflikts nicht zu gewinnen. Gerade zu Beginn der 1990er Jahre eskalierte der Konflikt zwischen der PKK und den Türken. Ganze Städte entglitten der Kontrolle der Türken. Ganze Städte samt ihrer Bevölkerung sympathisierten für die PKK. Dies war die Zeit, als Menschen spurlos verschwanden und am nächsten Tag tot aufgefunden wurden. Ihre Gesichter und Körper waren durch die Folter bis zur Unkenntlichkeit entstellt. Ganze Landstriche im Süd-Osten wurden von der PKK kontrolliert.

Zu Beginn der 1990er war der Konflikt zwischen der kurdischen Guerilla und dem türkischen Staat auf einem Höhepunkt angelangt. Jeden Tag gab es Scharmützel mit Toten auf beiden Seiten. Während zu Beginn der Konflikt zwischen der PKK und dem türkischen Militär ausgetragen wurde, änderte der Staat seine Strategie und machte auch die Zivilbevölkerung zu ihrer Geisel und Zielscheibe. Bei Gefechten, die die PKK ohne eigene Verluste ausfocht, rächten sich die Militärs an wehrlosen Zivilisten. Während die PKK versuchte ihren Einfluss in den Kurdengebieten auszuweiten, kam es auch zu zivilem Ungehorsam – insbesondere in Dersim. So protestierte man in *Ovacık* unter anderem gegen die „Maßnahmen“ der PKK, wie Zwangsrekrutierungen zur Guerilla, die Entführung und Tötung von Staatspersonal wie Lehrern und Beamten[844].

Die Situation schien für die Türken unbeherrschbar zu werden. Seit Ausbruch des Konflikts hatten die Türken nur eine militärische Option auf dem Tisch. Militärisch war aber die-

---

[844] Vgl. C. Taş, Külden Evler, S. 12 f.

ser Konflikt nicht zu gewinnen. Die PKK fand in den Bergen Unterschlupf und deckte sich mit Nachschub ein. Da kamen die Türken auf die Idee: „Wenn wir den Fisch im Meer nicht fangen können, dann legen wir einfach das Meer trocken!". Somit war der Startschuss für die Entvölkerung Dersims gegeben.

Ganze Dörfer wurden geschliffen, damit die PKK keinen Rückhalt in der Bevölkerung fand. Die Menschen waren den Türken ziemlich egal. Ironie der Geschichte: Gerade die entvölkerten Dörfer trieben der PKK scharenweise junge Kämpfer in die Arme, um sich gegen die Unterdrückung und die Zerstörung ihrer Dörfer zu rächen.

Um die Lage in Dersim zu erörtern und sich ein Bild vom Ausmaß der Zerstörung zu machen, trafen sich am 20. Mai 1995 unter Ausschluss der Presse in Ankara verschiedene Politiker, Dorfvorsteher, normale Bürger und Menschenrechtler[845].

Bei der Lageerörterung erzählten die Opfer, durch welche Hölle sie gegangen waren und wie schmerzhaft der Verlust der Heimat war und man fragte, wo man nun hin sollte. Denn durch den Verlust ihrer Dörfer wurden die Bauern ihrer Existenzgrundlage beraubt. Einer der Bauern, *Emirali Çılgın*[846] aus dem Dorf *Merxo*, schilderte seine Erlebnisse:

> „Unsere Dörfer wurden im Oktober 1994 niedergebrannt. Als die Soldaten unser Dorf überfielen, zapfte ich den Strommast illegal an, um das Telefon betreiben zu können. Unser Erlebnis schilderte ich [unserem Abgeordneten] *Sinan Yerlikaya*. Mit derselben Methode nahm ich Kontakt zum In- und Ausland auf,

[845] C. Taş, Külden Evler, Einleitung.
[846] C. Taş, Külden Evler, S. 25 f.

> um meinen Bekannten dort zu erzählen, dass unsere Dörfer niedergebrannt werden. Nach diesen Ereignissen sind wir, ein paar Dorfvorsteher nach *Ankara* gekommen. Mit unserem Abgeordneten *Sinan Yerlikaya* haben wir Gespräche geführt. Zusammen sind wir zu Ministerpräsidentin *Tansu Çiller* gegangen und haben ihr gesagt, dass unsere Häuser von türkischen Soldaten niedergebrannt wurden. Die Ministerpräsidentin antwortete mir, dass die Häuser von als Soldaten verkleideten PKK Terroristen niedergebrannt wurden. Ich antwortete ihr, dass ich jemand sei, der als türkischer Bürger den Wehrdienst in der Türkischen Republik abgeleistet habe, und dass ich nicht so naiv sei, dass ich nicht zwischen den Offizieren und Soldaten und denen aus den Bergen unterscheiden könnte. Zudem kreisten Hubschrauber über den Dörfern, als diese niedergebrannt wurden. Frau *Çiller* antwortete mir: „Das waren PKK-Hubschrauber."

Innenminister *Nahit Menteşe* war auch anwesend. Er sagte zu uns:

> „Ihr steckt mit der PKK unter einer Decke. Ihr brennt Eure Dörfer gemeinsam nieder, um von uns Schadensersatz zu kassieren. Als wir nach *Ovacık* zurückkehrten, hat uns ein Militärangehöriger zu sich in die Baracke gerufen und verlangt, dass wir ein Schriftstück unterschreiben, das unter anderem enthielt, dass die PKK unsere Dörfer niedergebrannt habe. Er beharrte darauf. Trotz dieser Vehemenz haben wir es abgelehnt. Von einst 150, sind derzeit nur zehn 10 Häuser in unserem Dorf übriggeblieben. Wer sein

> Haus verloren hat, konnte sich nur mit Mühe und Not nach *Ovacık* retten. In Ovacık wohnen wir in 36 Quadratmeter großen Wohneinheiten. Die Wohneinheiten sind keine Wohneinheiten, sondern für uns bestimmte Gräber. Denn auch in *Ovacık* lassen sie uns nicht in Ruhe. Nachts werden Razzien durchgeführt und unsere Frauen und Mädchen müssen sich splitternackt ausziehen. So wolle man feststellen, ob sie Abdrücke von schweren Rucksäcken an ihren Körpern haben. Dieses Verhalten verletzt uns.....Wir möchten in unsere Dörfer zurückkehren."

Die, die in ihren Dörfern bleiben durften, führten keinesfalls ihr gewohntes Leben weiter. *Gülabi Kaya* aus *Muskirage* erzählte von wiederkehrenden Hürden, die er in kurzen Abständen meistern musste[847]:

> „Gegen uns wurde ein Lebensmittelembargo verhängt. Eine Schachtel Zigaretten, 2 kg Mehl, eine halbe Packung Tee, 1 kg Zucker sind erlaubt."

*Doğan Ateş*[848] fügte zum Lebensmittelembargo hinzu:

> „Jedes Haus kann mit einer Lebensmittelbeschaffungsobergrenze von einem Monat belegt werden. Selbst diese Obergrenze haben sie derzeit reduziert. Die Regierungsbeamten sagten uns: „Wenn ihr nicht wegzieht, verreckt ihr an Hunger. Uns ist das egal, ob ihr wegzieht oder an Hunger verreckt." Sie haben uns den Strom abgestellt."

---

847 C. Taş, Külden Evler, S. 26.
848 C. Taş, Külden Evler, S. 26 f.

Zu diesen Berichten muss noch hinzugefügt werden, dass gerade die Dörfler in Dersim, für den harten Winter mit meterhohem Schnee, der vier bis fünf Monate dauern kann, einen Lebensmittelvorrat anlegen, von dem sie während dieser Zeit zehren. Ohne diesen Vorrat ist ein Überleben nicht möglich.

Genau dies verhinderte der Staat, da er befürchtete, dass die Vorräte auch an die PKK gelangen könnten. Die Befürchtung der Türken war nicht unbegründet und in vielen Fällen sogar begründet. Manchmal erfolgte die Versorgung aus Angst vor der PKK, manchmal freiwillig.

Der Schaden durch die Dorfzerstörungen blieb aber nicht auf materielle Sachwerte beschränkt. *Polat Ferhat*[849] aus *Mıxsor* berichtete etwa:

> „Am 07. Oktober 1994 wurde unser Dorf von Soldaten überfallen. 12 Dörfler wurden zwecks Militäroperationen in die Berge verschleppt. Sie wurden alle umgebracht. Von den 55 Häusern im Dorf wurden alle niedergebrannt. Die Überlebenden haben sich nach *Hozat* geflüchtet."

Die Entvölkerung Dersims fasste *Cafer Öztürk*[850] stellvertretend für das Schicksal aller Dersimer zusammen:

> „Wir wurden materiell und physisch ausgelöscht."

Oft hatten die Dörfler noch nicht einmal genug Zeit, um ihr Hab und Gut zu retten. Sie mussten ihre Häuser binnen fünf

---

[849] C. Taş, Külden Evler, S. 27.
[850] C. Taş, Külden Evler, S. 27.

Minuten verlassen. Sie konnten nur retten, was sie am Leib trugen[851].

Ältere Dersimer[852] hatten bei den Vorfällen ein Déjà-vu. Sie erinnerten sich an 1938, als die Türken Ähnliches verübten. Als ob diese Schrecken nicht reichten, verhöhnten die Türken ihre Opfer noch, indem sie Hilfeanrufe der Dörfler mit zynischen Kommentaren abwiesen. Wer beim Militär anrief, um das Niederbrennen zu stoppen, der wurde mit den Worten „Auch wir wissen wie das brennende Dorf heißt!“ verspottet[853].

Die Türken versprachen die zerstörten Dörfer aufzubauen, doch es blieb erst einmal bei Lippenbekenntnissen[854]. Der Unmut der Dersimer richtete sich nicht nur gegen die Türken, sondern auch gegen die Abgeordneten der Republikanischen Volkspartei, die Dersim im türkischen Parlament vertraten. So beschimpfte *Rukiye Kankotan*[855] die Abgeordneten *Kamer Genç* und *Sinan Yerlikaya* als Faschisten, weil diese untätig blieben, während Dersim brannte. Während Dersim 1990 noch 160.000 Einwohner hatte, halbierte sich diese Zahl zehn Jahre später auf etwa 80.000[856]. Ein Grund hierfür war unter anderem die Entvölkerung bis 1994.

Schon im August 2003 stellte die Anwaltskammer Dersim fest, dass das Vorgehen der Türken im Herbst 1994 nicht nur gegen nationales, sondern auch gegen internationales Recht verstieß. Zudem war die Kollektivbestrafung wie sie erfolgt war, keine Rechtfertigung für die Terrorbekämpfung.

---

[851] Vgl. C. Taş, Külden Evler, S. 29.
[852] Siehe u.a. Süleyman Toprak, in. C. Taş, Külden Evler, S. 28.
[853] C. Taş, Külden Evler, S. 29.
[854] Vgl. C. Taş, Külden Evler, S. 29.
[855] C. Taş, Külden Evler, S. 32.
[856] Hüseyin Aygün im Namen der Anwaltskammer Dersim, in: C. Taş, Külden Evler, S. 160.

Des Weiteren wurde auf das Schicksal der Vertriebenen aufmerksam gemacht und es wurde gefordert, diese zu entschädigen[857].

Die Vorgänge in Dersim wurden dieses Mal auch von der türkischen Presse aufmerksam verfolgt. Anfang der 1990er Jahre erfolgte eine Liberalisierung des Medienrechts, mit dem das staatliche Medienmonopol fiel. *Fatih Altaylı* von der *Hürriyet-Zeitung* war der Erste, der über die Entvölkerung Dersims schrieb und so die Aufmerksamkeit der ganzen Türkei auf Dersim lenkte. *Fatih Altaylı* bestätigte in einer Reportage vom 02. August 1995 die wesentlichen Punkte, die die Dersimer vortrugen. Er sah die niedergebrannten Dörfer und die verzweifelte Lage der Dersimer. Er schrieb auch über das Lebensmittelembargo. Er stellte in dieser Reportage eine rhetorische Frage:

> „Dieses kleine, wunderschöne, zwischen vier Berge gequetschte Städtchen soll einem ganzen Land so viele schlaflose Nächte bereiten?[858]"

In der Tat konnte Dersim nicht das einzige Problem des türkischen Staates sein. Doch die Türken sahen unter dem Deckmantel der „Terrorbekämpfung" einen willkommenen Anlass, um mit Dersim für immer abzurechnen. Was der Staat 1938 nicht vollendet hatte, wollte er nun abschließen.

Allerdings wollten die Dersimer sich dieses Mal nicht so einfach ihrem Schicksal ergeben. Sie suchten nach einem Ausweg, um die Abwanderung zu stoppen. Die Dersimer sollten wirtschaftliche Unterstützung von Exil-Dersimern er-

---

857 Hüseyin Aygün im Namen der Anwaltskammer Dersim, in: C. Taş, Külden Evler, S. 162.

858 Fatih Altaylı in der Tageszeitung *Hürriyet*, aus: C. Taş, Külden Evler, S. 276.

halten, damit die Dersimer bleiben konnten. Damit die Dersimer eine Perspektive haben, wurde 1999 die *Munzur A.Ş.* mit dem Ziel gegründet die Arbeitslosigkeit zu verringern. Erst 2005 wurde sie aktiv. Dies war dringend nötig, da die Menschen bis dahin von der Viehzucht lebten. Da sie ihre eigenen Weiden nicht mehr aufsuchen durften und ihre Häuser niedergebrannt waren, musste dringend eine Alternative her. Die Zeit eilte. Ein Dersimer brachte es auf den Punkt:

> „Wir hungern. Wir haben in unserem Leben oft Massaker und Vertreibung erlebt. 1938 haben sie uns in den Westen verschleppt, aber immerhin haben sie uns eine Bleibe gezeigt. Dieses Mal ist der Staat erbarmungslos. Er hat uns zu Bettlern degradiert[859]."

Dieses Mal kam es auch zu einem Kommissionsbericht des Türkischen Parlaments, da die Entvölkerung der Dörfer sich nicht nur auf Dersim beschränkte, sondern den gesamten Osten der Türkei betraf. In allen Kurdengebieten wurde ähnliches wie in Dersim verübt: Dorfzerstörungen, in Brand gesetzte Wälder, tote Zivilisten. Das Leiden der Zivilbevölkerung wurde durch die Türken verursacht. Sie hatten im Namen der Terrorbekämpfung zu diesen Maßnahmen gegriffen. Nun sollte ein türkisches Parlament diese Maßnahmen untersuchen.

Am 09. Februar 1996 stellte eine Untersuchungskommission unter Führung des Abgeordneten *Algan Hacaloğlu* den Abschlussbericht vor, der direkt an das türkische Parlament

[859] Vgl. C. Taş, Külden Evler, S. 17. Munzur A.Ş.: http://www.munzursu.com/.

ging. Die Untersuchung war schon wegen Artikel 98 der türkischen Verfassung notwendig.
In dem Bericht heißt es unter anderem, dass im Rahmen eines effizienteren Kampfes gegen den Terror die Bewohner von 1.000 Dörfern und 1.500 kleineren Dörfern gegen den Willen der Bewohner zwangsgeräumt wurden, die Bewohner bis heute (1996) unter den materiellen und sozialen Folgen litten, die Rückkehr in vom Terror sichere Orte immer noch nicht gewährleistet war, die Grundrechte der Vertriebenen verletzt wurde und dies den inneren Frieden der Türkei belastete[860].
Der Bericht stellte fest, dass eine Vielzahl von Dörfern auf Druck der PKK geräumt wurde, aber die Mehrheit der geräumten Dörfer auf Druck der türkischen Behörden zurück zu führen war. Die Zahl der Vertriebenen wurde mit 311.291 Personen wiedergegeben. Der Bericht stellte weiter fest, dass es das legitime Recht des Staates war, den Terror zu bekämpfen. Allerdings durfte die Ausübung dieses Rechts nicht zu Lasten der Bürger gehen. Die 50. Regierung habe bereits materielle und immaterielle Mittel, wie Baustoff, kostenloses Vieh etc. zur Verfügung gestellt – allerdings ohne Ergebnis[861]. Sprich, ein Jahr nach den Vorfällen war noch fast niemand zurückgekehrt.
Die Zahlen, die die Gouverneure der Provinzen zusammenstellten sprachen eine eindeutige Sprache. Der Übersicht wegen sei hier allein Dersim *(Tunceli)* als Teil des Ausnahmezustandsgebietes hervorgehoben[862]. Die Statistik sprach

---

860 Kommissionsbericht des Türkischen Parlaments, S. 1.
861 Kommissionsbericht des Türkischen Parlaments, S. 2.
862 Kommissionsbericht des Türkischen Parlaments, S. 12. Die Zahlen in der Tabelle basieren auf der offiziellen Statistik aus dem Kommissionsbericht. Anmerkung: Als Veröffentlichungsdatum wird das Jahr 1997 genannt. Der Bericht wurde 1996 veröffentlicht. Folglich muss diese Statistik erst später eingefügt

eine zynische Sprache, da sie unter anderem „Ausgewanderte“ erfasste. Denn es wurde unterstellt, dass die Bewohner aus freien Stücken ausgewandert waren, was nicht der Wahrheit entsprach. Demnach wurde mehr als jedes fünfte Dorf das in der Ost-Türkei geräumt wurde, in Dersim geräumt (22%), was 17% aller Vertriebenen Personen entsprach (41.939 Personen). Nur 714 Personen kehrten zurück. Also nur ca. 2% der Vertriebenen. Zwar könnten 40% der Häuser wiederbewohnt werden, allerdings beantragten dies nur 10% der Menschen (s. Tabelle). Dersim hatte 1990 laut amtlicher staatlicher Statistik 133.143 Einwohner[863]. Wenn man Pertek (18.833 Personen) abzieht, aus dem im Rahmen der Ereignisse bis 1994 keine Dörfer entvölkert wurden, so kommt man für Dersim auf 37%-Vertriebene gemessen an der Restbevölkerungszahl[864].

| | **Ausgewanderte** | | | | **Heimkehrer** | | | |
|---|---|---|---|---|---|---|---|---|
| Provinz | Dorf | kleinere Dörfer | Häuser | Personen | Dorf | kleinere Dörfer | Häuser | Personen |
| **Tunceli** | **183** | **823** | **8.439** | **41.939** | **10** | **2** | **213** | **714** |
| Rest | 334 | 791 | 29.169 | 209.427 | 24 | 16 | 1.078 | 5.382 |
| Gesamt | 517 | 1.614 | 37.608 | 251.366 | 34 | 18 | 1.291 | 6.096 |
| **Tunceli in %** | **35%** | **51%** | **22%** | **17%** | **29%** | **11%** | **16%** | **12%** |
| | | | | | | | | |
| | **Rückkehr mögliche Dörfer** | | | | **Rückkehr beantragt** | | | |
| | Dorf | kleinere Dörfer | Häuser | Personen | Dorf | kleinere Dörfer | Häuser | Personen |
| **Tunceli** | **32** | **29** | **600** | **2.726** | **27** | **25** | **496** | **311** |
| Rest | 41 | 7 | 890 | 6.237 | 68 | 105 | 4.674 | 33.942 |
| Gesamt | 73 | 36 | 1.490 | 8.963 | 95 | 130 | 5.170 | 34.253 |
| **Tuncell in %** | **44%** | **81%** | **40%** | **30%** | **28%** | **19%** | **10%** | **1%** |

lle: Ausnahemzustandsverwaltung November 1997

**Tabelle: Vertriebenenstatistik für Dersim**

worden sein. Wegen der Übersichtlichkeit habe ich die angrenzenden Gebiete außer Acht gelassen.

863 Andere Quellen sprechen hier von 160.000 Einwohnern.

864 http://www.webcitation.org/6BtyqgCOY (4).

Warum die Vertriebenen Dersimer nicht zurückkehrten, machte der damalige Bürgermeister von Dersim, *Mazlum Arslan*, im Kommissionsbericht deutlich. Die Dörfler fürchteten sich vor dem türkischen Militär. Deswegen waren von den 374 Dörfern Dersims, 70-80% leer. In den bewohnten Dörfern waren bestenfalls noch eine Handvoll Senioren geblieben[865]. Die anderen trauten sich nicht zurück zu kehren. Diese Zahlen sind erschreckend. Denn dies bedeutet, dass Dersim seine ländliche Seele, die Träger der Kultur und Sprache war, mit einem Schlag verloren hatte. Wenn auch nicht in Opferzahlen, so doch in der Geschichte: die Ereignisse von 1994 waren für das Überleben Dersims schwerwiegender als 1938.
Der Bericht macht auch eins deutlich. Unter der Voraussetzung, dass man als Dorfschützer arbeitete, durften in den anderen Gebieten des Süd-Ostens der Türkei die Dörfler bleiben, während von diesem „Recht" die Dersimer keinen Gebrauch machen konnten[866]. Dersim sollte um jeden Preis entvölkert werden, da man dem alevitischen Dersim - wie zu Zeiten der Osmanen - unterstellte als Minderheit illoyal zu sein. Dabei durften selbst Oberfeldwebel bestimmen, ob ein Dorf geräumt werden darf oder nicht[867].
Auch eine Flucht ins Stadtzentrum war in Dersim keine Alternative. Wer dachte, er sei im Stadtzentrum in Sicherheit, der täuschte sich. Denn sobald die Flüchtlinge in der Stadt waren, wurde das bisher für den ländlichen Raum geltende Lebensmittelembargo auch auf das Stadtzentrum ausgeweitet[868].

---

[865] Kommissionsbericht des Türkischen Parlaments, S. 14.
[866] Kommissionsbericht des Türkischen Parlaments, S. 21.
[867] Kommissionsbericht des Türkischen Parlaments, S. 20.
[868] Kommissionsbericht des Türkischen Parlaments, S. 27.

Zwar wurde in dem Kommissionsbericht erwähnt, dass die Türkei auch wegen ihrer internationalen Verpflichtungen ein Interesse daran hätte, dass die Flüchtlinge zurückkehrten und ihre ethnischen Unterschiede unter Einhaltung der territorialen Integrität der Türkei gewahrt werden müssten. Allerdings wurde im selben Abschnitt darauf hingewiesen, dass die Betroffenen keine Minderheit seien. Vielmehr brauche das Recht dem Unrecht nicht zu weichen und dies habe der Staat zu gewährleisten und werde dies gewährleisten[869]. Sodann wurden im Bericht Maßnahmen aufgelistet, um die Notlage der Menschen zu entschärfen. Darunter befanden sich Maßnahmen wie, Aufhebung des Ausnahmezustandes, Rückkehrrecht in befriedete Gebiete, ein Sozial- und Wohnungsbauprogramm für Rückkehrer und im Exil gebliebene Vertriebene[870]. Doch in Wahrheit sollte es noch lange dauern, bis einige der Punkte umgesetzt wurden. Der Ausnahmezustand wurde erst 2002 aufgehoben. Eine Entschädigung oder Rückkehrprämie wurde auch erst ab 2002 angeboten[871]. Da galt schon: Aus den Augen, aus dem Sinn.

Dersim wurde nach 1994 aber immer noch nicht in Ruhe gelassen. Anfang des Millenniums war beabsichtigt, in Dersim 26 Wasserkraftwerke am *Munzur* und *Pülümür-Fluss* zu bauen. Diese sollten nach den Türken die Energieversorgung des Landes sicherstellen. Die Dersimer protestierten vehement gegen diesen Plan. Denn einige der heiligsten Pilgerstätten der Dersimer wären dann unter Wasser verschwunden. Zudem befürchteten die Dersimer, dass unter dem Plan der Energieversorgung, der lange gehegte Traum

[869] Vgl. Kommissionsbericht des Türkischen Parlaments, S. 64.
[870] Kommissionsbericht des Türkischen Parlaments, S. 66.
[871] Kommissionsbericht des Türkischen Parlaments, S. 65 f.

der Türken, die Vertreibung der Dersimer, umgesetzt werden sollte. Der Bau der Wasserkraftwerke würde Dersim in eine Halbinsel verwandeln[872]. Einige Staudämme wurden bereits gebaut. Andere konnte man vor Gericht stoppen. So entschied die 8. Kammer des Verwaltungsgerichts *Ankara* am 13. Dezember 2013, dass die Projekte am *Munzur-Fluss* gestoppt werden müssten. Zur Klagebegründung hatten die Anwälte unter anderem angeführt, dass die Staudämme das ökologische Gleichgewicht der Region zerstörten. Die erfolgreiche Klage wurde vom Klägeranwalt *Özgür Ulaş Kaplan* als wichtiger Sieg zur Beendigung der Staudammprojekte in Dersim gefeiert[873].
Angeblich geht die Errichtung von Staudämmen auf eine Anregung des Abgeordneten *Kamer Genç* zurück. Er äußerte sich im Rahmen einer Versammlung von Dersimern zur Erörterung der Situation bzgl. der Entvölkerung Dersims 1994 laut Protokoll mit den Worten:

> „Ich war eine Amtsperiode Mitglied des Budgetplanungsausschusses. Jetzt ist *Sinan [Yerlikaya]* Mitglied. Im Ausschuss schlug man vor, dass jeder Abgeordnete ein Investitionsvolumen von 150 Milliarden Lira für seinen Wahlkreis vorschlägt. Wir schlugen ein Programm zur Errichtung von Staudämmen vor[874].

---

872 http://www.cumhuriyet.com.tr/haber/turkiye/147887/_Asil_modern_Kerbela__barajlar_.html# (5).

873 http://www.radikal.com.tr/hayat/dersime_mujde_baraj_yapilmayacak-1117922 (6).

874 C. Taş, Külden Evler, S. 36. Die damalige Regierung lehnte es vorläufig ab, Staudämme in Dersim zu errichten, da die Sicherheitslage dies nicht erlaubte.

Der Plan zur Errichtung von Staudämmen in Dersim war aber keinesfalls neu. Bereits in den 1930er Jahren planten die Türken Staudämme in Dersim zu errichten, um dem „Banditentum“ ein Ende zu setzen[875].

Doch es regte sich nicht nur Widerstand gegen die Staudämme, sondern auch gegen den staatlich verordneten kulturellen Stillstand. Wie bereits geschrieben, wurde nach 1938 die Kultur und Sprache Dersims stark unterdrückt. Um den Stillstand zu durchbrechen und die Kultur wiederzubeleben, wurde 2000 das erste Mal das *Munzur-Umwelt und – Kultur Festival* veranstaltet. Ziel der Veranstaltung war es, den seit Jahrzehnten staatlich verordneten kulturellen Stillstand zu durchbrechen. Das Festival fand in *Tunceli* statt und wurde zur Verblüffung der Veranstalter ein großer Erfolg. Neben den Bühnen- und Tanzstücken, waren die Musikgruppen das große Aushängeschild des Festivals. Anfangs wurde das Festival hauptsächlich von Dersimern besucht, während mit der Zeit auch Nicht-Dersimer das Festival besuchten. Eine türkeiweite Aufmerksamkeit erlangte das Festival, als die berühmte türkische Sängerin *Sezen Aksu* im Duett mit *Mikail Aslan* ein Lied auf Zazaki sang[876]. Gerade die Jugend fand großes Interesse an der Kultur ihrer Großeltern, die schon ihre Eltern nur fragmentarisch kennengelernt hatten und ihren Kindern nicht mehr beibringen konnten. Durch das Festival kam es zu einer Renaissance der Kultur und Sprache.
Die Besucherzahlen stiegen von Jahr zu Jahr. Nicht unbedingt zur Freude der Einheimischen, da Dersim nicht in der

---

[875] H. Aygün, Dersim 1938, S. 97.
[876] http://www.yenisafak.com.tr/gundem/sezen-aksudan-kurtce-sarki-202002 (9).

Lage war so viele Menschen zu empfangen. Daher beschloss man nicht nur die Zentrale Feier in *Tunceli* abzuhalten, sondern auch die anderen Städte der Provinz am Erfolg teilhaben zu lassen. Im Jahr 2014 wurde inzwischen das 14. Festival veranstaltet. Neben dem *Munzur Festival* werden u.a. das *Pülümür Honig Festival*, *Çemişgezek Maulbeer Festival* und in Pertek das *Kurmesch Festival* gefeiert.

## 7. Schluss

Wohin der Weg Dersims in Zukunft führen wird, ist ungewiss. Bis auf *Pertek*, konnte sich die politische Linke bei den Kommunalwahlen 2014 in Dersim durchsetzen. In Dersim-Stadt gewann die kurdische BDP, in *Çemişgezek*, *Hozat*, *Nazımıye* und *Pülümür* die von Atatürk gegründete CHP, in *Ovacık* gewannen die Kommunisten, in *Mazgirt* die linke ÖDP. *Pertek* fiel an die islamisch-konservative AKP[877]. Entgegen dem nationalen Wahltrend der Türkei, schwomm Dersim gegen den Strom und wurde zum Rebell. Was die Parteien auch für die Zukunft der Stadt und seine Menschen verheißen mögen. Eins ist gewiss: Dersim und seinen Menschen wünsche ich von ganzem Herzen viel Glück für die Zukunft.

[877] http://secim.haberler.com/2014/TUNCEL%C4%B0/ (11).

## V. Literaturverzeichnis:

### Bücher

- Akgül, S.: Amerikan ve Ingiliz Raporları Işığında Dersim, Yaba Yayınları, 3. Auflage, Istanbul, Dezember 2004.
- Aktaş, K.: Ethnizität und Nationalismus – Ethnische und Kulturelle Identität der Aleviten in Dersim, IKO – Verlag für Interkulturelle Kommunikation, Frankfurt, 1999.
- Antranik (eigentlich: Antranik Jerizijan): Dersim – Seyahat ve Topografi, türkische Übersetzung durch Payline Tomasyan, Aras Yayıncılık, 1. Auflage, 2012.
- Avar, S.: Dağ Çiçeklerim, Öğretmen Dünyası Yayınları, 2. Auflage, 1999.
- Aygün, H.: Dersim 1938 ve Zorunlu Iskân – Telgraflar, Dilekçeler, Mektuplar, Fotoğraflar, Dipnot Yayınları, Ankara, 2009.
- Aygün, H.: Dersim 1938 - Resmiyete Karşı Hakikat, Dipnot Yayınları, 1. Auflage, Ankara, 2010.
- Aytaç, K.: Halk Anlatımlarına Göre Dersim, Kalan Yayınları, Januar 2002.
- Çağlayan, H.: Die Schwäche der türkischen Arbeiterbewegung im Kontext der nationalen Bewegung (1908 – 1945), Europäische Hochschulschriften, Peter Lang GmbH, Europäischer Verlag der Wissenschaften, Frankfurt am Main, 1995.
- Ceviz, S.: Einführung in die kurdische Bevölkerungsgeographie: Fallbeispiel Dersim, Mezopotamien Verlag, herausgegeben von YEK-KOM, Bochum, 1995.
- Demir, C.: Osmanlı ve Cumhuriyet Döneminde Dersim, YÖN Matbaacılık, 2. Auflage, Istanbul 2010.
- Dersim Raporu, veröffentlicht durch Izeddin Çalışlar, Iletişim Yayınları, 3. Auflage, 2010.

- Dersimi, Dr. Vet. M. N.: Kürdistan Tarihinde Dersim, Komkar Yayınları, 1. Auflage, 1988.
- Doğan, D.: Dersim Olayı ve Dersim´in Türklüğü Üzerine, Analiz Basım Yayın, Istanbul, Juni 2012.
- Doehring, K.: Allgemeine Staatslehre, 2. Auflage, C. F. Müller Verlag, Heidelberg, 2000.
- Gökalp, K.: PKK´nın Dersim Sorunu – Katliamlar, Infazlar, Cinayetler, 1. Auflage, Kripto Basım Yayım, 2012.
- Gündüzkanat, K.: Die Rolle des Bildungswesens beim Demokratisierungsprozess in der Türkei unter besonderer Berücksichtigung der Dimli (Kırmanc-, Zaza-) Ethnizität, LIT Verlag, Münster, 1997.
- Haarmann, H.: Kleines Lexikon der Völker: Von Aborigines bis Zapoteken, Verlag C. H. Beck, 1. Auflage, August 2004.
- Hadank, K.: s. Mann, O.
- Ludwig, P.: Kauderwelsch Band 94 Kurdisch – Wort für Wort, Reise Know-How Verlag, 1. Auflage, Fulda, 1994.
- Kalman, M.: Belge ve Tanıklarıyla Dersim Direnişleri, Nûjen Yayınları (YÖN Matbaacılık), 1995.
- Kaya, A.: Başlangıcından Bugüne Dersim Tarihi, Cab Yayınları, 3. Auflage, Istanbul, Oktober 2010.
- Keskin, M.: Zonê Ma Zanena?, GEO Aktif Yayınları, Istanbul, 2012.
- Mann, O./Hadank, K.: Mundarten der Zâzâ, Hauptsächlich aus Siwerek und Kor – Kurdisch-Persische Forschungen, Walter de Gruyter, 1932.
- McLynn, F.: Warriors – Die großen Kriegsherren, Eichborn AG, Frankfurt am Main, August 2008.
- Mergariji, H.: Budelaê Gırsi, Pirevi Yayıncılık – 2, Istanbul, 1996.
- Milton, G.: Paradise Lost – Smyrna 1922: The Destruction of Islam´s City of Tolerance, Hodder & Stoughton, London, 2009.
- N´Diaye, T.: Der verschleierte Völlkermord – Die Geschichte des muslimischen Sklavenhandels in Afrika, Rohwolt Verlag, März 2010.
- Özdemir, Cem: s. Quiring, M.

- Quiring, M.: Der vergessene Völkermord – Sotschi und die Tragödie der Tscherkessen, Christoph Links Verlag GmbH, 1. Auflage, September 2013.
- Scheck, R.: Hitlers Afrikanische Opfer – Die Massaker der Wehrmacht an schwarzen französischen Soldaten, Cambridge University Press, 2006.
- Scholl-Latour, P.: Allahs Schatten über Atatürk – Die Türkei in der Zerreißprobe Zwischen Kurdistan und Kosovo, Siedler Verlag, 1. Auflage, Berlin 1999.
- Selcan, Z.: Grammatik der Zaza-Sprache. Nord-Dialekt (Dersim-Dialekt), Wissenschaft & Technik Verlag, 1. Auflage, Berlin, November 1998.
- Şener, C.: Osmanlı Belgelerinde Dersim Tarihi - Osmanlıca – Türkçe 50 Orijinal Belge, Etik Yayınları, Istanbul, März 2003.
- Sevgen, N.: Zazalar ve Kızılbaşlar – Coğrafya-Tarih-Hukuk-Folklor-Teogoni, Kalan Yayınları, Ankara, August 1999.
- Stein, E.: Staatsrecht, 16. Auflage, Mohr Siebeck, 1998.
- Tankut, H. R.: Zazalar Üzerine Sosyolojik Tetkikler, 1. Auflage, Kalan Yayınları, April 2000.
- Taş, C.: Külden Evler, Tij Yayıncılık, Istanbul, 1. Auflage, Februar 2007.
- Taş, C. (erzählt nach Hesen Aliyê Sey Kemali): Roê Kırmanciyê, Tij Yayıncılık, Istanbul, 1. Auflage, Januar 2007.
- Uluğ, N. H.: Derebeyi ve Dersim, 2. Auflage, Kalan Yayınları, 2001.
- Yıldız, M.: Dersim'in Etno-Kültürel Kimliği ve 1937-1938 Tertelesi, Chiviyazıları Yayınevi, Istanbul, 2014.
- Ziegler, J.: Der Hass auf den Westen – Wie sich die armen Völker gegen den wirtschaftlichen Weltkrieg wehren, Goldmann Verlag, München, April 2011.

## Aufsätze


- Ağuiçenoğlu, H.: s. Aslan, S.
- Akın, M.: s. Aslan, S.
- Aksoy, B.: Nazımıye Adının Kökeni Üzerine Yeni Bulgular, in Munzur – Dersim Etnografya Dergisi, Nr. 10, 2002, S. 50 – 52.
- Asatrian, G. (Bearbeiter).: The Delmiks, in Iran & Caucasus Research Papers from the Caucasian Centre for Iranian Studies, Yerevan, Volume 3-4, 1999-2000.
- Aslan, M.: s. Aslan, S.
- Aslan, S. (Herausgeber): Herkesin Bildigi Sır: Dersim – Tarih, Toplum, Ekonomi, Dil ve Kültür, Iletişim Yayınları, Istanbul, 1. Auflage, 2010.
- Çağlayan, Dr. H.: Interview mit S. Kırmızıtaş, 38'ra Jü Pelge, in Tija Sodıri – Perloda Zon u Zagonê Kırmanc-Zazay, Nr. 7, Sommer 2001, S. 110 – 127.
- Çem, M.: Dersim'de Ibadet, in Dersim – Kültür ve Etnografya Dergisi, Nr. 4, 2004, S. 76 – 81.
- Comerd, M.: Dersim Inancı, in Dersim – Kültür ve Etnografya Dergisi, Nr. 4, 2004, S. 82 – 92.
- Dersim Gazetesi, Nr. 20, September 2012 (F. Arslan).
- Fırat, G.: s. Aslan, S.
- Ercan, H.: s. Aslan, S.
- Gezik, E.: Rayberler – Pirler ve Mürşidler (Alevi Ocak Örgütlenmesine Dair Saptamalar ve Sorular), in Munzur – Dersim Etnografya Dergisi, Nr. 37, 2012, S. 4 – 27.
- Gündoğan, Azat Z.: s. Aslan, S.
- Kırmızıtaş, S.: s. Çağlayan, H.
- Mkrtchian, A.: s. Asatrian, G.
- Molyneux-Seel, L.: A Journey in Dersim, Quelle: The Geographical Journal, Vol. 44, No 1 (Juli 1914), S. 49 – 68. Veröffentlicht durch

Wiley-Blackwell für „The Royal Geographical Society (with the Institute of British Geographers).

- Mungan, M. (Herausgeber): Bir Dersim Hikayesi, Metis Yayınları, 2. Auflage, Istanbul, Juni 2012.
- Rayber Qoç (Quelle) / erzählt von Ana Zêrife: Hêketa Muzır Babay (Verfasser C. Taş), in Ware, Nr. 14, Januar 2003, S. 6 – 7.
- Riggs, Herry H.: Dersim Kürtlerinin Dini, in Dersim – Kültür ve Etnografya Dergisi, Nr. 4, 2004, S. 35 – 38.
- Sönmez, B.: s. Mungan, M.
- Taş, C.: Heliyê Koê Dersimi (Sılo Phıt), in Tija Sodıri – Perloda Zon u Zagonê Kırmanc-Zazay, Nr. 7, Sommer 2001, S. 22 – 51.
- T.B.M.M: Kommissionsbericht des Türkischen Parlaments zu den Zwangsräumungen im Osten der Türkei. Veröffentlichungsdatum: 09. Februar 1996. Kommissionspräsident: Algan Hacaloğlu.

## Internet Quellen:

(1) Akşam Gazetesi – Kadir Merkit: **„Dersimliler özel kimlikle izlenmiş“**.
*Internet:*
*http://www.aksam.com.tr/dersimliler-ozel-kimlikleizlenmis127970h.html*

(2) Haydar Karataş: **“38 öncesi Dêrsim bir sırdır”**
*Internet:*
*http://www.haydarkaratas.com/38-oncesi-dersim-bir-sirdir-ozgur-politika-deniz-bilgin-basindan-36.aspx*

(3) The World's Largest Online Library - Sait Çetinoglu: **„Ser mayenin Türkleştirilmesi“**.

*Internet:*
*http://www.scribd.com/doc/27633198/14/%C4%B0skan-Kanunu-ve-1934-Trakya-olaylar%C4%B1yla-Yahudilerin-Surulmesi*

(4) TÜRKİYE İSTATİSTİK KURUMU – **"1990 GENEL NÜFUS SAYIMI VERİ TABANI"**
*Internet:*
*http://www.webcitation.org/6BtyqgCOY*

(5) Cumhuriyet.com – Çiğdem Toker: **"Asıl modern Kerbela, barajlar"**
*Internet:*
*http://www.cumhuriyet.com.tr/haber/turkiye/147887/_Asil_modern_Kerbela__barajlar_.html#*

(6) Radikal.com.tr: **"Dersim'e müjde! Baraj yapılmayacak"**
*Internet:*
*http://www.radikal.com.tr/hayat/dersime_mujde_baraj_yapilmayacak-1117922*

(7) Radikal.com.tr: **"Darbeciler 5 bin çocuğu imam hatibe sürdü"**
*Internet:*
*http://www.radikal.com.tr/turkiye/darbeciler_5_bin_cocugu_imam_hatibe_surdu-1105436*

(8) European Journal of Turkish Studies – Erol Ülker: **"As similation, Security and Geographical Nationalization in Interwar Turkey: The Settlement Law of 1934".**

*Internet: http://ejts.revues.org/index2123.html#tocto1n3*

(9) Yeni Şafak.com.tr: **„Sezen Aksu'dan, Kürtçe şarkı"** *Internet: http://www.yenisafak.com.tr/gundem/sezen-aksudan-kurtce-sarki-202002*

(10) Radikal.com.tr: **"Caz festivalinde Kürtçe şarkı söyleyen Aynur yuhalandı"** *Internet: http://www.radikal.com.tr/turkiye/caz_festivalinde_kurtce_sarki_soyleyen_aynur_yuhalandi-1056494*

(11) Seçim Sonuçları: **"TUNCELİ SEÇİM SONUÇLARI"** *Internet: http://secim.haberler.com/2014/TUNCEL%C4%B0/*

*(12)* Radikal.com.tr: **„Dersim için özür diliyorum"** *Internet: http://www.radikal.com.tr/Radikal.aspx?aType=RadikalEklerDetayV3&ArticleID=1070478&CategoryID=78*

*(13)* Yeni Özgür Politika – Deniz Bilgin: **„38 öncesi Dêrsim bir sırdır"** *Internet: http://www.yeniozgurpolitika.org/index.php?rupel=nuce&id=10866#.T_PqMM31gAQ.facebook*

(14) NavKurd – Mehmet Bayraktar: **„Katili Zeynel'in Anlatımıyla Alişêr"**

*Internet:*
*http://www.navkurd.net/nivisar/mehmet_bayrak/katili_zey nel.htm*

(15) T.C. Kültür ve Turizm Bakanlığı – „**Konya Il Halk Kütüphanesi: Konya Nüfusu**"
*Internet:*
*http://konyakutuphanesi.gov.tr/konya/39-konya-nufusu.html*

(16) Dr. Daimi Cengiz: **„Dizeleriyle Tarihe Tanık Dersim Şairi: SEY QAJİ"**
*Internet:*
*http://dersimnews.com/manset/dizeleriye-tarihe-tanik-dersim-sairi-sey-qaji.html*

(17) **„Convention on the Prevention and Punishment of the Crime of Genocide"**
*Internet: http://www.hrweb.org/legal/genocide.html*

(18) Ahmet Altan: **„Katliam emrini Atatürk verdi"**
*Internet:*
*http://www.haberx.com/ahmet_altan_katliam_emrini_atat urk_verdi%281 7,n,10802469,199%29.aspx*

(19) Doç. Dr. Mahmut Koca: **„Türk Ceza Kanununda Soykırım Sucu"**
*Internet:*
*http://taayayinlari.gov.tr/upload/makale/taad1/7.pdf*

(20) Ayşe Hür: **"Dersim Hakkında Kuyruklu Yalanlar"**

*Internet:*
*http://www.radikal.com.tr/yazarlar/ayse_hur/dersim_hakkinda_kuyruklu_yalanlar-1232341*

(21) Sevan Nişanyan: "**Ağan Kudursa Ne Yaparsın?**"
*Internet:*
*http://nisanyan1.blogspot.de/2012/01/agan-kudursa-ne-yaparsn.html*

(22) Mikail Aslan: „**Tanrı Bir Kayıt Aletidir**"
*Internet:*
*http://www.radikal.com.tr/kultur/tanri_bir_kayit_aletidir-1097923*

(23) timeturk.com: "**Dersim katliamını yaşayan tanıklar anlatıyor**"
*Internet:*
*http://www.timeturk.com/tr/2011/11/24/dersim-katliaminin-yasayan-taniklar-anlatiyor.html*

(24) Ayşe Hür: "**1915'te Kürtlerin rolü neydi?**"
*Internet:*
*http://www.radikal.com.tr/yazarlar/ayse_hur/1915te_kurtlerin_rolu_neydi-1142693*

(25) Ayşe Hür: "**Dersim'i bombalayan Sabiha Gökçen mi, Hatun Sebilciyan mıydı?**"
*Internet:*
*http://www.radikal.com.tr/yazarlar/ayse_hur/dersimi_bombalayan_sabih a_gokcen_mi_hatun_sebilciyan_ miydi-1132252*

(26) Hans-Lukas Kieser: **“Mehmet Nuri Dersimi, ein asyl suchender Kurde“**
*Internet:*
*http://www.hist.net/kieser/mak7/NuriDersimi.pdf*

(27) Frankfurter Zeitung 11.04.1915: **“Der Kurdistan-Report“**
*Internet:*
http://www.faz.net/aktuell/politik/der-ersteweltkrieg/historisches-epaper/frankfurter-zeitung-11-04-1915-der-kurdistan-report-13467499.html

(28) Yeni Şafak: **“İşte o gizli görüşme“**
*Internet:*
http://www.yenisafak.com.tr/gundem/iste-o-gizli-gorus me-2121755

(29) Hranouch Kharatian: **“Dersim’de kimlik araştırması. İkinci bölüm: Dersim’in alevi olmuş Ermeni leri“**
*Internet:*
http://repairfuture.net/index.php/tr/kimligi-ermenistan-dan-bak-s/dersim-de-kimlik-arastirmasi-ikinci -boelum-dersim-in-alevi-olmus- ermenileri#_ftnref1

(30) Rasim Bozbuğa: **“TÜRKİYE’NİN BİR RENGİ: ZAZA LAR“**
*Internet:*
http://sahipkiran.org/2013/02/25/turkiyenin-bir-rengi-zazalar/

(31) Ludwig Paul: **"KURDISH LANGUAGE. HISTORY OF THE KURDISH LANGUAGE"**
*Internet:*
http://www.iranicaonline.org/articles/kurdish-language-i

(32) Encyclopaedia Britannica: **"Armenian language"**
*Internet:*
http://www.britannica.com/EBchecked/topic/35305/Armenian-language

(33) Vahan M. Kurkjian (Verfasser): **"A History of Armenia"**
*Internet:*
http://penelope.uchicago.edu/Thayer/E/Gazetteer/Places/Asia/Armenia/ _Texts/KURARM/home.html

(34) Institut Kurde: **"A brief survey of The History of the Kurds"**
*Internet:*
http://www.institutkurde.org/en/institute/who_are_the_kurds.php

(35) Hans Wagner: **"Die Kurden - Geschichte, Kultur und Hintergründe"**
*Internet:*
http://www.eurasischesmagazin.de/artikel/Kurden-sind-eines-der-aeltesten-Kulturvoelker-Geschichte-und-Hintergruende/21103

(36) Radyo Ovacık: **"ŞEUŞEN BİR DERSİM EFSANESİ"**
*Internet:*
http://ovacikradyo.tr.gg/%26%23350%3BEU%26%2335
0 %3BEN.htm

(37) Yavuz Semerci: **"Size bir Dersim hikâyesi anlatayım"**
*Internet:*
www.haberturk.com/yasam/haber/187768-size-bir-dersim-hikayesi-anlatayim

(38) Ali Baran Doğan: **"Bir BAVA BERTAL Hikayesi..."**
*Internet:*
http://dersimnews.com/manset/bir-bava-bertal-hikayesi.html

(39) **"Chronology of the Armenian Genocide -- 1915 (July-September)"**
*Internet:*
http://www.armenian-genocide.org/1915-3.html

(40) Raffi Bedrosyan: **"Dersim Leaders Embrace Armenian Roots, Plan Armenia Trip"**
*Internet:*
http://armenianweekly.com/2015/03/04/dersim-embrace-roots/

(41) Nüfusu.com: **"Tunceli Nüfusu"**
*Internet:*
*http://www.nufusu.com/il/tunceli-nufusu*

(42) Gökçe Fırat: **"Arşivi açtık: İşte Dersim rakamları"**
*Internet:*
*http://www.turksolu.com.tr/345/basyazi345.htm*